幼儿园健康课程构建与实践书系

U0736523

幼儿园
生态健康课程创生实践

主编　王銮美　刘恺　李艳

中国海洋大学出版社
·青岛·

图书在版编目（CIP）数据

幼儿园生态健康课程创生实践 / 王銮美，刘恺，李艳主编. -- 青岛 ：中国海洋大学出版社，2024.11.
ISBN 978-7-5670-3984-1

Ⅰ．G613.3

中国国家版本馆CIP数据核字第202409QW55号

YOUERYUAN SHENGTAI JIANKANG KECHENG CHUANGSHENG SHIJIAN

幼儿园生态健康课程创生实践

出版发行	中国海洋大学出版社			
社　　址	青岛市香港东路 23 号		邮政编码	266071
出 版 人	刘文菁			
网　　址	http://pub.ouc.edu.cn			
电子信箱	502169838@qq.com			
订购电话	0532-82032573（传真）			
责任编辑	由元春		电　　话	15092283771
印　　制	山东金鼎彩印有限公司			
版　　次	2024年11月第1版			
印　　次	2024年11月第1次印刷			
成品尺寸	170 mm×240 mm			
印　　张	24			
字　　数	400千			
印　　数	1~2000			
定　　价	199.00元			

若发现印装质量问题，请致电 0546—8252345，由印刷厂负责调换。

编委会

序

在当今教育改革的浪潮中，如何让每个生命都绽放出独特的光彩，有效促进儿童全面而富有个性的发展，是每位教育工作者一直在深思的问题。东营市实验幼儿园以其 35 年的教育探索与实践，为我们提供了一个生动的样本——生态健康教育课程的园本化构建与实施经验。这不仅是对传统教育模式的一次深刻变革，更是对儿童生命成长内在需求的深刻回应，体现了我国教育改革的前沿探索与创新精神。

作为国内教育领域的长期观察者与实践者，我深知在教育这片沃土上，任何一次有意义的尝试都需要时间的积淀与智慧的凝聚。东营市实验幼儿园自 1989 年建园以来，始终秉持着"自主发展"的教育理念，不断在教育的田野上深耕与探索。特别是在儿童生态健康教育领域，该园更是走在了全国前列，历经二十几年的研究与实践，形成了独具特色的生态健康教育体系。这一体系的构建，不仅体现了幼儿园对儿童生命成长的深刻理解，也彰显了其在教育创新方面的勇气与智慧。

本书正是对这一领域的深度剖析。它不仅仅是一本关于课程构建的操作手册，更是一部关于教育理念、教育哲学与教育实践的"交响乐章"。本书详细阐述了东营市实验幼儿园在生态健康教育理念体系、课程体系以及评价系统等方面的探索与实践，为我们展示了一个完整、全面、立体的生态健康教育构型。

在这个构型中，我看到了对儿童生命自主成长内生力量的尊重与唤醒，看到了对"儿童即课程"这一先进课程观的坚守与实践，也看到了对"促进每个生命个体完整成长"这一教育目标的追求与实现。每个细节都充满了教育者的智慧与心血，每次创新都凝聚着对儿童未来的深切期许。这种以儿童为中心、注重培养其核心素养的教育理念，正是我国教育改革所倡导的核心价值。

值得一提的是，本书在描述课程构建与实施的过程中，强调"如何为儿童创造一个适合其生长的生态环境""如何让生命的健康成长呈现出蓬勃气象"。这种对教育本质的深刻洞察与不懈追求，使得东营市实验幼儿园的生态健康课程不仅仅是各种教育活动的总和，更是一种教育信仰与目标追求，为我国教育改革提供了宝贵的实践经验与理论参考。

此外，本书在评价系统的构建方面也为相关从业者提供了宝贵的经验。通过"双轮驱动"的评价联动机制、"三位一体"的课程评价体系以及"互联网＋"大数据平台的运用，实现了对儿童发展的精准支持与全面激励，为我国儿童教育评价体系的创新提供了有益借鉴。

总之，《幼儿园生态健康课程创生实践》是一部蕴含深厚智慧与独到创新的力作。它不仅精心打造了一个富有启发性、可供借鉴的教育实践构型，更是开启了一扇通向未来教育新纪元的大门。本书以独特的视角和深刻的洞见，引领我们深刻挖掘生态健康教育对儿童生命健康成长的重大意义。我坚信，它的出版将对儿童教育的改革与发展产生深远而积极的影响，为教育工作者们提供宝贵的经验和思考。我衷心期待更多的教育工作者能够深入研读此书，从中汲取灵感与智慧，携手创造一个更加美好的明天，让每个孩子都能在教育的阳光下茁壮成长，绽放出属于自己的光彩。

（福建师范大学教育学院教授、博士生导师／丁海东）

目录

目录

目录

目录

目录

目录

目录

第一部分

生态环境

生态环境
幼儿探索活动的"隐身教师"

生态健康教育的逻辑起点，是基于坚信"每个幼儿都是一粒种子"，每粒种子都蕴藏着无限的潜力，都能创造自身独特的价值。教育的主要任务是为每个幼儿创造良好的生态环境，并促使幼儿与生态环境进行良性互动，自然、自主地健康成长。如果说每个幼儿都是一粒种子，位于生态教育圈的正中央，那么生态环境则如同阳光、空气和水分，以"隐身教师"的身份存在，无声地催生种子的萌芽、生长。

从生态的视角审视教育，它更像是接地气、充满生机的农业。践行生态健康教育，就需要守住教育的农业品性，努力为每个幼儿创造适宜的生态环境。也有人说，教育不仅要"教"，更要"育"。"教"侧重我说你听，一方对另一

东营市实验幼儿园

方单向施教；"育"更注重相互交流、相互感受、相互感染。在某种意义上来说，教育的智慧体现在能够在多大范围内展现"育"的作用和影响。正如苏霍姆林斯基所说："任何一种教育现象，孩子在其中越少感觉到教育者的意图，它的效果就越大。"这就要求我们，必须注重用生态环境去潜移默化地实现"育"的效果。生命的状态本质上是"生命"与"生态"互动的产物和表征，有什么样的生态，就会有什么样的生命。践行生态健康教育，最重要的是为幼儿的成长营造良好的生

态环境，让教育成为一场"生命"与"生态"的赋能对话，在对话中激发生命潜能，绽放生命精彩。

践行生态健康教育，营造良好的生态环境，就要树立生态育人理念和大课程理念。传统观念认为，课程是对教育的目标、教学内容、教学活动方式的规划和设计，是教学计划、教学大纲等诸多方面实施过程的总和。这种课程观念主要是指显性课程，更强调教育的目的性、计划性和组织性，在某种程度上忽视了具有松散性、非强制性等特征的隐性课程。从生态教育的视角来看，凡是促进生命生长的一切资源，皆可称为课程。只有突破显性课程的限界，把所有影响人成长的资源纳入课程的范畴，才能真正实现时时处处皆教育的可能。为此，就要将显性课程和隐性课程并重，使二者有机互补，共同构建生态环境，创造出一种让幼儿能够"整体吸收"的生态育人力量，以"润物细无声"的方式熏陶感染幼儿。

创造良好的育人生态环境，涉及优美的校园环境、良好的文化氛围、和谐的人际关系、丰富多彩的课程设置等各种教育要素。其中，最基础的是为幼儿创设良好的室内外环境。正如《幼儿园工作规程》所明确提出的：幼儿园应当将环境作为重要的教育资源，合理利用室内外环境，创设开放的、多样的区域活动空间，提供适合幼儿年龄特点的丰富玩具、操作材料和幼儿读物，支持幼儿自主选择和主动学习，激发幼儿学习的兴趣与探究的愿望。在户外环境创建方面，我园本着"整体规划、自然生态、开放多元、趣味挑战、丰富充实、安全实用、艺术教育"二十八字原则，整体规划户外游戏环境，巧妙整合有效空间，打造立体化、多维度的生态健康教育环境，实现了户外活动环境的创设与课程开发、资源利用、幼儿发展的有效链接、紧密结合，促进了幼儿与环境积极有效的互动，为幼儿活动奠定了坚实基础，实现了幼儿身心的多元发展。

一是整体规划。我园占地面积 22345 平方米，户外活动场地 15940 平方米。在户外环境的创设中，我园结合幼儿动作发展需要，创建了拾趣园、动物乐园、百果园、游戏场等区域。以游戏场的建设为例，我园创建了创意美工坊、搭建梦工厂、快乐大本营、泥巴乐园等 17 个游戏区域，涵盖建构类、探究类、运动类、表演类等类别。同时，根据每个区域的特点，创新设计、专项定制，巧妙配置不同的活动器械及低结构游戏材料，赋予每个区域不同的功能，使每寸土地、每个区域、每件器械及材料都发挥最大效用。

二是自然生态。意大利著名教育家蒙台梭利认为，环境就像人的大脑一样，影响着人的整体发展。我园依据五大领域教育内容，为幼儿创建了一个亲近自然、感受自然变化、沐浴阳光和空气、健康成长的空间。例如，生态森林乐园、拓展体验营等区域，使幼儿在活动中学会观察、记录、分享、思考，感受季节更替与万物生长，感受生命的成长变化，感受大自然的神奇与美妙，使户外游戏环境不仅成为幼儿共同学习的课堂，还能承载起健康运动、自主游戏及深度学习的强大功能，为幼儿提供了丰富多元的感知体验空间。

三是开放多元。开放的户外游戏空间是保障幼儿自由、自主活动的基础，多元的户外游戏区域是支持幼儿满足个体需要、实现多元发展的保障。因此，在户外游戏区域空间的规划上，我园立足开放多元原则，创建了筑梦搭搭乐、创意美工坊、青青草坡、宝贝球场、空中乐园等区域，实现了游戏区域的多元化。同时，我园注重各个游戏区域的整合性、流通性，便于幼儿从一个区域自然转换到另一个区域，丰富游戏体验，助力生态健康教育理念引领下的生态健康课程的实施和生成。

四是趣味挑战。兴趣是最好的老师，幼儿的学习是在与环境的反复互动中习得的。好的户外活动区域可以使幼儿百玩不厌，在潜移默化中提升其各种能力。另外，随着幼儿年龄的增长与能力的提升，大班幼儿越来越喜欢富有挑战的项目。因此，我园在保证安全的基础上，有意识地为幼儿创设富有变化、充满创意与挑战的环境，让幼儿在挑战自我的同时，调动一切已有经验面对问题、解决问题，体验解决问题所带来的乐趣与满足。

五是丰富充实。在游戏材料的提供上，我们为幼儿提供了可以自主取用、收纳、整理和摆放的游戏材料，兼顾幼儿运动、社会性交往、思维发散、创造力提升等需要，充分考虑各年龄段幼儿的差异性等要素，同时提供了丰富的、开放的、有层次的多元化游戏材料，使幼儿能够随时组合、移动、利用这些材料。例如，拓展体验营区域中既有木制长城、瞭望塔、高空悬梯、空中滑索、攀爬架、迷彩坦克、轮胎车，又有锅碗瓢盆、沙包、沙袋、迷彩网、背筐等，幼儿可以利用这些材料进行拓展游戏。又如，在绿树成荫的树林里修建木栈道，投放锥形网、小吊床、攀登梯等器械；建设立体罗盘状创意美工坊，投放木片、树枝、石子、麻绳、瓶罐、泥塑等自然材料，创建了深受幼儿喜爱的生态森林乐园。幼儿与材料积极互动，创建、生发了烧烤家的故事、天牛日记等游戏故事。

六是安全实用。3～6岁幼儿的动作发育不完善，自控能力比较差。为确保幼儿的活动安全，我园在场地建设中采取塑胶、草坪与土地沙地并用的做法，实现了活动场地材质的多元化。塑胶场地采用国家最新标准，确保安全、绿色、环保。在设施设备和游戏材料的配备上，均采用正规厂家生产、带有安全标识、符合国家规范要求的产品。另外，安全小组成员定期检查，专职维修人员随时修护，为幼儿的游戏活动提供了安全保障。

七是审美教育。审美教育渗透在幼儿教育的方方面面，环境是美育的重要途径，幼儿的审美教育是在具体环境的潜移默化中提升的。在户外环境创设过程中，色彩的搭配、图案的选择、创意的设计，无一不体现着审美与教育。幼儿结合四季变化欣赏不同季节的风景，从心灵深处感受美、体验美、欣赏美。

总之，我园践行户外游戏区域二十八字创建原则，积极创设生态自然的游戏环境，真正实现了教育润物无声，使幼儿在游戏活动中实现了健康快乐成长。

（东营市实验幼儿园 / 王銮美　文）

快乐大本营

区域名称：

快乐大本营

环境创设：

　　快乐大本营作为幼儿园最初创设的自主游戏区，经历了多次完善与补充，成为一处融合多种运动功能的、具有挑战性的区域。此区域在幼儿园操场位置，为完全开放式，面积约 1200 平方米，是幼儿园户外最宽敞的区域。在靠墙位置摆放一列收纳架、收纳筐，各种材料分层分类放置，中心场地则放置了正方体木箱、平衡梯，便于幼儿随时进行攀爬、平衡等运动，还可以随时运用木梯、木板等材料进行改组重建，搭成幼儿喜欢的样式进行游戏。本区域的车子、轮胎、滚筒等材料放置在专用筐或专用区域内，便于幼儿拿取和收纳。

快乐大本营全景

材料投放：

　　本活动区域共投放游戏材料 300 余件。其中大型木梯、正方体木箱、木板等 100 件；中型滚筒、轮胎等材料 50 件；幼儿专用车子 50 辆。此外，还投放了轮胎车、拱门等自制玩具材料，分类摆放整齐，整个游戏区宽敞有序，材料丰富有层次，适合不同年龄的幼儿进行游戏。

幼儿与材料互动：

快乐大本营是一个运动型的综合性区域，幼儿把各种器械材料进行组合搭建，与材料充分互动，享受自己的劳动成果，他们或跳或跑，或攀或滑，每个幼儿都是活动的主人。他们自由结伴、自由搭建，共同体验搭建后的器械，体验合作的成功与欢乐。幼儿可以用大型木梯木箱挑战更高难度的平衡运动，如站在高高的平衡板上行走，并勇敢地跳下来，锻炼身体平衡灵敏性；经过多次练习，可以与伙伴一起站在滚筒上比赛；也可以借用中小型材料进行游戏，如利用万能工匠来合作拼搭各种造型，与同伴进行游戏；幼儿还可以结伴骑车，三五成群地骑上自己喜欢的车子一起绕幼儿园骑行，一路风景一路欢歌，好不惬意。

万能工匠

骑行车

木梯组合

滚筒

木质拼搭材料

滚筒练习

移动拼搭车

万能工匠拼搭

　　快乐大本营不仅为幼儿提供了挑战性的运动材料，还为幼儿提供了动手操作及创作想象的空间，培养了幼儿的运动、语言表达、合作交往能力，同时对幼儿形成坚强、勇敢的品质有很好的帮助。

（东营市实验幼儿园／王海芸　整理）

空中乐园

区域名称：

空中乐园

环境创设：

空中乐园位于幼儿园三楼上人屋面，面积约 500 平方米，其中凉亭面积约为 150 平方米。我园利用凉亭顶部凸起的结构，设置了长短不一的软绳、软梯（绳内含有钢丝），确保幼儿活动安全。露天人造草坪场地约 300 平方米，平坦而富有弹性，四周摆放了颜色不同、形状各异、大小适中的塑质拼搭材料，方便幼儿随时取用、拼搭、摆放。这样，既实现了场地的充分利用，又开拓了幼儿的运动区域，整个游戏场地整洁有序。

凉亭

草坪场地

材料投放：

本活动区域充分利用三楼上人屋面的凉亭所特有的宽阔、顶部隆起的结构特点，共投放悬挂木棍制作的梯子和绳子组成的空中软梯 4 架、空中软绳 8 根，在开阔平坦的场地上投放秋千滑梯 1 个，轨道飞车 1 个，跷跷板 3 个。此外，还投放了轮胎、俄罗斯方块积木若干。

空中软梯

轨道飞车

多彩轮胎

俄罗斯方块积木

幼儿与材料互动：

空中乐园是以攀爬、平衡和拼搭为主的活动区域，深受幼儿的喜爱。幼儿在玩绳梯的过程中探索出单双人荡秋千、软梯传球、倒挂金钩、多人合作爬软梯等多种新颖的玩法。幼儿愉快攀爬、快乐游戏，既锻炼了臂力和腿部力量，又发展了创造性思维，对培养幼儿的协调性、灵敏性、耐力以及勇敢挑战的优良品质有着重要作用。

倒挂金钩

滚动轮胎

　　多样的拼插操作材料，可以提高幼儿排列、组合、接插、镶嵌、垒高等搭建技能，实现搭建的需求及愿望，体验自己与同伴共同搭建的快乐感、成就感。幼儿在这里奔跑、跳跃、翻滚、钻爬，脸上洋溢着灿烂的笑容。

挑战闯关

垒高

（东营市实验幼儿园/成菲菲　隋素玲　整理）

宝贝球场

区域名称：

宝贝球场

环境创设：

宝贝球场面积约 300 平方米，全部为塑胶地面，平坦无异物，以保证幼儿安全为前提，以不影响球的运行为标准，场地旁边设立休息区。器械材料放在专门定制的器械房内，幼儿可自由取放和收整。

此区域主要开展各种球类运动游戏及比赛等活动。

宝贝球场

材料投放：

种类丰富的球类玩具（如足球、篮球、曲棍球、脚跳球、羊角球、板羽球、皮球、保龄球、大龙球、拉力球、飞碟球）、网状围栏、记分牌、篮球架等。

脚跳球

篮球

曲棍球

板羽球

拉力球

足球

宝贝球场投放了种类丰富的球类玩具，幼儿通过认识不同的球、了解不同球的玩法，能够建立规则意识，形成独立玩球、竞争玩球、合作玩球等游戏模式。幼儿根据兴趣自由选择球类、自由寻找玩伴，在运动中逐渐掌握各种球类的运动技巧，在活动中懂得遵守游戏规则。幼儿通过各种球类比赛，不仅增长了本领，还建立起了竞争合作意识，思维能力也得到提高。

幼儿与材料互动：

在开展球类区域游戏的过程中，我园立足于幼儿自身的发展特点和兴趣点，从不同年龄段球类区域游戏目标制订、区域划分、活动材料配置和教师的指导策略等多方面进行研究调整，并付诸实践。

幼儿球类游戏的过程大致分为四个阶段。第一阶段，认识各种球，了解各种球的玩法，掌握玩球的基本动作技巧。第二阶段，熟悉各种球类运动，幼儿自由寻找玩伴，在遵守各种球类游戏规则的同时进行简单的球类游戏。第三阶段，教师选择材料、分配角色，组织幼儿进行简单的球类比赛。第四阶段，幼儿自由选择材料，自由组合组队，在教师的适时引导下进行球类运动比赛。

我园本着把游戏的权利交给幼儿的原则，鼓励幼儿活动前自由寻找玩伴、自由分配游戏材料；活动中培养幼儿的规则意识、合作意识、竞争意识及坚持不懈的意志品质和随机应变、灵活处理问题的思维方式；活动结束，幼儿能归类整理各种球类，养成分类整理、收纳的好习惯。球类游戏磨炼了意志，增强了幼儿的身体素质，提高了其身体的协调性、平衡性，增强了幼儿的自信心，有效促进了幼儿身心健康的发展，增强了幼儿的合作意识，同时提升了班级的凝聚力。

比比谁跳得快

足球场上的身影

（东营市实验幼儿园/马莉 刘茹 整理）

拓展体验营

区域名称：

拓展体验营

环境创设：

自然、和谐的生态环境能激发儿童自主选择游戏的兴趣，能为幼儿提供极其丰富的游戏体验。拓展体验营位于我园南场地的树林中，占地面积1500平方米，贯穿幼儿园东西，整个场地被绿树、草地覆盖。春天小草发芽，树木吐新绿；夏天绿树成荫，鸟唱虫鸣，郁郁葱葱的草坪铺地而生；秋季果实压枝，黄叶飞舞；冬季来临时落叶铺地，宛若驼色的毛毯。该区域有高低适中的土坡，也有平整的林荫大道；植被则有高低不同的灌木丛和粗壮的大树。无论是哪个季节，无论在哪个角落，每个幼儿都能找到适合自己的游戏，都能在游戏中发现更好的自己。值得一提的是，拓展体验营的游戏环境创建并不是一蹴而就的，前后经过数次改造，幼儿园一直在持续观察儿童游戏过程，根据儿童的需要不断完善和优化游戏环境。

如今的拓展体验营，充分保留了大自然的原生态特征，支持幼儿自由选择不同的区域并参与游戏。游戏区的最东侧是一处留白，几棵法国梧桐高耸入云，围绕而成的草地是幼儿的乐园，幼儿或是过家家，或是捡拾落叶，或是三两好友研究小草，哪怕只是在树后捉迷藏，在树下聊天乘凉，也都乐在其中。一处山坡与之毗邻而居，坡地是典型的向上拓展的自然环境，其坡度、高低、面积不同，幼儿会自主开发不同的材料进行滑草游戏。我园在坡地的不同位置开拓了几条隧道，与旁边的沙池区相连，为幼儿的游戏带来了刺激和惊喜。坡地上依势而建了瞭望塔，两面是攀爬网，一面是难度较低的梯子，不同的攀登难度为游戏增添了层次性和趣味性。塔下的地面改造成了玻璃地面，能看到隧道中的情形，使地面上下有了直接明了的互动。站在瞭望塔上，能看见幼儿园南场地的所有情形，幼儿也会将小手比作望远镜，就像在展望美好的未来。大班的幼儿还会在攀爬网上创设不同的挑战，如直接奔跑而上，或从攀爬网的高处一跃而下。幼儿不断地挑战自我，带来了不同的游戏体验。

瞭望塔　　　　　　　　　　　　　　　　　　　　　攀爬网

　　根据幼儿的游戏愿望，我园将索道进行改造，从瞭望塔最高处出发一直到拓展体验营的中段位置，怎么滑下去，几个人滑下去，都由幼儿自己决定，他们的欢声笑语随着索道传到很远很远。索道末端的弹簧随着滑行发出悦耳的声音，在幼儿的心里，这就是最美好、最快乐的童年。继续往西，有碉堡、穿越网、高空悬梯、升降机，这些是对之前野战训练区域的保留，轮胎、梯子、沙袋搭建成的碉堡是幼儿最喜欢的地方之一，他们称之为"基地"。其周边也有不同面积的留白，更能引发幼儿的自主游戏，挖河道、开饮品店、秋天打柿子，闲置的三角木架也成了他们过家家的场所。同时，幼儿园及时了解幼儿的需要，提供遮阳设施，为夏日里的户外游戏带来了丝丝凉意。丰富、充满野趣的自然环境和不同的游戏材料，引发了更加有趣的游戏情节，满足了更多幼儿的游戏需要。

材料投放：

瞭望塔 1 座，索道 1 条，攀爬架 2 个，三角木架 1 个，碉堡 1 个，升降机 1 个；攀爬梯、轮胎、沙袋若干；锅碗瓢盆若干，海绵垫、滑溜布、滑草板若干，木板、大脚板、呼啦圈、小跨栏、地垫若干。

幼儿与材料活动：

得天独厚的环境为幼儿提供了随手可得、生态多元的游戏材料，他们在其中可以进行角色扮演游戏、作战游戏、索道滑行，也可以进行攀爬、跑、匍匐、平衡、钻等动作体能锻炼。满地的树叶可以当成蘑菇、草药和饭菜，随手捡起的枯树枝在幼儿手中变成了宝剑、捣药锤和冲锋号。他们在春天里看小草发芽、大树开花；夏天来了，草地里不断出没的昆虫也能成为他们不懈探索的对象。在游戏中，幼儿懂得了合作与分享、相互协商，显现出优秀的品质和良好的游戏精神。

攀爬而上至瞭望塔，再坐着滑草板滑下来

幼儿用自己喜欢的方式乘索道而下

幼儿自主开发游戏材料进行滑草游戏

三两好友寻一处喜欢的地方，细烹慢调

和好朋友一起丢沙包，追逐嬉戏

攀爬轮胎小山

合力把伙伴拉到半空

（东营市实验幼儿园/扬芳 黄婷婷 整理）

追风骑行区

区域名称：

追风骑行区

环境创设：

追风骑行区位于幼儿园北大门东侧，与森林乐园相邻，面积约 1000 平方米。该区域的游戏活动是模拟城市道路交通的游戏，马路呈东西走向，路面画有各种道路指示标线，设有交警指挥台、红绿灯，南面靠墙处依次是停车区、嘉年华、4S 体验中心、加油充电综合服务站。整个活动区宛如城市道路交通的缩影。

追风骑行区适宜适性的环境创设，为幼儿提供了模拟游戏的安全空间，激发了幼儿的职业体验，提高了幼儿遵守规则的意识。

宽阔的马路

材料投放：

本活动区域投放货运车、手推车、人力车、脚踏车、平衡车等 9 种 70 余辆户外游戏车及指挥台、红绿灯等设施。随着游戏的开展，还创建了嘉年华 4S 体验中心，设有洗车间、维修部、休闲吧。在洗车间里，投放了小桶、喷壶、抹布、雨靴、手套、旧洗衣机；维修部投放了各种维修工具以及废旧童车；休闲吧则是幼儿存放水壶的位置，并且投放了幼儿书桌及读物；同时，投放了指挥交通用的帽子、衣服以及维修工、洗车工和消防员的工作服；废旧的饮水机经过美化，则变身为加油站和充电桩。

三轮车

平衡车

滑板车

幼儿与材料活动：

追风骑行区以各种类型的小车为主。通过骑车衍生出许多与车有关的活动：幼儿组成车队，成立了观光旅游团；幼儿自由结伴、布置场地，进行平衡车竞技；对事故车辆进行维修，给汽车加油、充电；指挥交通，提醒小司机靠右行驶，减速慢行；幼儿还会把小车擦拭得闪闪发亮并给汽车美容。

一起去郊游

平衡大闯关

给小车加油

我是小交警

汽车美容店

（东营市实验幼儿园/季玉萍 马莉 整理）

声音探秘堡

区域名称：

声音探秘堡

环境创设：

声音探秘堡是一个融合型的游戏区，位于大操场南侧，以木质长城为主体，与小舞台一起，形成了面朝操场的一片空间，面积约200平方米。

声音探秘堡为幼儿提供了自由探索声音奥秘的机会，把自主权交给幼儿，在城墙内侧设置的攀爬网，可以锻炼幼儿的探索能力；城墙两侧以及攀爬网下方投放了各种废旧材料，如奶粉桶、风铃、茶叶罐，也有铝板琴、钢管琴等乐器，支持幼儿自主探索。小舞台上则有手鼓、非洲鼓，便于幼儿在表演时伴奏。声音探秘堡主要是通过幼儿与环境、幼儿与材料、幼儿与幼儿、幼儿与教师之间的互动，促进幼儿认知能力、情感的发展。多功能的城墙环境创设，为幼儿提供了一处尽情表演和探索的专属空间，极大地调动了幼儿探索学习的积极性。

音乐舞台

传声筒

材料投放：

本活动区域共投放幼儿专用声音探秘游戏工具 200 余件，其中教师投放的废旧材料有大方盒 4 个、小碗 13 个、小盆 9 个、大盆 6 个、PVC 管 9 个、筐子 6 个、铁盘 2 个、圆铁盒 6 个、圆竹筒 10 个、竹片 10 个、奶粉桶 8 个、洗衣液桶 2 个、木棍 5 根、鼓槌 12 个、锅 8 个、锅盖 3 个、自制响桶 26 个、自制架子鼓 2 架、风铃 15 个。另外，为了更好地支持本区域幼儿的游戏活动，幼儿园还定制了户外儿童打击乐器套装：参与式工具若干套、非洲鼓 1 套、传声筒组合套装 4 套。为突出此游戏区域的多功能性，幼儿园还专门在城墙上方因地制宜地搭起了攀爬网。幼儿既可以在攀爬网上自由行走，也可以从地面攀爬到网子上，锻炼了幼儿的探索精神。

自制架子鼓

锅碗瓢盆变奏墙

幼儿与材料互动：

幼儿很享受在声音探秘堡中自由探索的感觉，各种各样的瓶瓶罐罐在他们的敲击和碰撞下发出奇妙的声音，把自主探索的权利还给了幼儿，幼儿在其中尽情释放天性。

站在欢乐的小舞台上，幼儿就是舞台上的主角，他们可以跳舞、唱歌、表演音乐剧等，不管是唱歌的幼儿还是伴奏的幼儿，不仅能够尽情展示自己，让自己更自信，还能聆听歌曲，感受歌唱带给自己的喜悦之情。幼儿在音乐表演中得到了情感激励和美的感受，培养了表现美、创造美的情感和能力。

音乐舞台

敲击钢管琴

　　刚开始，该区域以幼儿表演为主，部分幼儿很快就失去了兴趣。后来教师丰富了材料，自制了架子鼓等玩具，合理编排表演时间和形式，让幼儿依次上台表演，也让个别幼儿承担起了伴奏的任务，用非洲鼓和鼓槌给唱歌的幼儿伴奏。

　　声音探秘堡作为一个融合型的游戏区，对教师也提出了更高的要求，教师需要丰富幼儿的表演技巧和技能，让他们在舞台上迸发出更多活力。

（东营市实验幼儿园/逯文倩　沈丹　整理）

湿沙城堡

区域名称：

湿沙城堡

环境创设：

湿沙城堡位于幼儿园东南角背风处，环境优美，空气清新。湿沙城堡的沙池呈椭圆形，面积充足，沙池上方搭建了膜结构遮阳棚，沙池北侧设有可循环水道、压水井以及方便就近取水的水龙头；南侧有攀岩墙和弧状跑道，与相邻区域巧妙融合；东侧设有专门放置器械的收纳屋，两旁植有果树及各类花草树木；西侧有方便冲洗的水管和洗手盆，干净便捷，充满野趣，蕴含着无穷的乐趣。

沙水游戏以沙土为基本材料进行建构和构想，通过挖铲、倾倒、堆塑、滤筛等活动，锻炼幼儿大肌肉和小肌肉的灵活性，提升幼儿综合感官能力与探索精神，激发幼儿的想象力和创造力，使幼儿的兴趣需要得到满足，使幼儿充分发挥积极性、主动性和创造性。

湿沙城堡全景

沙池

材料投放：

湿沙城堡充分利用区域的自然资源，沙子柔软、细腻，粗细均匀。同时，教师还投放了整套木质玩沙设备和大量不同结构层次的可操作材料，如长短粗细不同的 PVC 管，各种大小不同的桶、盆、杯子等容器以及网筛、漏斗、铲子，满足不同年龄阶段幼儿的需求。幼儿在与材料的互动中，实现了玩沙和玩水的自然结合，充分体验玩沙、玩水的乐趣。

废物巧利用类材料投放包括保鲜膜纸棍、奶粉桶、粗细不同的 PVC 管；旧玩具、餐具、炊具、小水杯；废旧塑料筐、塑料桶、保温桶等。

此类活动的教育价值在于，废旧材料易于收集，同时还可以培养幼儿的环保意识。幼儿对于材料比较熟悉，在使用过程中更容易发现其价值。幼儿既可以发挥其原有的作用，又能以物代物，开发更多玩法。例如，废旧的塑料筐，既可以用来当筛子过滤沙子，又可以把它当作小火车的车厢，还可以扣到地上当桌子、凳子，一物多用。

购置类材料投放包括攀岩墙、玩沙工具，如塑料翻斗车、漏沙吊筐、花洒、小水桶、漏斗、舀子、储物箱、铲子耙子、网筛。

此类活动的教育价值在于，购置类玩具是湿沙城堡操作材料的重要组成部分，在幼儿的游戏过程中发挥着独特的教育和使用价值。例如，玩沙工具可以让幼儿感受沙的流动，从而激发他们玩沙的兴趣和探究欲望；在玩翻斗车的过程中，幼儿既体验了装卸货物的过程，又满足了幼儿了解交通工具的需求；幼儿在使用水桶、铁铲等玩沙工具的过程中，既达到了游戏目的，又能使其大肌肉和小肌肉得到锻炼，从而达到游戏与锻炼的双重目的。

幼儿与材料互动：

一沙一天地，一水一世界。肆意玩沙是幼儿的天性，他们在铲沙、堆沙的过程中自由创作，发挥想象力。大自然的一草一木，一风一沙，都能引起幼儿的兴趣，激发他们的创造力。

沙、水对孩子来说，有一种天然的吸引力，他们可以肆意玩耍，从最初的随

压水井引水

水道漂流

意挖到有目的地挖宝藏、挖河道，从简单造型到做蛋糕、建城堡，都在潜移默化中培养了他们的创造、反思、协商合作、解决问题的能力。让他们去探索、去感受，教师要做的就是陪伴并支持，守护他们的梦想！

倒沙游戏

河道引水

（东营市实验幼儿园/朱维莉 成菲菲 整理）

阳光沙滩

区域名称：

阳光沙滩

环境创设：

阳光沙滩位于幼儿园南侧的膜结构下面，占地面积 100 平方米。底部设大块砾石衬底，并设置排水沟。其沙质为细软的天然黄沙，增加了幼儿玩沙探索的欲望。幼儿园在沙池区设置了四个水池以及一个深入沙池的水龙头，便于取水。沙区旁有部分遮阴的设施和绿植，保证了湿沙造型需要的湿度和温度；沙池外铺设草坪或镂空木板，方便幼儿整理衣服上和鞋里的沙子。幼儿园将阳光沙滩设置在背风的位置，以免沙子被风扬起；同时，沙滩阳光充足，雨后沙子易干，强烈的日晒也可以起到消毒的作用。

干沙区

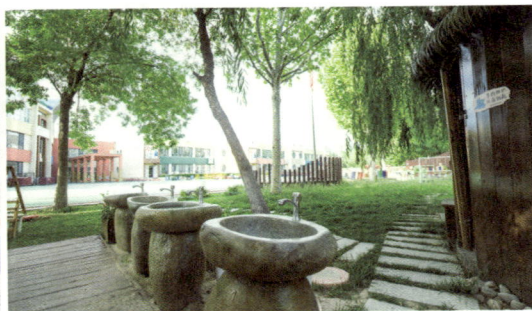

阳光沙滩取水区

材料投放：

本活动区域共投放幼儿专用戏沙材料 200 余件，包含高结构材料和低结构材料。其中，高结构材料的投放为幼儿戏沙提供了强有力的支持。水池与管道可以让幼儿充分将沙水融合，感受玩沙玩水的乐趣。低结构材料有大小水壶若干以及各类水瓶、易拉罐、瓶子盖、铲子、筷子、锅、碗、瓢、盆、勺、漏斗、水桶等，这些材料可以更好地发挥幼儿的想象力和创造力，丰富游戏内容。

　　此区域投放的各类材料由专人管理，便于材料的整理和交接。

阳光沙滩游戏材料

幼儿与材料互动：

　　沙是大自然赐予孩子的礼物，喜欢玩沙是每个孩子的天性，他们会反反复复抓起一把沙，感受沙粒在指缝间溜走的感觉。因此，该区域为孩子提供了戏沙与戏水的场所，在幼儿园的设施中占有重要地位，是幼儿探索、游戏、学习的重要场所。通过游戏，幼儿可以在身体、智力、情感、社交等方面获得发展。

　　例如，通过玩沙、玩水，孩子能够锻炼手眼协调能力和动手能力；通过在沙池玩搭建游戏，幼儿的创造力和逻辑思维能力可以得到提高。此外，沙水区还能

寻宝

挖宝

够帮助幼儿建立良好的社交关系，培养团队合作精神和人际交往能力。同时，幼儿还可以通过实践和体验来学习自然科学知识。

该区域以开放性的纯自然材料为主，幼儿利用长短不同的铲子、管子、小桶、沙漏等物品与沙子进行各种互动，从而生发更多玩法。

幼儿运用已有的生活经验，针对东营所处的独特地理位置，进行想象创意。例如，几个幼儿提出要挖一条黄河，大家如火如荼地挖沙、铲沙、运沙，在游戏的过程中还会思考为什么水流不下来。经过讨论，幼儿找到了解决问题的办法，他们挖的河道越来越深，水自然就流下来了。

"黄河在我家"游戏

沙子的玩法多种多样，给幼儿留下了许多想象和创造的空间。沙既是流体又是固体，它变幻无常又容易被掌控。堆沙、铲沙、拍沙、运沙等活动，不仅提高了幼儿动作的灵活性，还让幼儿学会了自由结伴，学会了相互合作，在体验玩沙乐趣的同时，身心也得到了健康和谐的发展。

（东营市实验幼儿园/李晓婧 整理）

青青草坡

区域名称：

青青草坡

环境创设：

"丰草绿缛而争茂，佳木葱茏而可悦。"一片草坡，一方蓝天，一棵棵浓密茂盛的大树，还有一个个天真烂漫的孩童和一个个动听有趣的故事，组成了幼儿园的青青草坡。青青草坡位于幼儿园西南角，占地面积约600平方米，完整保留了原有的自然景观。春夏时节，万物繁盛，草木葳蕤；秋冬季节，落叶纷纷，白雪皑皑。丰富的自然环境给了幼儿更多的创造和想象的机会，满足了幼儿对大自然的探究欲及游戏欲望。

青青草坡全景

　　青青草坡与阳光沙滩相邻，幼儿园依据地势特点创建了一处长长的草坡，因位置不同，坡地的高低、坡度也不同，这给幼儿带来了不一样的游戏体验。幼儿在山坡上滑草、奔跑嬉戏，他们会利用轮胎、滑草垫、木板、海绵垫等可滑动、可滚动的材料制作滑道，在一次次游戏中探索滑速与材料、坡度之间的关系。山坡上还有几棵法国梧桐向着天空的方向伸展，幼儿倚在树下说着悄悄话，观察树木的生长。因地势原因，山坡南面与幼儿园围墙之间形成了一条长长的沟壑，向山坡下望去，会发现不时有三两好友在玩过家家。中班、大班的幼儿会把这里当作战壕玩游戏，也有的幼儿会翻开轮胎和石头寻找昆虫，或是踩着院墙上的轮胎，向着幼儿园之外的地方张望，相信那些都是他们童年时光里难忘的记忆。

　　与山坡相邻，自南向北是一处较为平坦的地方，这里有枝繁叶茂的灌木丛、竞相开放的石竹花、憨态可掬的动物石像，还有郁郁葱葱的乔木。植物的生命力给幼儿带来了丰富的感知体验，他们通过触摸、观察花草树木，认识各种植物，探索大自然的奥秘，感知自然环境中季节的变化。良好的生态环境给幼儿带来了更多的感官刺激，一朵小花、一片叶子、一棵小草、一只昆虫都能成为他们的游戏材料和探索素材。

青青草坡一角

材料投放：

塑料滑板 20 个, 海绵垫 10 块, 滑溜布 5 条, 彩虹伞 3 把, 长梯 2 架, 轮胎 80 个, 木板若干。

游戏材料

幼儿与材料互动：

青青草坡自然材料丰富, 充满野趣, 幼儿在其中可以进行滑草游戏、角色游戏、探索游戏等, 也可以进行攀爬、跑体能锻炼。幼儿使用不同的材料探索滑草游戏, 如滑草板、木板, 在游戏过程中探索滑草速度与坡度、材料的关系。

幼儿借助垫子玩游戏

幼儿使用滑草板玩游戏

033

　　春天观察树木的生长，秋天捡拾落叶、观察比较树叶的不同，幼儿总能自发游戏并专注其中。有时，滑草板会被当作树叶筐，海绵垫也可以用来搭小房子，别有一番情趣。

　　草坡不仅可以滑下来，还可以铺设长梯进行攀爬，这既增加了游戏的乐趣，又锻炼了幼儿的攀爬、平衡等能力。

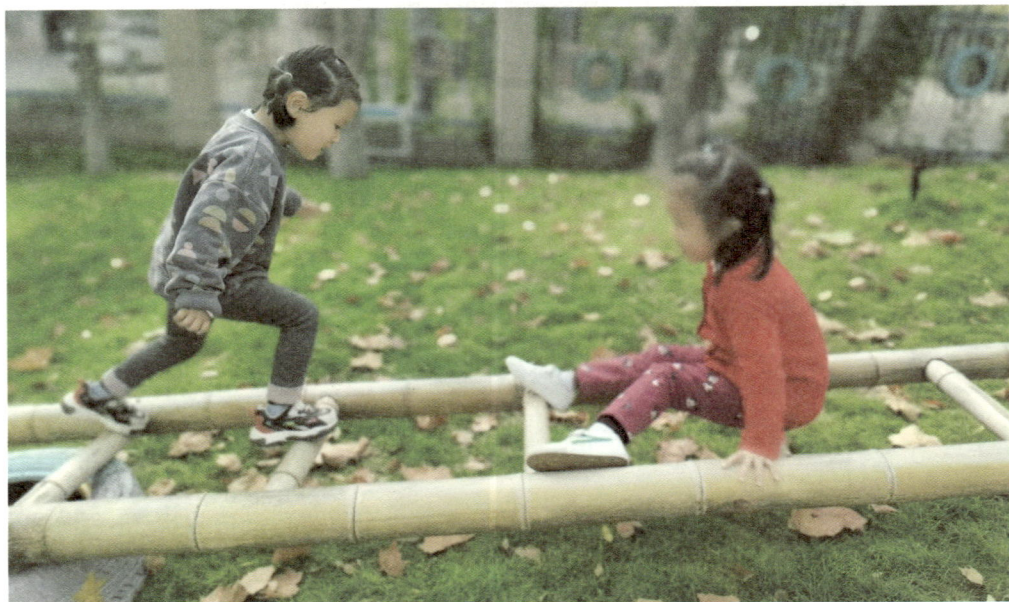

幼儿使用梯子进行创意游戏

（东营市实验幼儿园/杨芳 张洁 整理）

泥巴园

区域名称：

泥巴园

环境创设：

泥巴园依托森林乐园这片自然又充满野趣的场地，依据不同的场地性质将活动区域划分为两个部分——泥塑区和泥水区。泥塑区坐落在森林乐园中央的木质场地上，紧靠北部围墙，设有 3 组置物架、1 个可供 10 ～ 12 名幼儿同时进行泥塑活动的大型操作台和 3 个小型操作台；泥水区设置在森林乐园东北角的泥地上，周边配有高压水枪、洗手台、雨鞋架及工具屋。泥巴园周围绿树环绕，郁郁葱葱，野花烂漫，青草遍野，是幼儿亲近自然、探索发现的绝佳区域。

取水区

游戏操作台

材料投放：

泥巴园区域的游戏材料生态环保，层次结构合理，可操作性强，深受幼儿的喜爱，具体包括以下内容。

基础设施：大泥缸、木质操作台、置物架、展台、喷头、高压水枪、洗手台等。

基础材料：黄河滩泥、沙土、泥土等。

辅助工具：泥工刀、模具、围兜、铲子、耙子、PVC管道、水桶、筛网、雨鞋、皮裤等。

创意材料：废旧饮水机、保温桶、炒瓢、锅铲、不锈钢餐具、竹筒切片等。

生态材料：树枝、树叶、小草、野花、石子等。

各种游戏材料

幼儿与材料互动：

在泥塑区，幼儿使用黄河滩泥进行泥塑创作。通过动手操作，幼儿亲身感知泥的柔软、可塑、黏性等特点，探索工具材料的使用方法，学会简单的动作技能，从手掌动作逐步过渡到五指协调动作，用揉、搓、捏、按、装、插、压、剪、黏合等方法塑造一些简单的物体。幼儿可以自主地从周围的环境中获取自然材料对泥塑作品进行装饰，如使用野花、野草装饰泥塑花瓶。

幼儿使用泥巴进行艺术创作

在泥水区里，环形的泥坑周围设有多处水管，以供幼儿自由取水，全套的引水工具方便幼儿体验玩水的乐趣。在游戏过程中，幼儿自选工具、自选玩伴、自选玩法，运用视觉和触觉等感官，与泥、水等材料进行深度互动，塑形、倒模、修建水渠、引水入渠、制作城堡，使幼儿的空间立体感获得发展，手、眼的协调性及手部小肌肉群的灵活性逐渐增强，充分激发了幼儿的想象力和创造力。同时，幼儿在专注的游戏过程中还可以养成坚持不懈、不怕困难、合作创新等优良品质。

挖水道

水车、水泵取水

管道引水

　　幼儿会把在泥水区和好的泥巴送到泥塑区进行加工创作，而泥塑区里干了的泥巴也会被幼儿送到泥水区"回炉重造"，充分满足了幼儿亲近自然的游戏意愿。

　　泥巴园的游戏结束后，幼儿还可以用高压水枪冲洗玩具和雨鞋，在洗手台洗净双手。游戏用水和清洁用水会顺势流到森林乐园的草坪里，灌溉小草和大树。泥巴园的设计把用水和节水完美融合，既满足了幼儿的游戏需要，又渗透了生态环境的教育理念：节约资源、爱护环境、崇尚自然。

（东营市实验幼儿园/冯媛茹　整理）

趣味木工坊

区域名称：

趣味木工坊

环境创设：

趣味木工坊的活动地点选取了户外半开放的区域，面积约 120 平方米，是一个相对安静且独立的角落。借助背面的建筑墙体，幼儿园在一整面墙上投放了全套儿童专用木工工具，在一侧靠墙的位置摆放了集收纳、展示于一体的木制架，各种材料分层、分类设置，在有序整洁的场地中放置了 8 张儿童木工操作桌台，便于幼儿分组合作。幼儿园还在墙面低矮处放置了幼儿专用木工游戏工具，便于幼儿拿取和收纳，高处则放置了用于观赏的传统木工工具，既美化了环境，又开阔了幼儿的视野。整个游戏区整洁有序，材料生态自然，操作台符合幼儿需求，各

趣味木工坊

种工具专业安全性高。趣味木工坊适宜的环境创设，为幼儿提供了一处尽情操作和体验木工工作的专属空间，极大调动了幼儿自主学习的积极性。

材料投放：

本活动区域共投放幼儿专用木工游戏工具350余件，观赏类的传统木工工具80件，木工专用桌8台；木制展示架一列，收纳盒50个，用于收纳钉子、砂纸、白胶、图纸、铅笔、手套等材料。此外，还投放了木板、木片、木棍等半成品材料以及原始木料若干。同时，为了更好地支持本区域幼儿的游戏活动，幼儿园特别配备了专门的木工加工间，投放了专业的木工加工机器，如电锯、切割机，取名木工杂货铺，由专人负责管理，对木材木料等进行初步加工，为幼儿的游戏提供半成品材料、粗加工材料等。

测量活动

使用锯子进行创作

幼儿与材料互动：

木工制作是一种传统手工艺，木工活动对幼儿来说是一种游戏，能够锻炼他们的专注力、坚持、耐心等优秀品质。在奇妙有趣的活动中，幼儿尽情创作，通过一次次操作，幼儿学会了发现问题、解决问题，并掌握了工具的用法，提升了动手及自我保护能力。

（东营市实验幼儿园/郑萍萍 整理）

创意美工坊

区域名称：

创意美工坊

环境创设：

创意美工坊位于幼儿园北侧森林乐园中最安静的一隅，花草环绕，绿树成荫。木质的绘画桌和置物架穿插其中，可反复利用的大型亚克力绘画板和黑板巧妙地构成了大部分围栏，废旧的油漆桶、儿童车以及树根和树枝散落摆放在草坪及沙堆上，成了幼儿自主选择的绘画载体。原木片和墙绘装点着四周的栅栏，系在两棵大树之间的麻绳构成了作品展示区，用心的布置让美工区与周围的自然环境融为一体，处处体现着森系风格的质朴和治愈之感。得天独厚的地理优势和生态自然的环创主题为幼儿的美工活动提供了一个既能进行专注创作又能自由创意表达的畅想空间。

创意美工坊一角

材料投放：

绘画工具：画板、水桶、调色盘、A4纸、水粉纸、排笔、排刷、毛笔、记号笔、彩铅、水粉颜料、丙烯颜料、粉笔等。

创意载体：石头、树冠、树枝、木工坊作品、废旧轮胎、油漆桶、纸箱、玩具、儿童车、亚克力板和黑板等。

石头创意画

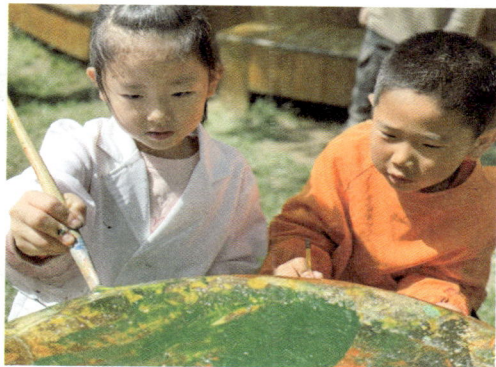

轮胎创意画

幼儿与材料互动：

自创意美工坊投入使用以来，教师和幼儿共同生发了以下活动。

根据幼儿的需要，教师创设了"奇妙的色彩之淋洒画""丙烯创意石头画""画画我的幼儿园""设计我的毕业照"等一系列的主题美工活动。"奇妙的色彩之淋洒画"和"丙烯创意石头画"等色彩绘画让幼儿在使用颜料的过程中，充分感知水粉颜料与丙烯颜料的不同，体验到了自主调色和配色的央乐；"画画我的幼儿园"和"设计我的毕业照"等写生绘画让幼儿初步了解了写生这一绘画方式，同时也体会到了描绘幼儿园特色建筑和描摹同伴拍照姿势的乐趣。

除主题绘画活动外，幼儿还自主生发了与绘画相关的游戏。例如，幼儿会约上两到三名同伴，每人提上一桶颜料，扮演粉刷匠的角色，在美工区自由地刷涂废旧的油桶、轮胎、树冠或儿童车，乐此不疲。还有的幼儿会使用粉笔在地上画闯关游戏，或者画一个大大的房子，邀请同伴一起做游戏。

不论是在主题绘画活动中还是在幼儿的创意表达游戏中，教师始终以游戏伙

花盆创意画

使用颜料尽情创作

伴的身份为幼儿的活动提供适时的支持和帮助。例如，在进行绘画创作时，与培养幼儿审美能力息息相关的内容便是色彩搭配。好的艺术作品在色彩搭配上会给人以美的感受，甚至是视觉的冲击，因此，在幼儿进行绘画的过程中，教师会实时观察幼儿的颜色搭配情况，并给予中肯的建议。

创意作品展

从环境创设、材料投放到活动开展和师幼互动，创意美工区处处体现了环境育人的重要作用，同时也为美育教育提供了有力的支撑。

（东营市实验幼儿园/冯媛茹 房艳霞 整理）

搭建梦工厂

区域名称：

搭建梦工厂

环境创设：

搭建梦工厂是幼儿自主搭建、无限创意的乐园。在这里，他们完全可以按照自己的想象方式，自由结伴、自主探索、自主生发、快乐建构，搭建属于自己心中的美好世界。

搭建梦工厂活动区位于我园户外活动场地东侧，面积约 380 平方米。场地宽阔平整，区域两面靠墙，是一个洒满阳光、相对独立的半封闭活动场所。这样的区域空间布局有利于搭建材料的摆放，并且能够保持相对安静。

搭建梦工厂全景

材料投放：

活动区材料以开放性大型木质搭建积木为主，其他辅助性积木为辅。根据幼儿的生活经验和发展需要，该区域专门采用了高密度碳化防腐木，设计了长方体、正方体、圆柱体、圆锥体等不同形状的建构材料，共计 5000 余块。在积木的规格设计上，严格按照两倍或四倍比例进行放大，便于幼儿感知各种形状、数量关系。辅助性材料则包括小推车、运货车、轮胎车各 3 辆；储物箱（小房子）10 个。

异形积木组　　　　　　　　　　　　　　　　木质积木组

幼儿与材料互动：

搭建梦工厂以开放性建构材料为主，让幼儿和材料充分互动，生发各种游戏。游戏活动的开展大致经历了以下几个阶段：第一阶段自由搭建活动；第二阶段综合建构；第三阶段主题式自主建构活动。

幼儿建构作品

创意玩法：

（1）主题式建构，有一定的任务意识和内容指向。主题"去郊游"相关经验：轮船、车、电视塔、清风湖、黄河大桥等。主题"房子大观"相关经验：客厅、小床、花园别墅、烧烤架，房车、座位、电影院等。

（2）发散式建构，幼儿完全按照自己的想法，自由结伴，搭建自己喜欢的作品，没有明确的目标和任务。

（3）创意混搭建构，幼儿游戏与相邻活动区域联动，拓展了幼儿的空间想象和发散思维。

在游戏过程中，幼儿逐渐掌握了一些搭建技能，如排列、组合、接插、镶嵌、拼搭、垒高、穿套、黏合等。随着游戏的不断推进，他们搭建的过程更加有趣，搭建的作品更加复杂、更具创意。幼儿可以自由分组、协商合作，勇于挑战、积极收整，在掌握基本的建构技巧的基础上，在开放性的游戏环境中，借助丰富的想象进行创造，搭建出具有一定完整性、复杂性、艺术性的作品，从而促进幼儿身体机能与认知的发展，提升其空间感知能力，提高其合作交往能力，培养其专注的学习品质。

（东营市实验幼儿园/蕈娜娜 崔英杰 整理）

筑梦搭搭乐

区域名称：

筑梦搭搭乐

环境创设：

筑梦搭搭乐是开展建构游戏的乐园。该活动区位于我园北校门户外活动场地西侧，面积约 288 平方米，宽阔平整，有遮阳棚，是一个相对独立的半封闭活动场所。该区域空间布局有利于搭建材料的收纳及取放，环境相对安静，能够遮阳挡雨，四季皆适合幼儿活动。

筑梦搭搭乐环境

材料投放：

活动区材料以开放性中小型木质搭建积木为主。根据幼儿的生活经验和发展需要，专门采用高密度碳化防腐木，设计了长方体、正方体、圆柱体、圆锥体等 28 种形状的实心积木共计 3280 块，5 种形状的空心积木共计 260 块。数量充足、形状各异的建构材料便于幼儿感知各种形状、数量关系。辅助性材料则包括滑板车 1 辆、小推车 4 辆、收纳筐 1 个、收纳车 3 辆。

常规建构材料

各种形状的建构材料

辅助材料（木质收纳车）

辅助材料（铁质收纳车）

幼儿与材料互动：

筑梦搭搭乐以开放性建构材料为主，幼儿和材料能够充分发生互动，生发各种建构游戏及角色游戏。游戏活动的开展大致经历了三个阶段：一是自由搭建活动；二是综合建构活动；三是主题式自主建构活动。

自由搭建：小火车

主题搭建：多宝塔

主题搭建：游船

主题搭建：我的幼儿园

创意玩法：

（1）自由建构。幼儿按照自己的想法，自由结伴，搭建自己想搭的东西。

（2）主题建构，有一定的任务意识和内容指向。主题"我的家乡"相关经验：游船、多宝塔、清风湖的桥、新世纪门等。主题"我的幼儿园"相关经验：教室、花园、城堡、餐桌等。

（3）创意建构，利用辅助材料收纳车和木质滑板车，发挥想象，搭建宇宙飞船和汽车等。幼儿善用长方体、镂空长方体、半圆、方块、圆柱等多种形状的积木进行构造，主体结构清晰。在建筑物的搭建中，幼儿能熟练运用架空、垒高、连接、平铺、围封等基本建构技能，穿插运用叠放、拼接、对称、排列、组合等多种搭建技巧，使作品具有一定美感，外观相对完整，同时又具有一定的复杂性。

建构游戏的过程是幼儿开放学习的过程，其动手操作性对幼儿的认知发展具有重要意义，能够充分锻炼幼儿的观察力、专注力、创造力、思维能力、语言表达能力、交往合作能力以及解决问题的能力。

（东营市实验幼儿园/陈玉洁 整理）

万能工匠园

区域名称：

万能工匠园

环境创设：

万能工匠园活动区位于我园西教学楼的中心场地，面积约400平方米，分为两个区域——螺母区和小工匠区。该区域南半部分呈半圆形，为塑胶场地，四面靠墙，是一个相对独立的封闭活动场所，更有利于幼儿专注游戏。

幼儿在螺母区运用长短不一的各式孔洞木板、圆板、螺丝、螺母等材料，自由搭建、动手动脑，进行组合拼接游戏。在小工匠区，幼儿则是运用连接盘及长短粗细不一的连接管进行创意拼插、组合的游戏。

螺母区环境

小工匠区环境

材料投放：

活动区投放了螺母积木、小工匠游戏材料共计1500余件。其中，螺母积木包括各种长度的连接板、转角、轮子、螺丝螺母等，共计900余件。

小工匠游戏材料包括连接盘、连接管共计 500 余件，大型彩色塑料积木 21 块，轮胎 10 个，小推车 3 辆。

螺母区投放材料

螺母区投放材料

小工匠区投放材料

小工匠区投放材料

此外，幼儿园还根据积木的大小以及空间尺寸为幼儿量身定制了 3 座积木屋、4 个不锈钢收纳筐，并制作了遮阳布、防雨屋顶，以便更好地保护各类游戏材料。整个游戏区宽敞有序，材料种类丰富，极具层次性和挑战性，能够满足不同能力的幼儿进行游戏。幼儿园还设计了收纳标识图，录制了区域说明视频并做成二维码贴在区域牌上，方便每个班级快速了解区域材料及玩法。

幼儿与材料互动：

螺母积木支持幼儿搭建复杂结构，在游戏中可以发展幼儿的想象力和创造力；同时，促进幼儿之间的合作与沟通，帮助他们建立对物理概念、空间关系的直观认识，促进其手眼协调、大小肌肉运动及力量的发展。同时，螺母积木的尺寸、重量设计符合幼儿成长的规律，

幼儿在组合直升机

能够确保幼儿的使用安全，也更加方便幼儿的搬运与组合。

简单的积木搭建蕴含着许多策略、智慧和能力。幼儿通过自由分组，有目的、有计划地用积木进行搭建，积极探索，在建构过程中掌握多种技能，如连接、排列、对称、穿过、转向、组合、延长。

游戏之初，幼儿先了解各类材料的名称及功能，了解使用螺丝螺母可以将连接板和转角连在一起。接下来，幼儿以模仿搭建为基础，在组装的过程中体验到成功的喜悦，掌握了各种组装方法，为后期创意搭建夯实基础。慢慢地，幼儿可以脱离作品图，进而将实物图片转化成为积木作品，如幼儿合作组装的秋千架、轮船、飞盘、踩高跷。最后，幼儿可以通过自己的想象进行组装，加入自己的创意，如青蛙战车、直升机。

幼儿合作组装的秋千架　　　　　　　幼儿合作组装的直升机

在整个建构过程中，幼儿之间合作、创造、共享，不仅提高了幼儿的逻辑思维能力，同时也对幼儿大小肌肉群的发展及左右脑的开发起到了很大的帮助。

（东营市实验幼儿园/杨芳　整理）

第二部分

园本课程

园本课程

为儿童的成长创造无限可能

园本课程是以幼儿园为基础，充分考虑园所特色、环境和幼儿的发展需要，以现代幼儿教育理论为指导，以全人教育为宗旨，立足园所品牌建设，由本园教师构建并实施的适合幼儿发展的课程体系。园本课程旨在积极激发、最大限度地挖掘幼儿潜能，培养富有个性的、全面发展的幼儿。

教师在构建并实施园本化课程的过程中，依据班级幼儿的兴趣、需求、年龄特点，在与幼儿积极、有效互动的过程中，遵循游戏精神，进行园本课程的班本化实践。这种课程符合幼儿的身心发展和学习规律，凸显了幼儿的主体性，强调了幼儿的自主探索、亲身体验、实践操作。

这里所说的园本课程，一是以幼儿为本的游戏课程，二是相融共生的探究课程。不管哪种课程，教师都要树立儿童立场，追寻游戏精神，引导幼儿在良好的教育生态环境中，用自己的眼睛去发现，用自己的大脑去思考，用自己感兴趣的方式、适合自己的速度主动探索、反复实践、不断创新、挑战自我。在师幼双主体共同构建的园本课程过程中，幼儿表现出开放、自由的本我状态以及最本真的游戏样态。

第一，幼儿为本的游戏课程。《幼儿园工作规程》中明确指出："幼儿园应当因地制宜创设游戏条件，提供丰富、适宜的游戏材料，保证充足的游戏时间，开展多种游戏；应当根据幼儿的年龄特点指导游戏，鼓励和支持幼儿根据自身兴趣、需要和经验水平，自主选择游戏内容、游戏材料和伙伴，使幼儿在游戏过程中获得积极的情绪情感，促进幼儿能力和个性的全面发展。"游戏课程是最生态化的健康课程。在自主游戏过程中，幼儿真正拥有自主游戏的权利，他们的心灵得以舒展，本我的游戏状态得以彻底释放。对于幼儿来说，游戏不仅仅是玩耍，更是一种学习、生活和成长。在长达十年的自主游戏探究与实践中，幼儿园创新性地开发了五大教育策略：创设独立且关联的活动区域，发挥环境育人作用；保证充足且自主的游戏时间，满足幼儿游戏需要；提供适宜且开放的游戏材料，引发幼儿自主游戏；掌握支持且有效的教育策略，提升幼儿游戏水平；开展自主且有趣的区域游戏，实现幼儿自主发展，实现了"六个自主"游戏，即自主选择游戏区域、自主选择游戏伙伴、自主选择游戏内容、自主生发游戏玩法、自主整理游戏材料、自主表征游戏过程。

自主游戏课程的构建与实施，不仅提高了幼儿独立自主的能力，还培养了他们专注的优良品质，发展了开放灵活的思维方式，锻炼了其坚强勇敢的意志力，提升了其综合运动能力，促进了幼儿社会性的发展。

第二，相融共生的探究课程。我园将生态健康课程建设的目光投向了更为深远和广阔的领域和空间，以项目探究式课程本土化实践为切入点，全面细致地梳理了东营市本土资源，关切生命成长，通过班级、年级、幼儿园三级课程审议，每个班级每学期确定 1～2 个探究式课程项目，如上幼儿园的芦丁鸡、我家有鸽初长成、我家乡的小伙伴、虫瘿春夏、天牛之旅、探秘清风湖公园、桑蚕丝语、豆子博物馆等本土化探究项目，整合生态教育资源并积极实施。通过项目探究的方式，引导幼儿在真实的情境中发现问题、解决问题，从而培养他们的探究精神和实践能力。同时，本土化的生态健康课程深入挖掘了本土资源和文化特色，将其融入课程教学，使课程更加贴近幼儿的生活实际，更具有针对性和实效性，让幼儿更多地发现身边的资源，了解独一无二的东营文化，探究其中的奥妙，在具体的感知、体验、探究等沉浸式活动中，培养幼儿从"爱我的家"到"爱一座城"再到"爱我的国"，厚植家国情怀。例如，班本课程"探秘清风湖公园"，围绕我和清风湖公园的故事进行，从清风湖公园在哪里、我的游玩日记，再到认识地图、统计景点、城市公园知多少问题探索、畅游公园、打卡公园，最后到制作一系列关于公园的文创作品和纪念品，有层次地设计了一系列活动。在区角活动中，幼儿自主开展清风湖公园的相关活动，如搭建迷你公园、彩泥制作微公园，从集体活动、小组活动、区角活动、日常活动、家庭活动领域，多方位、多维度地构建了适宜的课程。

生态健康的园本化课程，激发了幼儿的探究精神，培养了幼儿的关键核心素养，实现了其身心的和谐全面发展，为幼儿的探索成长创造了无限可能性，为其终身发展奠定了坚实的基础。

（东营市实验幼儿园／王銮美　文）

游戏课程

■ **运动与挑战**

智取小球鞋

游戏背景：

户外游戏音乐响起，幼儿来到了森林乐园。老师们马上开启"眼观六路、耳听八方"模式。不一会儿，有小朋友前来求救："老师，王俊雅的鞋子掉进网子里了。"我随着手指的方向望去，俊雅正趴在攀爬网上，手臂在攀爬网里晃来晃去试图将小球鞋取出。"没有鞋子可不行，快想办法！"

王俊雅（右）试图取出鞋子

教师思考：

3米多高的攀爬网坐落在绿树成荫的森林乐园，幼儿最爱手脚并用，在纵横交错的尼龙网上玩耍。虽然偶尔会困住小脚小腿，但是幼儿可以自行挣脱。通过目测，鞋子掉落的位置距离固定攀爬网的外围约1.5米，我心中暗自庆幸，幼儿费点心思是可以自己取出来的。

一、救援王俊雅的鞋子

孩子们迅速来救援，涵涵和俊雅奋力把手伸进攀爬网，试图抓住地面上的小球鞋，但无济于事。轩轩若有所思地找到一根50厘米左右的青草伸进攀爬网，试图用青草将鞋子钩出来。此时，晨晨也拿着一根约30厘米的硬树枝伸进攀爬网参与救援。很快，轩轩和俊雅就发现青草太软用不上力。"给我，我来吧！"离球鞋

吴佳轩找到一根50厘米左右的青草

最近的俊雅接过短木棒，握住柄端使其变成"长手臂"开始救援，她用尽全身力气向地面压，瘦小的肩膀试图塞进攀爬网，在她的努力下树枝碰到了鞋子，救援渐渐吸引了更多孩子的关注。此时漂漂大声支援："我知道该怎么办！"轩轩打量了一下个头比较高的漂漂，说："你拿着这个棍子，你的手长。"

漂漂匍匐着身子，侧脸贴着攀爬网，慢慢伸出胳膊，努力缩短攀爬网与鞋子的距离。可是不管她怎样调整身体，木棍也只是刚触碰到鞋子。"有了！"漂漂灵机一动，"你们还有更长的工具吗？"围观的孩子四散开来，纷纷去寻找合适的工具。

教师思考：

为了救援鞋子，幼儿不断尝试，当他们发现单纯靠手臂的长度根本不能解决问题后，想到了借助工具，并由此得出了工具的软硬与长度至关重要，在与材料的直接互动中逐步发现和掌握救援的关键，这正是幼儿自主学习与发展的表现。

二、胜利在望

一番寻找后，孩子们找到了一根1米多长呈弧状的小枝条．孩子们熟练地把弧状枝条伸进攀爬网，"可以够到鞋子啦！"孩子们惊喜地大叫，无奈攀爬网内青草丛生，鞋子掉下的位置被草木遮挡。沫沫见状自告奋勇："我去上面看看！"沫沫迅速来到攀爬网的上部，实时汇报枝条与鞋子的距离，漂漂小心翼翼地拨开灌木丛，让视野变得更开阔，当枝条钩住鞋带时，她用力挑起鞋子慢慢移到网口，在欢呼中顺利取到鞋子。

教师思考：

经过多次尝试和调整，幼儿最终成功取出鞋子。这离不开幼儿的观察、思考和自始至终积极主动的状态，也离不开幼儿与环境、材料、同伴的充分互动。而同伴之间的相互合作与帮助，让幼儿体验到了不一样的成功和快乐。

三、吴茉迪的鞋子也掉了

这时，孩子们的呼救声又传来："吴茉迪的鞋子也掉进攀爬网了！"救援的成功让孩子们信心满满，他们拿着救援工具迅速转移到攀爬网的对面，吴茉迪一脸委屈地说："我的鞋子掉到里面了。"漂漂迅速询问："掉哪了？""这里！"漂漂爬到了手指的位置后，又迅速爬到制高点来观察掉落位置，寻找最适宜的救援位置，观察一番后，漂漂开始犯愁："树枝不够长呀！"漂漂环顾一周后向拿着工具的任一诺询问："任一诺，把你的手板借我用一下吧。"拿到工具后，只见她拿着树枝和手板开始拼接，试图将树枝穿过洞口拼接在一起，使其变得更长。但老师已预料到在没有其他材料的辅助下两个工具难以组合，此时老师选择耐心等待，等待孩子们自己去发现问题。

教师思考：

中班幼儿已经能够很好地将经验迁移到新的问题情景中，漂漂小朋友较强的观察与思考能力让她有了清晰的目标，并有了新的思考和尝试，开始有意识地组合材料，制作有长度的救援工具。第一次的枝条太短，玩具手板也太短，经过调试，两种材料没有合适的衔接面，且当下没有材料可以对其进行固定。虽然组装方案失败，但是这个点很关键，反映了幼儿已经意识到救援工具长度的重要性。

四、商量对策

几番尝试后，孩子们纷纷退下阵来商量对策："要不我们爬进去拿吧。""我们可以将网子割开进去呀！""啊！网子割开可不行呀！"商讨后，孩子们开始寻找合适的救援工具。几个孩子盯着正在修理花草的伯伯手里的小镰刀看了半天，自言自语道："工具太短了。"有的盯着涂鸦区的水枪软管嘀咕："太软了。"孩子们这瞧瞧那看看，反复审视。当孩子们的目光落到绘画区角落的树棍时，眼前一亮，漂漂不禁感叹："这个好长呀！"

教师思考：

鞋子掉落的位置靠近中心轴位置，距离外围固定圈大约 2.5 米，而且灌木丛较高，视线遮挡严重，种种因素让救援一度陷入困境。幼儿意识到救援工具长度的重要性，很自然地中断救援，开始寻找合适的救援工具，"工欲善其事，必先利其器"，这正是幼儿新的经验增长点。

五、最后一搏

称心的工具到手后，孩子们便开始迫不及待地救援：只见俊雅找准位置后，精准地将木棍伸到鞋子附近，双手用力慢慢挑起，同时向网边收拢，孩子们看着木棍钩住球鞋后纷纷欢呼，可由于没有持久用力小球鞋很快掉落。悲喜交替下，俊雅重整旗鼓，孩子们见状纷纷加油并上前帮忙。经验丰富的漂漂马上上前，两个人一前一后共同抓住木棍，使之准确无误地钩住鞋子，用力一挑，可鞋子竟被抛向了更远方，周围的孩子着急地指着掉落的位置高呼："快往这边来点，快往这边来点。"两人马上调整位置，长长的木棍又钩住鞋子，但因发力点的接触面较少，加之木棍本身又长又重，几次都没成功。两人调整了握姿，俊雅抓住木棍的最前端，漂漂索性把手臂伸进攀爬网内抓住木棍的中心位置，在一里一外的配合下，很快鞋子又被钩住，这次他们用力挑起鞋子，慢慢往攀爬网边收拢，木棍贴近攀爬网后，漂漂在攀爬网内稳稳地举住木棍，俊雅则迅速爬到上方，快速取下鞋子。"耶，成功了，成功了！"森林乐园里瞬间响起了欢呼雀跃的声音。

两个小朋友一同用力　　　　　　　　　　　慢慢取下鞋子

六、救援分享

回到教室后，孩子们意犹未尽地分享着救援情节，愉悦的情绪弥漫在整个教室中。我趁热打铁播放了救援视频，并启发幼儿思考更多的方法。"我可以用绳子将美工区的滚刷和树枝绑起来，这样能勾牢鞋子。""我可以从中间的最高处爬下去，拿上鞋子后再爬上来。"甚至有的小朋友提出了从中间镂空位置像猴子捞月一样组团救援……从表述中，幼儿对于救援思路的表达十分清晰且有自己的思考与创新，更不乏童真的畅想。

教师思考：

在阵阵欢呼中，我见证了幼儿的成功救援，面对困境时迸发出的团队精神更让我为之动容。幼儿用自己的想法和行动证明了办法总比困难多，在实际操作中内化了救援经验，积累了对材料的选择、使用、力度控制以及空间方位的科学认知经验。

教师小结：

"两次小球鞋的掉落"触发了幼儿的集体救援。问题的解决不是一蹴而就的，在此期间幼儿全身心地投入救援，主动思考，不断搜寻解决方案。面对一次次新的挑战，他们在困境中自然互助，展现出高水平的合作能力，共享团队力量带来的喜悦。其实无论结果如何，当幼儿决定去救援时，游戏本身就变得有意义了，温暖的爱就已经弥漫在他们心间了。

幼儿表征

表2-1 孩子们的两次救援情况

救援阶段	遇到的问题	解决方案	结果
第一轮救援	鞋子掉进攀爬网	徒手救援	失败
		50厘米左右的青草	失败
		30厘米左右的树枝	失败
		"长手臂"拿树枝	失败
		1米多长的弧状枝条	成功
第二轮救援	鞋子掉进攀爬网	1米多长的弧状枝条	失败
		组合工具	失败
		树棍	成功

（东营市实验幼儿园/房艳霞）

我是消防员

游戏背景：

一直以来，拓展体验营都深受幼儿的喜爱，这是充分利用自然资源打造的户外区域。天然的环境，繁茂的树木，散发出浓郁的自然气息；优美的风景，原生态的材料，让幼儿沉浸于大自然的怀抱中。每个幼儿都是小玩家，在这里，他们有了想象的机会，有了发现的勇气。他们自由地奔跑，尽情地扮演各种角色，释放着无限的想象力和巨大能量，给我们无数惊喜。在奔跑嬉戏的过程中，幼儿的各项技能得到发展，身体协调性得到锻炼，并在游戏中学会了与同伴友好相处和互相合作。今天，来到拓展体验营，他们的奇思妙想会碰撞出怎样的火花呢？

一、着火引注意

"着火啦！着火啦！"——的喊叫声吸引了我的注意。——正在高高的攀爬网上慢慢行走，一边走，一边盯着一个位置一直看（红色的塑料桶）。

"不好啦，着火啦！"——再次大声喊道，这次呼喊引来周围小朋友的注意。"哪里着火啦？""大家快来救火呀！""快跑呀，着火啦！"小朋友们非常兴奋，七嘴八舌地一边喊一边跑，攀爬网周围一时间变得混乱起来，原本在这里玩的小朋友也四散跑开，但是，却有几个身影逆向奔跑而来，脸上露出焦急的表情。晨晨和妍妍手里正拿着洗衣液桶，急匆匆地奔跑过来，和——一起，三个人形成合力围住火苗。

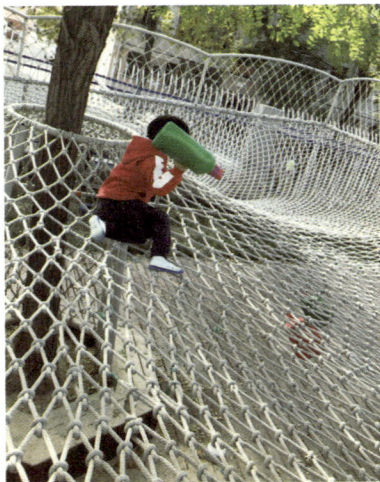

发现火苗

二、灭火起争执

"我去提一桶水把火浇灭。""这样太危险了，先往后退。""赶快拨打119！"出现了三种不同的声音。"对，先打电话报警"，一一说完后，大家都点头表示赞同。一一从附近捡起一块长方形积木，对着积木大声说："喂，喂，喂，119吗？我们这里着火了，快来救火啊，我们在拓展体验营的攀爬网，你们快来啊！"仔仔在一旁听到了，连忙捡起身旁的木块回应："收到收到，我们马上就到。"仔仔叫上旁边的果果，随手拿起身边的洗衣液桶跑过来。

"灭火器来啦，快让开！"果果边说边拿着灭火器对准火苗准备灭火，"火太大了，快往安全出口的方向跑，用手捂住口鼻！"两位小小消防员对着人群大声地喊。果果和仔仔你看看我，我看看你，发起愁来，一一和晨晨也愣在原地。

教师思考：

幼儿发现火苗能够立即救火，知道救火是非常重要的事情。当察觉火势太大无法扑灭时，幼儿能立即拨打119报火警。打电话时，幼儿镇定自若，能够把火灾发生地点和现场状况描述得非常准确。一一和晨晨、妍妍进行了一次灭火行动，在接到报警电话后，马上出警，知道救火是很紧急的事情，幼儿的安全意识较强。

消防员来灭火

一直在旁边观察的我见状问道："为什么火没有被扑灭，反而越来越大了呢？"听我这么一问，孩子们又讨论起来。妍妍说："只有两个消防员来灭火，太少了。"晨晨说："是不是灭火器过期了？"一一说："是风太大了吧！火就越烧越大！"我点头肯定了大家的猜测，"你们说的都有可能，风这么大，从哪个位置灭火合适呢？"孩子们听了又重新忙碌起来，果果找来一个新的灭火器，这次的灭火器又大又新，仔仔又叫了几个孩子来帮忙。晨晨围着火苗转了一圈又一圈，一一拿着洗衣液桶左右比画着，朝这儿喷喷，又朝那儿喷喷。"我知道啦！"突然，一一高兴地大声喊起来："在这边灭火容易，风正好吹过来。"其他几个孩子也拿着灭火器围过来，合力拿着洗衣液桶，开口朝向火苗的方向。这时候，仔仔脸上露出疑惑的表情："风这样吹过来，火不是正好烧到我们吗？应该去对面。""不对，就在这边。"一一和仔仔争执起来，各自说着理由。

教师思考：

（1）幼儿一起体验了救火的过程，选择了合适的救火工具。幼儿以物代物的能力非常强，根据灭火器的形状和特点选择了合适的救火工具——洗衣液桶，同时根据积木的形状将其当作手机、对讲机，这说明幼儿们懂得一定的防火知识并能运用到游戏中。

（2）救火时火势增大，幼儿没有退缩，而是迎难而上，积极思考对策。幼儿根据自己的经验，猜想灭火失败的各种原因：消防员人数太少，灭火器年久失效，风力太大……我及时肯定了他们的想法，并鼓励他们寻找合适的灭火位置，引发他们进行深度思考和探索。

三、灭火我最行

正当大家争执不休时，我拿起像火苗的红色塑料纸，对着它吹了几下，"小朋友们看，风吹来的方向，叫做上风向，消防员站在火源的上风向 3 ~ 5 米处灭火才安全。如果站在下风向，火势蔓延，就会有烧伤的危险，就像仔仔说的一样"。仔仔模拟演示给大家看，刚才一一和仔仔争执的难题迎刃而解。

我追随着孩子们的兴趣，继续引导大家讨论：灭火器应该对着火苗的哪里喷射呢？萱萱说："对着火苗的中间，橙色的地方。"顺顺说："对着火苗的光圈喷射。"岳岳跑过来说："我听消防员叔叔说过，灭火器要对

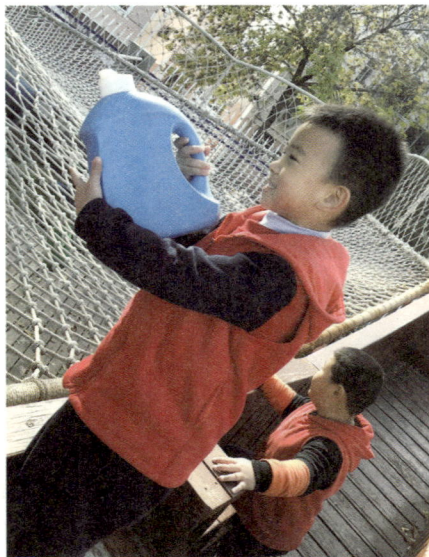

换到上风向的位置尝试灭火

准火苗的底部。"我找出灭火器的使用方法视频播放给孩子们看，鼓励他们对着红色火苗试一试。

表2-2　幼儿在灭火的不同阶段遇到的问题、猜想及解决方案

遇到的问题	幼儿的猜想	解决方案
着火了，怎么办	用水灭火 安全出口逃生 打 119 电话报警	打 119 电话报警
火势越来越大，怎么办	增加消防员人数 更换新的灭火器 寻找合适的灭火位置	在上风向灭火 对准火苗底部

攀爬网上的消防员们一片忙碌，下面的小伙伴也纷纷进入了情境。"大家请注意，大家请注意，攀爬网上发生了火灾，请迅速撤离！网子上发生火灾，请迅速撤离！"小志在小喇叭里高声喊着，他用播放通知的形式及时向大家告知险情，提醒大家有序撤离。

小广播疏散人群　　　　　　　　　　　　　营救伤员

聪聪凭借矫捷的身姿从绳网底下爬了出来，也有人被困在绳网上等待消防员的救护。一一和晨晨成功救出了被困的伤员，"这里有人受伤了，快来帮忙啊！"毛毛和朵朵听到消息后抬着担架飞快地奔跑过来，他们一起把伤员抬去医院，请求医生帮忙治疗。

扬帆拍着鼓为消防员们庆祝。"火被我们扑灭啦！""安全啦，可以出来玩啦！"果果和仔仔拍了拍身上的灰尘，高兴地说，小小消防员的成就感油然而生。

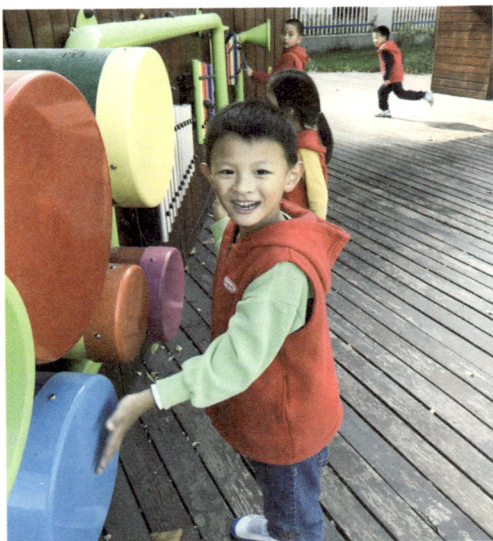

敲响胜利的节拍

教师思考：

（1）在游戏向下推进时，我及时抛出问题引发幼儿思考。第二次救火时，他们改变了灭火器喷口的方向，有的对准火苗的底部，有的在火苗的上风向瞄准火苗。由于是情境游戏，我及时找出视频和幼儿观看，幼儿对火苗结构和风向有了直观了解。

（2）游戏开始，只有一一、晨晨等在现场讨论如何救火，后来，仔仔、果果加入游戏，再后来，毛毛和朵朵也加入游戏。整个游戏中，幼儿扮演着不同的角色，分工明确，不仅能够合作救火，而且能将游戏内容扩展得更加丰富。

教师小结：

（1）幼儿以灭火为主题，自主参与，分工合作，玩了一场消防员灭火的游戏。《3-6岁儿童学习与发展指南》指出，幼儿应具有一定的平衡能力，动作协调、灵敏。在我是消防员的游戏活动中，幼儿进行的最多的就是攀爬、跑、跳、走等大肢体动作，身体的平衡性和协调能力等都在游戏中得到发展，幼儿的动作发展需要得到满足。下一步，我们要继续为幼儿提供丰富的游戏材料，保证他们有充足的游戏时间，鼓励他们积极思考解决问题的方法。

（2）认真观察、准确捕捉、及时分享，使幼儿的游戏向纵深发展。在幼儿提出风往哪边吹的问题时，我请幼儿运用多种方式进行尝试，进行了深入的游戏分享，幼儿在游戏中解决了困惑。他们分享了自己知道的灭火知识，通过观看视频，知道了上风向、下风向、火苗的组成、灭火器的使用等知识。当有了初步的经验后，幼儿灭火的位置更加精准。在游戏中，幼儿收获的不仅是自主探索的乐趣，更有想办法解决困难的勇气。教师及时帮助幼儿梳理有益经验，提升游戏水平。

（东营市实验幼儿园/成菲菲）

■ 奇妙的探索

趣探篮球轨道

游戏背景：

　　那片天然小山坡，一直是幼儿们非常喜欢的游戏区域之一，给幼儿的游戏提供了无限可能。在山坡上，有的幼儿喜欢自上而下奔跑的速度感，有的幼儿热衷自下而上攀爬的挑战，还有的幼儿喜欢三三两两坐船的趣味性。这天，承泽小朋友拿来了篮球，想让篮球也"体验"一下游戏的快乐，怎样让篮球也像小朋友一样"听话"呢？于是，一场有趣好玩的篮球轨道探索之旅拉开了序幕。

一、轨道初探

　　承泽把一块长板铺在山坡上，接着又拿来几块长板依次铺好，说："这是我制作的轨道。"之后，他拿来了两个篮球。他将篮球放在长板的最高端，想让球从轨道上滚下来。一次、两次，尝试了好几次后，球总是从坡上滚下去，而很少从制作好的轨道上滚下来。这该怎么办呢？

　　接着，他来到材料库，拿来了一个呼啦圈。朵朵问："你拿呼啦圈干什么？""我想把它当球门，这样球就不会滚到其他地方了。"说着，承泽将一个呼啦圈放在了轨道最下面的位置，另一个放在轨道最上方，怎样将呼啦圈竖起来呢？思考后，他决定用长板压住呼啦圈，这样球门就立住

轨道初探索

了。这时，承泽很兴奋地对旁边小朋友说："看我的，球一定会通过球门从轨道上滚下来的。"说着，承泽很愉快地将球穿过球门，期待着球从轨道上滚下来。结果，球又脱轨了，还是从草坡上滚了下来。

呼啦圈球门

教师思考：

　　这个游戏源于幼儿的自主探索，在宽松的自然环境中生成了趣探篮球轨道游戏。游戏中，幼儿协同合作，共同完成轨道的铺设。

　　通过设计轨道，提高轨道高度，借用呼啦圈当球门，都不能让球从轨道上滚下去。于是，我将这个问题当成提升点，利用区域评价进行集体讨论，幼儿想出了许多方法。接着，我在原有基础之上加大游戏难度，让游戏更具有挑战性、趣味性，幼儿的思维也更加活跃，其合作、解决问题的能力也得到了发展。

二、轨道变身

　　一段时间后，再次去玩小山坡时，承泽小朋友还想继续制作轨道，但这次有了新的变化。因为上次篮球很少从轨道上滚下去，这次承泽将长板铺好后，搬来了好几个梅花桩。裕祺问："你想用梅花桩做什么？""我想把它放在轨道两侧，这样篮球就可以从轨道上滚下来了。"说着，承泽将梅花桩摆在了长板的两侧。摆好后，

梅花桩轨道将篮球卡住

他迫不及待地尝试，"咦，球怎么卡住了呢？"

我发现承泽有点想放弃了，就引导他说："看看梅花桩是什么样子呢？""上面有很多棱。""哦，是这些棱挡住了球，滚不下来的吗？""嗯，我觉得是。""那我们可以尝试找一些光滑的东西，放到轨道旁边吗？"承泽听后，小眼睛显得特别有神，环顾了一圈材料库，说："有了，我可以用轮胎当障碍物。"不一会儿，承泽将轨道旁的梅花桩换成了轮胎。在小朋友的帮助下，轮胎全部摆在了轨道的两侧。"我要试一试将球从轨道上滚下来。哇！这次篮球从轨道上成功地滚了下来。"

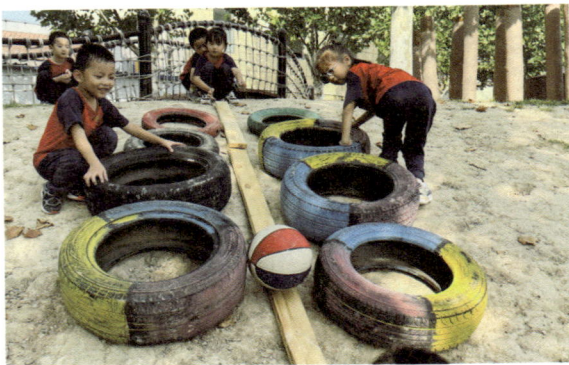

轮胎轨道畅通无阻

教师思考：

轨道从最初的木板搭建到两侧设置了梅花桩障碍物，再到将障碍物换成轮胎，最后挡板轨道诞生。几块长板及不同形状的物品，给幼儿带来了不同的体验。游戏中，幼儿知道了障碍物的作用，知道了有棱角的东西会挡住物品运动，知道了表面光滑的物品不会阻碍物品的运动。同时，幼儿懂得了斜坡可以加快物品的滚动速度。

三、轨道升级

多次尝试后，我看到承泽拿了个梅花桩，放在第一个长板下，这时最上方的轨道变成了一个斜坡。他说："这下，我的球应该比刚才滚得更快。"实验验证，他的猜想是正确的。

因坡度原因，从轨道上成功滚下来的球会滚得很远，捡球实在有些麻烦，承泽说："我有个好办法。"他将最下端的长板竖起来，横放在两侧的轮胎上。可是长板很重，一直立不住，于是，他拿来一个黑色的轮胎倚在了长板的后面。就这样，挡板轨道问世了，承泽再也不用跑很远去捡球了。

提高轨道坡度

检验篮球滚落速度

教师思考：

给幼儿自主探索的空间并不意味着放任不管，教师需要跟随幼儿经验、能力的发展及时捕捉他们的新发现，推动他们的自主探索不断深入。游戏中，承泽遇到球被卡住的问题，经过努力还是没能解决，正当他想放弃时，教师适时介入，及时引导，使游戏得以进一步发展。

教师小结：

陈鹤琴先生说："大自然、大社会都是活教材。"幼儿的学习是以直接经验为基础，在游戏和日常生活中进行的。一个制作篮球轨道的游戏，唤醒了幼儿探究的欲望，使幼儿愿意动手动脑，对自己感兴趣的问题不断探究，寻找答案。对此，我敏锐地捕捉到幼儿的兴趣点，发现并保护他们的好奇心，给予适当的支持。

（1）由被动走向主动，幼儿自发生成游戏，自主探索。轨道的探索活动对幼儿来讲是充满好奇、疑问和挑战的。它让幼儿有更多的机会与环境互动，通过这种互动引发幼儿的主动探索行为，让幼儿在动手操作和实践中构建经验，进行自主学习。而我们要做的，就是将问题抛出去，留出空间，静待花开。

（2）由担心走向放手，支持幼儿自主游戏。游戏顺利开展最重要的一点是给予幼儿自主尝试、探索的空间。活动中，教师更多的是观察、倾听，放手让幼儿去体验，支持幼儿的游戏需求，确保游戏顺利进行。活动中，教师要细心关注，及时回应，当幼儿遇到问题、游戏无法持续进行时应及时引导、鼓励、肯定幼儿，让幼儿通过探索获得成功的喜悦。

（3）由单一走向多元，促进幼儿多方面发展。轨道游戏深受幼儿喜爱，教师在轻松愉悦的氛围中始终关注幼儿，支持与鼓励幼儿去探索、创造，使幼儿获得多方面的发展。在探索轨道游戏中，幼儿固定轨道的障碍物从梅花桩变成轮胎，具象化地了解了滚动的物体在光滑的面上通过时更为顺利。多次游戏后，幼儿增大轨道坡度，感受到了坡度与物体运动速度的关系。真实的问题情境是触发幼儿自主探究学习的最佳时机。当篮球滚落很远时幼儿及时调整，寻求解决方法，在不断发现问题、寻求对策、解决问题的过程中提升了认知能力。

（4）不足之处。在回顾趣探篮球轨道的游戏中，我们对游戏进行了反思，发现游戏存在许多不足之处，需要改进。游戏过程中，有时幼儿玩兴正浓，发现新的游戏玩法和解决方案时，由于时间的关系被迫停止，打断了幼儿持续游戏的意愿。受时间的限制，幼儿玩得不尽兴，影响了他们的游戏兴趣，也错过了许多精彩时刻。

在今后的活动中，我们会更加关注幼儿，及时调整游戏环境与材料，满足幼儿的游戏兴趣和需要，促进幼儿各方面能力的不断发展。

（东营市晨晖幼儿园/陈沐云）

鲁鲁龙的树屋

游戏背景：

美丽的绘本，会永远埋藏在幼儿心底，变成他们生命中一颗幸福的种子。每次阅读绘本，都是一次发现之旅，帮幼儿打开一个充满未知的世界。幼儿园西门厅的墙绘故事时刻吸引着孩子们，今天饭后散步时，他们对墙绘"鲁鲁龙的礼物"展开了讨论。

讨论鲁鲁龙的故事

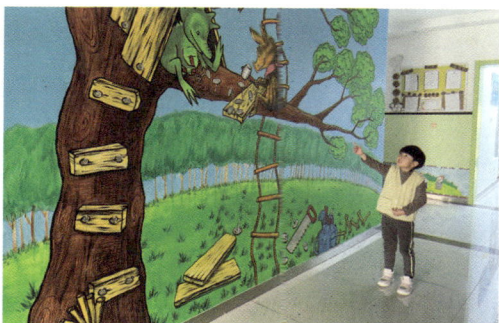

介绍自己理解的故事

壮壮："小恐龙跟小野猪一起在树上建房子。"

小沐："小恐龙和它的好朋友小野猪在树上用木板和钉子建造树屋。"

几个小朋友分享了自己理解的故事，那故事到底是怎么样的呢？于是，我们回到了教室。故事才刚刚开始，一听到鲁鲁龙的名字孩子们就兴奋起来。

"鲁鲁龙就是那个绿色的恐龙。"

"鲁鲁龙在树上建树屋。"

"跟我们幼儿园一样的树屋吗？"

孩子们的关注点没在我的故事上，而是在鲁鲁龙以及它建造的树屋上，于是我暂停了故事。

师："你们觉得鲁鲁龙的树屋建成了吗？"

西西："还没有，它们还在钉钉子。"

苗苗："它们建得好慢啊，得慢慢钉起来。"

师："那你们有什么好办法可以帮帮它吗？"

游戏就这样开始了！

一、树屋初设计

雨菡："我的是爱心树屋，里面有好玩的玩具。"

乾乾："我的这边是楼梯，从这边上去会更快。"

东峻："我这里有两个树屋呢！"

孩子们开心地分享着自己的想法。

设计鲁鲁龙树屋

教师思考：

兴趣是支持孩子游戏的关键。墙绘一直是孩子们感兴趣的点，抓住这一契机，跟着孩子们的想法走，在自由放松的环境中开展游戏，我看到了孩子们认真、专注的游戏态度。在树屋设计环节，孩子们大胆想象与创新，用图画表征自己的想法，我看到了孩子们想象与创造的力量。

二、树屋初搭建

区域活动开始了，今天的搭建区分外热闹。

东峻："给鲁鲁龙搭的房子就是大的。"

志祥："在这里弄上跷跷板！"

伟伟："先搭几个大树。"

乾乾："好，我再去拿一个桥。"

随着音乐的响起，第一次搭建结束了，孩子们迫不及待地与我分享。

教师思考：

《幼儿园教育指导纲要》指出："在生活、学习、游戏中，形成初步的合作意识。"在初次的搭建过程中可以看出幼儿已经具备合作的意识，大班的幼儿已经能够按照自己的已有经验来搭建熟悉的事物。在游戏中，教师处于观察地位，当遇到人数太多材料无法满足需求时，幼儿会选择合作完成，从中可以看出幼儿在遇到问题时能够积极思考，想办法解决问题。

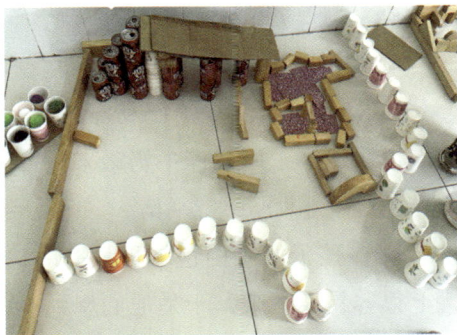

树屋初次搭建成果

三、二建树屋

欣赏完第一次的搭建作品之后，有的小朋友提出了自己的困惑。

梦菡："树屋不是在树上搭建的吗？"

诺诺："对啊，你们怎么搭在地上呢？"

壮壮："那我们再搭一个有大树的不就行了嘛，这还不简单。"

于是，树屋的二次搭建就这样开始了。

1. 底柱的第一次尝试

游戏刚刚开始一会儿，就传来一阵一阵玩具摔落的声音，"怎么又掉了？""不是我弄的。"只见雅涵一只手扶着纸箱一只手垒着柱子，"再拿一个来，放这里放这里。""哗……"底柱又一次倒塌了。

原来，他们想用两个奶粉罐叠在一起当作柱子，用纸箱子垒在柱子上增加高度，用纸箱子来做树屋的平面，在上面搭建游乐设施。但是，由于没有掌握好柱子的高度以及箱子的平衡问题，导致了作品的一次次倒塌。

2. 发现问题，从头开始

终于，在一次次倒塌重建的过程中，壮壮首先发现了问题。

壮壮："一个高一个矮，小彤快来。"

他们终于发现了无法保持平衡的关键原因：柱子的高度不一样，导致箱子有的高有的低。

师："那应该怎样调整一下呢？"

壮壮："重新再搭一次吧！"

这次，他们比较了奶粉罐的高度，将一样高的放在了一起：奶粉罐不够了，他们很快想到了用旺仔牛奶罐来代替，将牛奶罐垒在一起，努力找齐。

3. 借助木板保持平衡

就在孩子们用白色纸板找齐时，细心的壮壮和小彤发现直接将纸盒放在奶粉罐上很容易掉下来，于是他们想到了用木板来增加受力面积。

4. 调整距离，保持平衡

孩子们完成了两边木板的调整，新的问题又出现了。由于木板长短不一，为了迎合木板的长度，他们挪动了奶粉罐，导致平衡问题再次出现。

孩子们在一次次尝试，耐心也在一点点消失。

雅涵："这个是歪的！"

小彤："你不要再动这里了，又要掉下来了。"

发现问题后，雅涵把奶粉罐往中间挪了一下，这次两边的木板都能够到了。

终于，在孩子们的修修补补中，树屋的底柱终于搭建好了。

教师思考：

这个阶段的游戏是幼儿遇到困难最多的一次。建构过程中他们遇到材料不够的问题时，能够利用其他材料代替或者用积木组合的方式进行调整，我看到了他们主动思考的学习品质。当底柱频繁倒塌、平衡始终保持不好时，幼儿的信心受到了打击，但他们没有放弃，我看到了他们认真、坚持的优秀品质。幼儿想出了加入木板来增加受力面积的方法，并迅速做出调整，这种理性思考和解决问题的能力让教师感到很欣慰。从开始的单纯垒高到最后的围合、叠高、架空组合型的搭建，作品逐渐变得立体。

四、树屋平面及游戏设施的搭建

1. 平面搭建

树屋的底柱终于搭建好了，接下来就是树屋平面的建设。

壮壮："这里面还有一个洞，要补起来。"

孩子们派了个子最矮的小彤第一个钻进去，但是小彤不小心碰到了纸箱子，纸箱子又一次掉了下来。

雅涵："老师，你腿长，你可以进去吗？"

临危受命的我只好"冒险"一试，我从外面的凳子上小心翼翼地迈到里面的凳子上，按照孩子们的要求摆放好。

于是，孩子们开始了树屋的平面建设。

树屋底柱搭建完成　　　　　　　　　　　　　　　树屋平面建设成果

储藏室里的 KT 板被孩子们拿出来当作建设平台，孩子们小心翼翼地将板子放在上面。

2. 卧室及游戏设施的搭建

搭建好平面后，孩子们迫不及待地想要给鲁鲁龙搭建游戏乐园。

孩子们为鲁鲁龙打造了最棒的树屋，相信它一定会喜欢这份的礼物。

教师思考：

在游戏过程中，幼儿不断进行尝试，不断调整方法，当出现解决不了的问题时，能够大胆提出自己的想法和见解，并积极寻求老师的帮助，这样的交流既是幼儿对探索过程和结果的表达，也是分享、倾听的过程。在此环节的搭建过程中，幼儿不断探索，发现材料的特性并解决搭建中遇到的问题，思维变得越来越灵活。

走进绘本

与鲁鲁龙的树屋合影

五、绘本再欣赏

帮助鲁鲁龙搭建树屋的活动并没有结束，绘本真正要告诉孩子的是什么呢? 于是我们又对绘本进行了二次欣赏。

教师小结:

本次游戏是由饭后散步时交流讨论墙绘引发的。游戏一开始，幼儿开动脑筋设计图纸，大胆表达自己的想法。第一次游戏时，幼儿已经具备合作意识。底柱的建设是游戏过程中最难的一步，幼儿在一次次的尝试与失败中找到了方法，解决了问题。在平面的创设及卧室等设施的建设中，幼儿能够积极寻求教师的帮助，最终将树屋搭建完成。

借用绘本简介中的一段话: 长大是神秘的，每个小朋友都希望自己快快长高，胆量越来越大，能够学会许多以前不会的事情，而且还希望能够听到爸爸妈妈对自己说，你真的长大了! 长大意味着我们的身体和心灵都逐渐变得强大，我们能够独立地面对和解决问题，我们可以有胆量去认识更广阔的世界，甚至，我们还有能力去爱护和帮助他人。

幼儿在游戏中的表现何尝不是一次成长。搭建中，他们利用材料的特性进行组合，运用垒高、架空、盖顶、围合、接插等技巧搭建;合作中，幼儿能够善于听取别人的意见，不怕困难、不放弃，这些优良品质也是幼儿在游戏中获得的宝贵财富。

正如故事里面说的，长大就像是一件特别棒的礼物，值得用特别长的时间去等待。同时，也希望幼儿能一直心怀美好，健康成长。

（东营市河口区义和镇中心幼儿园/王蒙蒙 孟凡中）

你好，小蜗牛

大雨过后，整个世界的色彩都亮了！满天乌云散去，天空中飘浮着白白的云朵，雨后的幼儿园碧绿清新，生机盎然。孩子们陶醉在这个被冲洗得十分干净的世界里，他们又会有怎样的奇遇呢？

"咦？那是什么？"一个孩子指着正在地上爬行的蜗牛喊道．其他小朋友听到后不约而同地凑过去看。原来是许许多多的蜗牛，这些突如其来的"小客人"瞬间引起了大家的注意。于是，我和孩子们一起开启了一场与蜗牛的美丽邂逅。

蛮蛮："老师，这里有很多小蜗牛！"

这时，周围的小朋友围了过去，好奇地观察着并展开了对话。

佳怡："这么多蜗牛！"

小韩："它们在干吗？"

诺诺："它们在吃东西吧。"

小朱："它是爬着走的吗？"

宇宇："它可能在找东西。"

看着孩子们兴趣盎然的样子，我们围绕"我看见的小蜗牛"这个话题开展了谈话活动。

一、蜗牛初相识

老师："小朋友们，你们看到的蜗牛长什么样呢？"

关于蜗牛的讨论

哲哲："是小小的，比我们还小。"

蜗牛初相识

康康："小蜗牛长不大。"

晨晨："小蜗牛是爬着走的。"

可可："蜗牛爱吃叶子。"

小袁："蜗牛是黑黑的。"

佳宁："蜗牛没有脚。"

在关于"我看见的小蜗牛"这场谈话中，孩子们对小蜗牛产生了太多的困惑。于是，我们带着问题和爸爸妈妈一起展开了寻找蜗牛的大行动，并把蜗牛带回幼儿园一起观察。

教师思考：

幼儿对蜗牛的好奇正是其亲近自然、喜欢探究的表现。正是这种好奇心，促使幼儿保持了探究的热情和积极性，和爸爸妈妈一起寻找蜗牛也让幼儿对蜗牛有了更多的了解。

二、蜗牛大探索

1. 再次观察小蜗牛

由于孩子们对小蜗牛的好奇，我们借助动画片和故事书对小蜗牛进行了进一步了解。看完视频，孩子们开始了激烈的讨论。

嘉怡："一碰小蜗牛头上的角，它就缩进去。"

蛮蛮："那是它的眼睛，用来看东西的。"

哲哲："它背上的壳是它的家，遇到危险就会躲进去。"

宇宇："蜗牛不喜欢太阳，总是躲起来。"

根据从动画片里看到的蜗牛知识，我们又对蜗牛进行了一次细致观察，这次观察让我们有了重大发现。

诺诺："老师，这里有珍珠。"诺诺发现了五六颗白白的像珍珠一样的东西，我告诉他们这是蜗牛的宝宝。孩子们更加好奇：它是从哪里来的？它是不是蜗牛？孩子们的问题把我也难住了，于是我也加入观察小蜗牛的队伍，把拍到的视频和查阅到的知识给孩子们看。我们知道了蜗牛通常把卵产在土里，8-12 天小蜗牛就会破土而出。

2. 阅读绘本《小蜗牛的新房子》

嘉康在观察小蜗牛的过程中提出了问题："老师，我找到的蜗牛是一个空壳，蜗牛去哪里了？"于是，我顺着这个问题，开展了阅读绘本故事《小蜗牛的新房子》活动。

小宋："小蜗牛的房子怎么破掉了？"

馨馨："这个房子小蜗牛不喜欢。"

邵邵："小蜗牛的房子什么样？"

康康："小蜗牛快死了。"

听了绘本故事《小蜗牛的新房子》，孩子们知道了蜗牛待在干燥的地方时间过长就会脱水而死，蜗牛死后就变成空空的壳。

3. 游戏：小蜗牛爬呀爬

在谈话过程中，很多孩子都谈到了蜗牛爬得很慢，有很多孩子边说边学着蜗牛爬行的样子。于是，就有了小蜗牛爬呀爬这个游戏。

在爬行过程中，涵涵说："老师，蜗牛有壳！"于是去教室里找来了抱枕放在后背上当蜗牛的壳。他们在爬的过程中小心翼翼，生怕背上的壳掉落。

教师思考：

本次活动是教师和幼儿一起成长的过程，幼儿通过多感官途径，对蜗牛有了进一步的感性认识。这个过程基于幼儿的真实需求，满足了他们探索的欲望，在与蜗牛的真实互动中，了解了蜗牛的外形特征和生活习性。

小蜗牛爬呀爬

三、蜗牛我爱你

这天，月月一边观察蜗牛一边跟梦萱说："蜗牛怎么一动不动了？"

昊昊："蜗牛在吃树叶呢。"

小邵："蜗牛伸出头来了。"

紫辰："它怎么不动？"

琪琪："它是不是饿了？"

蜗牛喜欢吃什么

孩子们开始大声吵起来：小蜗牛肯定是饿了，我们给它喂点吃的吧。

宁宁："蜗牛吃苹果。"

康康："蜗牛喜欢吃蔬菜。"

根据孩子们的猜想，我们把苹果、菜叶、糖果、叶子，放到了蜗牛的旁边。小蜗牛迟迟不肯伸出头，孩子们有些着急了，觉得这些都不是蜗牛喜欢吃的，我提议让小蜗牛休息一下，等我们午睡起床后再来看。

蛮蛮跑到植物角大声地说："我看到蜗牛吃菜叶了。"

孩子们纷纷跑过去，发现菜叶上多出许多洞。通过实验，孩子们知道了小蜗牛喜欢吃菜叶，晨晨感到疑惑："小蜗牛的嘴在哪里？"于是，我利用视频放大功能让孩子们一探究竟。

知道了小蜗牛喜欢吃菜叶，我们一起来到菜园子帮小蜗牛找吃的。

采摘完毕，孩子们再次来到了小蜗牛的身边，轻轻地给小蜗牛喂饭，生怕伤害到蜗牛。

教师思考：

幼儿通过观察小蜗牛，知道它喜欢吃菜叶，对小蜗牛的生活习性有了更深的了解。幼儿自己动手采摘菜叶喂小蜗牛，也对小蜗牛产生了很深的感情。他们在探索、观察、发问中慢慢地成长。

四、放生小蜗牛

经过几天的相处，孩子们和小蜗牛产生了深深的感情。活动时，佳怡跑到小蜗牛身边说道："小蜗牛你不想妈妈吗？"她身边的安妮说："应该让它去找它的妈妈。"

于是，我们有了这次活动——放生小蜗牛。我让孩子们回到家后和爸爸妈妈搜集蜗牛喜欢的地方，第二天来到幼儿园，孩子们都说了自己和爸爸妈妈查到的资料。

采摘菜叶喂小蜗牛

梦迪："蜗牛喜欢在叶子底下。"

语心："小蜗牛喜欢在有水的地方。"

嘉康："蜗牛喜欢在树底下。"

潮湿的树丛中，下过雨后的草丛或墙面，潮湿的墙角、花盆下，都可以找到蜗牛，看来蜗牛喜欢待在比较阴暗、潮湿的地方。

放生小蜗牛

经过讨论，我们开始了放生小蜗牛的活动。我让孩子们自己到幼儿园中寻找蜗牛喜欢的地方并把它们放生。

教师思考：

通过家园共育，幼儿和家长共同成长，这对亲子关系有很大帮助。幼儿通过同伴间的交流也丰富了自己的认知。通过放生小蜗牛，幼儿对小动物产生了热爱之情，也明白了大自然才是小动物真正的家。

五、我心中的小蜗牛

孩子们在已有经验的基础上，通过自主观察与了解，在认识了小蜗牛的外形特征后，又萌发了用黏土做蜗牛的想法，于是，我们又开展了借助艺术形式展示小蜗牛的活动。

雨萱："我的蜗牛是粉色的，我最喜欢粉色。"

康康："我的蜗牛角用什么颜色做呢？"

嘉康："我再做一只蓝色的蜗牛。"

教师思考：

幼儿对小蜗牛的形态、习性有了一定的了解，在做小蜗牛的过程中也注意到了触角的位置，同时还能分出小蜗牛头和壳的位置。

六、六一节目

恰逢六一儿童节选节目，我和孩子们一起挑选舞蹈视频，当孩子们看到小蜗牛的舞蹈时，都特别兴奋。

佳康："老师，你看这是小蜗牛。"

佳怡："我看到小蜗牛的家了。"

航航："我们也想演小蜗牛。"

宇宇："这个小蜗牛的衣服我喜欢。"

看见孩子们对小蜗牛掩饰不住的喜欢，我决定将小蜗牛作为我们的六一节目。

《我心中的小蜗牛》黏土作品

六一节目《蜗牛蜗牛奔跑吧》

教师思考：

兴趣是孩子最好的老师，兴趣是展开各项活动的前提。发现和满足幼儿对小蜗牛的兴趣，根据他们对小蜗牛的已有认知，幼儿很快融入了舞蹈之中。

教师小结：

通过这次观察蜗牛的活动，幼儿不仅了解了蜗牛，更重要的是对小动物产生了热爱之情，有蜗牛陪伴的日子，每天都发生着有趣、有意义的故事。幼儿在课程的学习中，主动观察、探索、提出问题，一点一点解决心中的疑问，这个过程便是成长。关于蜗牛的课程不会因此结束，小蜗牛还有更多的秘密等着我们去发现、去探索。

（东营市河口区义和镇中心幼儿园/李雪琦 赵朝霞）

好玩的树叶

游戏背景：

秋天来了，它吹醒了桂花，唤醒了柿子，催红了落叶。幼儿园里一片金黄的落叶，煞是好看，幼儿纷纷被吸引，与同伴展开了热烈的讨论。于是，我们追随幼儿的兴趣和需要，开展了对树叶的探索活动。

一、树叶钓鱼

秋日的阳光从稀疏的枝叶间透射下来，在地上印满了粼粼光斑。孩子们在树下玩耍时，发现了地上散落的几片有小洞的落叶，他们便开始好奇地观察起来。

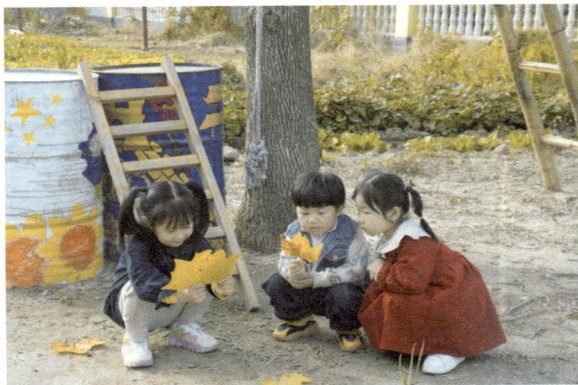

观察树叶

烜烜说："树叶上怎么会有这么多小洞洞呀？"

雨汐说："我觉得像是被谁咬掉的呢。"

谨灿说："是不是被小虫子咬掉的啊？"

我说："孩子们，你们不仅观察得仔细，而且非常善于思考。我们想一想，可不可以利用这些有趣的树叶玩耍一下呢？"

孩子们热烈地讨论起来，有小洞的树叶怎么玩呢？

雨汐说："我可以把它做成一串美丽的树叶项链。"

嘉恒说："把它当成小船，让它漂在水里。"

小冉说："还可以把它们当成小鱼，要不我们玩钓鱼游戏吧。"

清羽说："钓鱼得有渔竿，我们怎么制作渔竿呢？"

雨汐说："捡个小树枝做渔竿吧。"

孩子们纷纷开始在山坡上寻找能用的树枝，不一会儿就捡来许多小树枝，并且迫不及待地把有洞洞的叶子放在了水箱里。许许多多的树叶漂在了水面上，真的好像一群快乐的鱼儿。孩子们拿起自己挑选的渔竿，穿过树叶上的洞，成功地钩住了一条条小鱼。

孩子们在钓起小鱼的过程中，有一些小鱼又掉进了水里。

清羽说："为什么会这样呢？"

嘉恒说："是不是我们太着急了呀？"

雨汐说："应该是我们的渔竿不行。"

绍哲说："我见过我爷爷钓鱼，渔竿上还连接着一条长长的线，我们的渔竿只有竿没有线，所以没成功。"

制作渔线

清羽说："那我们也快做一条线吧。"

雨汐说："我们去教室里拿毛线吧。"

嘉恒说："毛线太细了，怎么可能会钩住树叶。"

烜烜说："我们应该找一根硬一点的线。"

孩子们来到了教室，开始寻找合适的渔线。有的孩子找到了麻绳，可是试了试还是太软了。有的孩子用纸搓了一根硬纸条，可是放在水里就断开了。

小冉说："我找到啦，昨天做手工花用的这个扭扭棒很合适。一点也不软，我们快试试吧。"

孩子们拿起扭扭棒，紧紧缠在了自己的渔竿上，然后飞快地跑回山坡，这次孩子们终于都成功地钓起了小鱼。

孩子们通过解决各种困难，成功地钓起了一条条小鱼。他们跟小伙伴分享着自己的战利品，并且认真清点，比比谁钓的鱼最多。嘉恒说："我们今天钓了这么多小鱼，收获好大呀，我们一起烤鱼吧。"

成功钓鱼

烤鱼游戏

于是，孩子们又自发地玩起了烤鱼游戏。孩子们找了几个有枝丫的树枝，搭了一个烤鱼架，有的把鱼串成串，有的去拾柴火，有的负责扇风。不一会儿，香喷喷的烤鱼出炉了，孩子们共享了一顿丰盛的大餐。

教师思考：

首先，游戏过程中，幼儿通过捡树叶，观察树叶的脉络、颜色和形状，培养了其审美能力。其次，探索的过程发展了幼儿的想象力和创造力。最后，通过树叶钓鱼游戏，锻炼了幼儿的耐心及数数能力。

幼儿在玩游戏的过程中，通过迁移已知生活经验，一步步找到问题所在。正因为他们在生活中经常观察大自然，才能了解自然界的奥秘，才能够及时解决游戏中的困难。在幼儿时期，幼儿活动以游戏为主，我们抓住这一特点，将生活常识穿插其中，或有意设计一些源于生活的游戏，来唤醒幼儿的游戏能力。

二、南水北调

种植区配置的水龙头距离菜园还有一定的距离，对于成年人来说只需接一根长水管就可以解决问题，但对于幼儿来说却有很多方式，我们把如何浇灌菜园这个问题交给了他们。

家润说："我们的小植物都口渴了，我们给它浇浇水吧。"

小冉说："可是打开水龙头，水浇不到菜园里呀！"

嘉旋说："我们用小水桶接水，再把水桶里的水倒入菜园。"

凯乐说："可是我们要接好多桶水，太累了。"

梓悦说："可以把接好的水桶放到小推车里，再把水运过去。"

我说："你们的想法都不错，我们可以试一试，看看这种方法好不好用，试试看还能不能发现更好的办法呢？"

于是，孩子们纷纷讨论起来，很是热闹，最终他们想到了两种运水的办法，迫不及待地行动起来了。

1. 水桶运水

这是我们常用的运水方式，但孩子们发现用水桶运水，运水量少，而且还需要用很大的力气搬运。

2. 小推车运水

用推车运水虽然方便，但是运水的路上会碰到不平的道路，水很容易洒出来，而且运水量也很少。不一会儿，孩子们都累得气喘吁吁。

凯乐说："我们应该想一个省力的办法。"

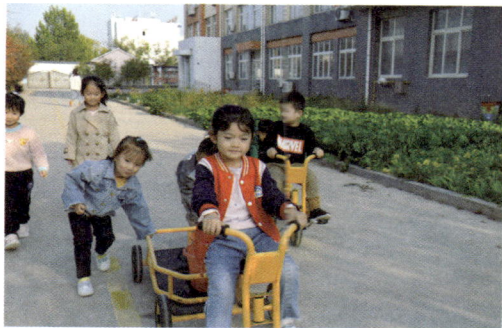

推车运水

佳璇说："我有办法了，我们可以找到好多叶子，把叶子搭高，让水顺着叶子流下去。"

嘉恒说："可是我们怎么把叶子搭高呢？"

当幼儿在游戏内容发展或技巧方面遇到困难时，教师可以介入。这种情况往往是因为游戏过于复杂，超出了幼儿的最近发展区，导致幼儿自信心受挫，这时教师一定要及时介入指导。

"孩子们，老师有一个办法可以把树叶搭起来。"

只见孩子们眼睛一亮："老师，你快说吧，我们想听。"

"我们可以找许多树枝让他们交叉当作支架，再把叶子放在上面，就可以把叶子搭高了。"

孩子们听了我的办法，纷纷开始设计图纸。

孩子们拿着设计图来到菜园，他们分工明确，有的去找树枝，有的去找树叶，还有的负责搭建。

"为什么水流得这么慢？"

嘉恒说："是这个树叶太小了吗？"

涵涵说："有可能水倒得太少了。"

清羽说："我们试试换一片大叶子呢？"

凯乐说："我们在建构区玩斜坡滚轮时，木板倾斜摆放，圆木柱滚得比木板平放时快一些，那么如果调整树枝和树叶的角度，是不是水就会流得更快呢？"

孩子们将长的树枝架到最前面，树枝依次变短，形成一个斜坡，水流的速度果然变快了许多，孩子们成功地将水引到树叶上浇灌菜园。

设计图纸 　　　　　　　　　　　　　　　　　　　　搭建引水

回到教室，孩子们将今天的游戏过程及游戏中发现的问题进行了分享。我也给孩子们看了中国"南水北调工程"的视频，讲解其含义，孩子们对"南水北调工程"有了更深的印象。

教师思考：

在游戏的过程中，幼儿用以往的游戏经验作为解决问题的载体，即倾斜角度越大，圆柱体滚动的速度越快。幼儿将这个经验迁移到树叶运水活动中，使得他们的"南水北调工程"发展到一个更具挑战性的阶段。同时，幼儿也在这一过程中体验到了解决问题的成就感以及经验迁移的作用。

在整个游戏过程中，幼儿用几根小树枝、几片大树叶、一甬水完成了对菜园的浇灌。幼儿在运水时一次次解决问题并获得成功。在观察的过程中，我发现幼儿身上有着坚持不懈的优良品质。正是那解决问题后的成就感，激发了幼儿一次又一次的探索发现。从一次次游戏中，幼儿深刻体验到了劳动的喜悦以及与同伴合作的快乐。

教师小结：

在这次活动中，幼儿在游戏时会有自我设疑和解决问题的过程。遇到问题时，他们会协商，想办法去解决困难。幼儿在寻找合适的渔线、搭支架和铺叶子的过程中，通过思考和实践，一步步发现问题、解决问题，让整个游戏充满挑战和乐趣，并朝着更加自主的方向发展。

成功引水

生活即教育，教育即生长，回归自然的劳动教育是培养健全人格的起点，亦是终点。对幼儿来说，最珍贵的礼物就是来自大自然的馈赠。

（东营市东营区六户镇中心幼儿园/陈婷　王佳佳）

■ **积木的建构**

鸟巢建成记

游戏背景：

搭建梦工厂的游戏场地里，投放了许多形状各异、长短不一的积木材料，但恰恰是这些低结构材料，给予了幼儿充分的想象和动手搭建空间。随着幼儿搭建技巧的提升，他们搭建的作品也更加丰富多彩。基础的拼摆、垒高等技巧对他们来说已不在话下，与主题课程相契合、更具挑战性的搭建活动吸引了更多幼儿的加入。

国庆节前后，是幼儿园"童心向党·筑梦童行"系列活动周。在与幼儿一起了解了一些我国著名的地标性建筑物后，教师发现幼儿对北京的天安门、鸟巢等建筑物的结构很感兴趣，于是经过集体商讨，一场以"地标建筑"为主题的搭建活动火热开启。

一、试错中搭建地基，初现鸟巢

经过前期的经验准备、分组结对、图纸绘制等几个环节，我们的主题搭建日终于到来了。放眼望去，搭建梦工厂一片忙碌的景象，在热闹的场景中我发现了这样一组成员，他们头挨着头聚在一起，激烈地讨论着什么，组员甜甜手里还拿着一张图纸，上面画着国家体育场——鸟巢的图案。

看到图纸，我不禁想起前期讨论时，我们发现鸟巢的整体造型是外高内低的同心圆形，孩子们纷纷表示"它不好搭建"，这让我对他们的搭建作品更加期待。

搭建前分组研究图纸

前期的搭建非常顺利，甜甜和朵朵根据小郭的指挥围摆了一圈圆柱体，朵朵在两个圆柱中间架起一块长木板，木板一块连着一块，交替搭在圆柱上。渐渐地，同心圆的形状基本呈现了。而就在这时，站在高处指挥的小郭突然意识到了什么问题，大喊一声"不要再搭了"。小郭话音没落，只听"哗"的一声，连接好的木板和圆柱像多米诺骨牌一样，一个连着一个坍塌了。刚刚搭好的地基瞬间变成废墟，大家都愣在了原地。

"这个木板太沉了。"米可说。

"对，木板交叉摆放，圆柱承受不住这个重量。"甜甜补充道。

正当所有人一筹莫展时，小郭突然看见了墙角放着一个大圆桶，"要不，咱们试试让圆筒支撑圆柱。""好，我们可以试试。"

很快问题又出现了：内圆高过外圆，不像鸟巢外高内低的造型了。

借助塑料圆筒搭建鸟巢地基

发现问题：塑料圆筒高于内圆圆柱

圆桶只能被放弃，但这一想法拓展了孩子们的思路。这时米可又发现了不远处的轮胎，大家惊喜万分："对啊，这也是圆形，而且还矮许多。"搭建再次开始，孩子们显然更加小心了，尤其是总指挥——小郭，每搭一块木板，都要用手轻轻晃动一下，确定平稳之后再继续搭。在大家的共同努力下，外高内低的鸟巢造型基本呈现了。

教师思考：

鸟巢造型相对于以往的搭建来说有一定难度：首先是圆形的造型不容易拼摆，其次是这次搭建中地基主要以圆柱为主，"内圆不稳"成了最大的问题。在第一次搭建失败后，孩子们没有放弃游戏，相继尝试用圆形塑料滚筒、轮胎作为支撑，最终找到了一个完美的解决方案。尝试将轮胎与积木结合，这是他

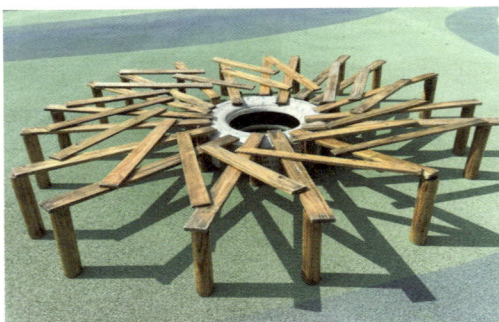

鸟巢雏形基本呈现

们第一次借助辅助材料搭建，也为班级其他孩子的搭建活动提供了很好的参考。

二、成形后力求完美，改造鸟巢

鸟巢雏形基本完成，大家都沉浸在成功的喜悦中。这时，一旁的多多突然喊道："鸟巢的入口呢？""对啊，忘了留门了。"再次回忆鸟巢的图片，有的孩子说鸟巢从外圆到内圆有一条长长的通道，于是有孩子提议按照对称原则在两侧摆放圆柱地基，再用长木板连接成门的形状。但由于地基中内外圆距离较短，孩子们无法在鸟巢内部进行施工，于是总指挥小郭建议在外侧施工，一条长长的左右对称的通道就呈现在我们面前。与此同时，大家也意识到如果更改成可参观、可进入的建筑，必须从地基开始抬高，并且要扩大几倍，这样才可以容纳观众。就在

现场探究：能否进入鸟巢参观

第一次搭建的鸟巢

大家商讨怎样才能又稳又美观地抬高地基时，户外活动结束的铃声响起，我让孩子们保留了今天的搭建作品，明天继续完善。

教师思考：

当其他团队成员对作品提出疑问后，幼儿没有放弃，而是继续商讨、尝试，一次次更改搭建方式，最终设计出使他们较为满意的"门"。在整个游戏过程中，幼儿充分思考问题，调动认知经验，时刻保持团队合作的意识，在大家的共同努力下，鸟巢的初次搭建完美收官。

三、搭建后游戏继续，创新鸟巢

户外游戏结束后，我们一起欣赏了每队的搭建作品：这次的主题搭建不但建筑体积较之前更大，整体建构难度也增加了。现场的研讨活动让孩子们在发现问题的同时也得到了许多的肯定和赞美，这种愉悦的游戏体验一直持续到游戏表征环节。回到教室，孩子们的搭建热情依旧不减，我们利用午饭后的时间，在室内的搭建区域继续进行了小型积木的拼搭，孩子们呈现的作品更加多样化。在后面的游戏表征环节中，鸟巢依然是大家最关注的作品之一，我们听着队员讲述整个设计搭建过程，进行更进一步的讨论。小郭说："第一次见到鸟巢是爸爸带我去北京游玩时，当时只能远远地看到它的外观。通过老师给我们看的图片，我了解到它是外高内低的造型，还知道它的中间是空心的结构，这和我们以前搭建的建筑都不一样。"

游戏后总结反思，及时发现本次搭建的问题

甜甜说："虽然刚开始我们的地基不稳固，但我们成功找到了轮胎作为支撑，这是一个新的尝试。"

涵涵说："我有个疑问：鸟巢太矮了，我们买完票，怎么进入鸟巢内部参观啊？"

正是涵涵的这句话，掀起了可参观式鸟巢的设计热潮，于是就有了这些可参观式鸟巢的设计图。

幼儿表征　　　　　　　　　　　幼儿表征：可参观式鸟巢设计图

教师思考：

从前期的团队整合、确定搭建主题，到游戏中的发现问题、解决难题，再到游戏后的表征、创新设计，这一系列过程充分启发了幼儿的游戏主动性，激发了幼儿在游戏中独立思考、默契配合、积极解决问题的良好游戏品质。

教师小结：

在本次主题搭建活动中，教师充分放手让幼儿自由探索，幼儿的搭建能力和团队协作能力不断提高。纵观整个游戏过程，教师的支持行为主要有以下三点。

（1）教师及时发现主题活动中幼儿学习的兴趣点，并以此为生发点，确定搭建主题。随后，在主题教学活动中教师带领幼儿细致观察，了解各种地标性建筑物的造型特点，结合以往的搭建经验，设计搭建图纸，完成搭建作品。

（2）搭建完成以后，教师及时组织现场赏析与活动总结，参观过程中同伴发现忘记搭建入口、搭建作品太矮不可参观等问题，幼儿认可同伴的质疑并在教师引导下愿意继续新的尝试，这也让游戏的探索有了新的发展空间。同时，同伴之间的赞赏和肯定，极大地提高了幼儿的游戏热情。

（3）游戏结束后，教师及时创设谈话活动。一方面，通过对作品的再次欣赏，引发同伴之间对搭建技巧的相互学习行为；另一方面，讨论中抓住幼儿提出的疑问"怎样才能设计可参观式鸟巢"，教师及时介入并适时启发，引导幼儿积极思考。教师介入引发新一轮的游戏表征，也为幼儿进行下一次搭建开拓了思路，保持了游戏的深入性。

　　整个游戏过程，当我们把游戏的权利还给幼儿时，发现每个幼儿都有了不起的表现。从单一的围合、垒高、平铺到各种技巧之间的整合、提升，幼儿的游戏能力在动手操作过程中逐渐提升。在游戏中，他们可能会遇到搭建失败、设计不成型等许多问题，此时团队协作能力愈发重要。一部分幼儿的领导指挥能力与另一部分幼儿的认真仔细相辅相成，使鸟巢等一系列主题搭建作品完美呈现。在后续的游戏中，我们将在搭建区投入更多低结构木质搭建材料以及轮胎、圆筒、大型塑料积木等辅助材料，师幼共同努力，让搭建作品更加丰富多彩，使搭建过程更具挑战性。小小搭建场，创意无穷尽，让我们用善于发现的眼睛和期待的心去发现幼儿更多精彩的瞬间。

（东营市实验幼儿园／胡月月）

看我七十二变

游戏背景：

户外游戏开始了。嘉林、梓翔和其他小伙伴跑到蓝色积木筐寻找合适的玩具。嘉林拿起了圆柱体的插塑玩具，不一会儿就完成了一个用球体和圆柱体组成的金箍棒。梓翔走过去问："你是做了一个金箍棒吗？只有孙悟空才有金箍棒呢！"嘉林得意地说："我就是孙悟空啊！"梓翔说："我之前看孙悟空的时候，他会变成大石头呢！"嘉林说："我除了会变大石头，我还会变好多东西呢！"我被他俩的对话深深地吸引了，接下来，他们会发生怎样的故事呢……

片段一：

梓翔说："那你能把你的金箍棒变长吗？"嘉林说："当然能，我变给你看。"不一会儿，嘉林就用长圆柱和球体拼插出了长长的金箍棒。梓翔说："我可以当孙悟空吗？"嘉林说："不行，我已经是孙悟空了，你当猪八戒吧，猪八戒的本领也很大。"梓翔说："好，我们一起来变很多东西！"两人拿了很多长短且颜色不一的圆柱体、大圆盘和球体玩了起来。嘉林说："我们变一个摩天轮吧，我来拼插，你帮我拿材料！"梓翔点点头，不一会儿，摩天轮就成形了。旁边的幼儿也被深深地吸引，加入了游戏。

霖轩和濮畅看到后，也做了一个摩天轮。这时，凯涛走过去把霖轩和濮畅快要成型的摩天轮弄坏了，霖轩很生气。嘉林说："没关系，我是孙悟空，我帮你变回来。"他蹲下身子，帮霖轩拼插摩天轮，快要插完时，他将摩天轮竖了起来，梓翔说："你好像变出了一个大炮。"濮畅和霖轩也应和着说："真的是一个大炮呢！"起初，大炮是立不住的，在他们不停地探索下，大炮成功地立了起来。于是，他们便玩起了大炮的游戏。

摩天轮成形

可以站立的大炮

片段二：

回到教室，我把拍的几张图片投影到大屏幕上，请孩子们欣赏，并请参与拼插的孩子为大家做介绍。嘉林说："我们玩的是孙悟空变变变的游戏，我们变换了很多东西出来，有金箍棒、摩天轮、大炮……"我就问他："你怎么知道孙悟空可以变很多东西呢？"嘉林说："在家的时候妈妈给我和哥哥讲过孙悟空的故事，妈妈说孙悟空有七十二变。"我趁机说道："如果明天还去建构区玩的话，你们还能变换出什么呢？"孩子们七嘴八舌地说着。

第二天的户外区域活动中，孩子们便拿了自己需要的材料，有拿木质积木的，有拿泡沫积木的，有拿瓶瓶罐罐的，大家的选择都不一样。这时，嘉林说："我们今天变出一所大房子吧！"霖轩说："好啊！"这次参与搭建的小朋友比昨天要多，有的拿大圆盘，有的拿圆柱体，但他们都是自己进行搭建。观察了一会儿，我发现孩子们仅仅是简单地平铺和垒高，没有将房子拼插在一起，偏离了搭建主题。于是，我拿起一个底座请孩子们观察："你们发现了什么？"孩子们呆呆地看着我。这时，嘉林说："不仅仅边上这几个地方有圆孔，中间位置也有。"我接着问："刚才小朋友们都是自己搭自己的房子，孙悟空的本领很大，他可以变出一所大房子，那你们可不可以想办法变出一所大房子呢？"他们说："能。"这时，嘉林说："我想到办法了！"他指挥着其他小朋友去拿玩具，大家继续搭建着。

嘉林把找来的一根长长的圆柱体连接成两个圆形底座，然后他又用了很大的力气把搭建的积木竖了起来，这样房子就变高了。他惊喜地喊霖轩、梓翔来看，

搭建一所大房子　　　　　　　　　　　　　　　　　　　　房子倒了

霖轩说："太棒了！"就在房子快完成时，却突然倒塌了，孩子们一脸意外，但又不知道问题出在哪里，于是又搭了一次，结果还是倒了。

我在他们的旁边搭了一座一样的房子，底下轻上面重，也倒了。梓翔笑了笑说："老师的房子也倒了。"孩子们的目光投向了我，嘉林问："老师的房子为什么会倒呢？"经过商量和实践后，他们知道了原来是地基没打好，底下轻上面重，所以房子才倒了。他们赶紧回去重新搭房子。这次，他们改变了原来的方式，将圆柱的底座都放在地下，没有急着立起来，搭建完以后再立起来。中间的地基立好后，他们才开始往上架空，可好景不长，当他们插到第二层时，圆柱体又倒了。

孩子们显得有些焦急，他们停了下来。嘉林和霖轩凑在一起仔细观察那些玩具，过了一会儿，他们又动手搭了起来，这一次他们不再是插上就行了，而是将接头处使劲拧了拧，这次房子没有再倒，他们高兴极了，脸上也恢复了以往的笑容。

片段三：

新的问题又出现了。正当他们打算将这些距离较远的圆柱形底座搭在一起时，发现材料不够了。孩子们你看我，我看你，游戏似乎又要终止了。这时，霖轩说："我们可以去那边拿积木吗？"我说："可以，你们可以尝试一下，加上木质的积木看看能不能搭出更具有挑战性的大房子呢？"听到我这么说，孩子们很兴奋。

霖轩和梓翔、思淇找来了长积木，他们用长方体的木块做房子的屋顶，用大圆盘底座做地基，连接起来。

这时，霖轩说："我们给大房子变一些家具出来吧。"梓翔说："把这里做餐厅吧，可以在这吃饭。"嘉林说："还可以变出一张大桌子和板凳呢！"于是，他们选择了一个高的长方形积木当餐桌，大圆盘当小板凳，不一会儿，餐厅就做好了。霖轩说："我们做一个客厅吧！可以躺着看电视。"他们用四个圆盘和圆柱体做了两个像杠铃一样的物体，然后又放了一根蓝色的塑料管，当作大床；还用木质积木做了游戏机、电视和沙发，在拐角处做了一个望远镜和一个大炮；又用泡沫积木做了一个大的围墙和游泳池。

嘉林说："我们还得做一个大门呢，这样才能进来。"不一会儿，大门也做好了。小朋友在里面玩起了游戏，玩得不亦乐乎。

教师思考：

案例中，嘉林和梓翔在游戏中表现出较强的主动性。他们通过"孙悟空变变变"这一情景展开了一系列的玩法，说明他们的游戏行为具有初步的目的性和计划性。

游戏中，幼儿先后遇到了两个问题：一是小班幼儿的搭建技巧还停留在简单的平铺和垒高，不会架空等技能；二是其他幼儿搞破坏。这两个问题是

巩固地基

房子逐步完善

搭建长长的围墙和游泳池

幼儿玩得不亦乐乎

103

随着游戏发展自然出现的，解决这两个问题，对于小班幼儿来说具有一定的挑战。随着游戏的推进，幼儿先后进行了多次调整，同时也产生了新的问题：材料使用不牢固。嘉林能根据自己的观察，结合已有经验进行合理推断，这说明他具有了一定的思考和实践能力。在搭建的过程中，嘉林的目标非常明确，又有之前搭建的经验，所以整个游戏过程中他处于主导地位。

幼儿从最初只会拼搭简单的小房子、大炮、风火轮等，到两层甚至三层的组合式的搭建，主动性得到了提升，同时也锻炼了其手部肌肉，提高了操作能力。游戏过程一波三折，但是参与游戏的幼儿乐观、积极、主动，没有放弃，说明他们具备了良好的学习品质。

教师小结：

（1）营造宽松的游戏氛围和环境，支持幼儿的自主游戏。上述案例中，当幼儿遭遇挫折、不知所措时，教师应适时引导幼儿仔细观察。我的关注让他们重新燃起继续探究的欲望，并启发他们仔细观察和思考、发现原因，找到解决问题的方法。

（2）教师适当后退，鼓励幼儿尝试自己解决问题。在整个过程中，我尊重幼儿的学习特点和方式，让幼儿自主选择玩具，真正放开双手，让幼儿自己探索游戏。当幼儿遇到困难想要退缩时，教师要及时介入保护幼儿的自信心，鼓励幼儿战胜困难。同时，教师应当为幼儿提供丰富的材料，及时更换或者增加投放，以便幼儿更好地进行探索。

（广饶县大王镇实验幼儿园/张爽爽 侯艳）

实验医院

游戏背景：

幼儿在大运动区活动已经有一段时间了，游戏开始前，他们共同讨论、自由结伴、自选建构内容，进行以医院为主题的游戏，玩得不亦乐乎。但随着时间的推移，来医院的病人越来越少。为了解决医院冷清的问题，教师和幼儿商量，决定设计一个名为"实验医院"的主题活动。

片段一：幼儿初尝试

我问道："小朋友们，这是谁的作品？能向大家介绍一下吗？"李芸萱说："是我搭建的小医院。因为我们幼儿园对面就是医院，我经常听到救护车的声音，知道肯定有人需要看病。我搭建了一个属于幼儿园的医院，这样小朋友生病受伤就可以来医治了。"我问："那你的职业是什么？"李芸萱说："我是医生。"我又问："那你这个小医生为什么不开心呢？"李芸萱说："我的医院太小了，而且没有病人。"我点头说道："原来是这样，那小朋友们想不想加入？我们一起来建构属于我们自己的医院？"孩子们争先恐后地说："我想，我想……"我继续引导："那我们的医院应该叫什么呢？"李昊泽说："我们是中五班，叫五医院吧！"李林泽说："我们是实验幼儿园，要叫实验医院。"听了这个名字，小朋友们纷纷举起小手，表示同意。我说："好，那我们的主题就是搭建实验医院，那想一想你们去过的医院是什么样子的？"韩欣起说："有医生给我看病打针。"王树睿说："有救护车，我可以搭建救护车，这样我就可以当司机啦。""哇，小朋友的想法都好棒呀，那现在让我们一起去搭建属于我们的医院吧！"

我们来到户外的大运动区，孩子们显得尤为兴奋。我说："这里有很多的材料，我们先来认识一下它们吧，这是什么形状？可以用来做什么？""正方形，可以

认识材料

吵闹的医院

当病房。""长方形的梯子可以和轮子一起组合，当救护车。"在大体介绍完材料后，我再次强调了这次活动的主题以及活动时应该注意的安全问题，孩子们便开始游戏了。

刘盈慧和李芸萱马上行动，一起去搬运材料。不一会儿，两人便满载而归。她们找好地方，卸下材料，用搬来的大箱子当桌子、小箱子当椅子，简单的门诊室便完成了。李芸萱说："我觉得还是少点什么。"很快，她便搬来了一个绿色的垫子，说："我去医院看病的时候，医生旁边就有床。"刘盈慧说："生病很严重的人，我们就让他躺下。"这时来了一位病人高泽兰，刘盈慧说："你哪里不舒服？"高泽兰说："我肚子疼。"说完就捂着肚子叫起来。刘盈慧马上让病人躺在病床上，摸着病人说："你吃太多雪糕了，回家多喝热水，不要吃凉的东西就好了。"这边刚送走病人，那边王树睿开着救护车带着病人就来到了医院，小小的救护车上挤满了病人和家属，医生忙得团团转，小医院里都是吵闹的声音，病人争先恐后地想让医生看病。王树睿这个小司机也在接二连三地送着病人，累得满头大汗。就这样，游戏时间结束了，我们整理好玩具回到了教室。

教师思考：

在游戏中，幼儿总会捕捉到与自己生活有联系的点，从而使游戏变得丰富。李芸萱在发现没有检查床时迅速做出反应，提出用绿色垫子充当检查床，以物代物，充分发挥想象力，解决遇到的问题。但是在玩的过程中，医院的运行遇到了困难，救护车严重超载，医院里十分吵闹，这些问题都在等待幼儿来解决。

片段二：说出问题，共同解决

我把拍到的照片和视频投放到电脑上，请照片的小主人公来分享他们的活动。

王树睿说："我用长梯子和车轮放在一起搭建了救护车，我是司机开车送病人去医院。"我问："那你有遇到什么困难吗？"王树睿说："病人太多了，我送了很多次都送完，太沉了，太累了。"

我看着孩子们问："大家有没有什么好办法？"卜文朗说："我可以跟王树睿一起当小司机。"我说："好办法，司机人手问题解决了，可救护车载人太少怎么办？"这下大家都被难住了，教室里静悄悄的。就在这时，徐思涵举起了小手说："我在电视上看过，火车也能送病人，我们可以把救护车加长。"听到这儿，孩子们纷纷附和。我说："这是个好办法，那我们等活动的时候一起试试，怎么把救护

讲述游戏

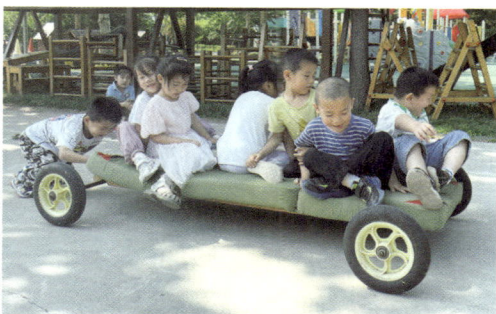
忙碌的救护车

车加长。"接着，我又说："解决了救护车的问题，那我们再来看看这段视频，发生了什么？"张金琰说："病人没有排队，好乱啊！"我追问："有什么好办法？"张金琰说："我可以当保安，让病人排队。"我点点头，表示同意。我问："你们还发现了什么？"李林泽说："医生太少，病人很多。"马浩洋说："大医院里有很多医生和护士，有很多房间都可以看病。"听到这儿，我顺势问："那大家知道医院里的房间都有哪些功能吗？"杜煜林说："有可以照 X 光的。"田怡宁说："有看

牙齿的，我妈妈带我去看过。"看到大家这么感兴趣，我又播放了很多有关医院的照片，并对医院中的科室进行了介绍，就这样分享活动结束了。

教师思考：

教师和幼儿一起分享问题、解决问题，丰富医院在环境设置上的相关内容，如挂号、门诊、多功能室，一方面可以使幼儿了解看病的流程与位置，另一方面也能使幼儿了解医生的职责。

片段三：一起努力，取得成功

第二次活动开始了，小朋友的救护车很快就搭好了，可两辆救护车要怎么变成小火车呢？正当大家一筹莫展时，马浩洋说："看！轮子连接的这个杆很长，还能放上一个梯子。"大家听了马上行动起来，果然可以，小火车组装成功了。可是，没人去坐小火车，几个小朋友都很失落。这时，我走过去说："我生病了。"马浩洋说："老师快上车，我们送你去医院。"当我躺上去说："车上硬邦邦，躺在车上很疼，还很凉。我已经感冒了，还这么冷，病情肯定要严重了。"王树睿听我这么说，便说："老师，我给你拿垫子，铺在车上，这样就不冷了，也不硬了。"几个小朋友马上行动起来，铺上垫子后又邀请我坐车。马浩洋问："老师，车还硬吗？"我笑着说："这次很好啦，送我去医院吧。"这边，刘盈慧、李成诺、李芸萱还是选择了小医院，刘盈慧说："我们一起搬材料，然后分开搭建，这样就有 3 个科室啦。"就这样，小朋友们又行动起来了。医院建成了，当我走过来时，卜文朗对我说："老师，你看我们的医院搭建好了。"我说："那你能给我介绍一下吗？"卜文朗说："没问题，这是我们的 X 光室，这是牙科室，这是彩超室。"我们的实验医院搭建得很成功，并且顺利运营。

教师思考：

救护车的成功搭建并没有吸引其他幼儿的注意，在幼儿感到失落时，我以参与者的身份加入，适时提出问题，让幼儿开动脑筋快速解决，加了垫子的小火车果然受到了大家的欢迎。医院里，科室数量和医护人员的增加有效解决了看病难的问题。实验医院的成功并不是偶然的，而是幼儿在积累了一定经验后的必然结果。

失落的小朋友

实验医院搭建成功

教师小结：

小医院华丽变身为实验医院是顺应幼儿兴趣、发挥幼儿自主意愿的游戏。医院从只有小诊室到有多个科室的改造，救护车从小汽车到小火车的发展，都体现了幼儿基于生活经验而进行的自主讨论、自主创设。

从这次的活动中我发现，教师的细心观察和适时介入是非常重要的。教师是游戏环境的创设者，是游戏开展的支持者，是游戏过程的观察者，游戏为教师提供了了解幼儿的窗口，观察就是教师介入游戏的前提。教师通过观察，了解了幼儿在游戏中的需要，更好地推进了游戏的发展，促使幼儿在游戏中获得成长。

（广饶县大王镇实验幼儿园/解云蕾）

■ **沙水的乐趣**

我们来造河

游戏背景：

我园的户外游戏区域——拓展训练营内有高空滑索、瞭望台、草坡、帐篷、轮胎等，区域占地面积大，器械种类多样，可供幼儿游戏的空地相对集中，是幼儿非常喜爱的乐园。

大班幼儿已经具备了较强的动手操作能力及自主探索能力，也善于从与同伴、教师的互动中观察学习，他们在户外游戏时多选择自己感兴趣的区域进行游戏。有一次户外游戏时，很多幼儿在拓展训练营发现了一个小土坑："你们看，这边有一个土坑！要是这个地方能储水就好了。""河能储水呢！"这些想法大家都很感兴趣，商量着要一起去造河。

一、小小河道工

1. 互帮互助挖好河

今天的户外活动开始了。有几个孩子跑向上次发现的小土坑，发现小土坑还在，里面的水却没有了。坤宝激动地说："上次土坑里面还有点水呢，我们挖条河吧！"畅畅接着坤宝的话说："这样水就能一直在里面了。"畅畅一边说着，一边蹲在土坑旁，用地上的小树枝开始挖土。曼瑜也从草地里捡起一段竹片挖起来。旁边的小七、哲哲、明轩、阿宁也不甘落后，纷纷找来工具开始凿河道。

坤宝从工具屋里拿来小铲子，一手握着铲把，先用力往土里一插，然后按住铲把一用力，土就很轻松地被铲出来了。"明轩，你要这样，我奶奶上次教我的办法可好用了，你试试。"坤宝看着用铲子一直往土里使劲插的明轩说道。坤宝将自己学到的经验告诉明轩，两个人一起铲土。他俩的速度越来越快，别的孩子看见后纷纷学起了坤宝的铲土姿势，大家一起铲土，很快，河道初具雏形。畅畅抱来了一个长木棍，想测量一下河道的长度，大家按着木棍的长度，继续挖着河道。

教师思考：

幼儿合力挖河道是团队合作的体现。大班幼儿的团体意识较强，能主动在集体活动中展示自己的技能。坤宝主动分享自己的铲土经验，并且带动其他幼儿，这有利于增强幼儿的动手操作能力以及自信心。幼儿结合自己的生活经验，联系实际，这也是幼儿自主性的体现。

2. 挖好河道来储水

孩子们的河道竣工了。阿宁端来了一小盆水，在大家期待的目光中将水倒入河道，可是大家发现水很快没有了。

"咦，刚刚倒下去的水怎么没有了？"

"我们的河道储存不了水吗？"

"我在书上看过沙土会吸水的。"

"对，我也见过，我妈妈还说吸好了就能储水了。"

"那我们去多弄一些水过来吧！"

教师思考：

幼儿在遇到难题时并没有气馁，反而聚在一起思考——倒下去的水去哪儿了呢？河道不能储水吗？大家各抒己见，想到了沙土会吸水的小知识，最后想到多取一些水来。在此过程中，幼儿开动脑筋，展开讨论，是其探索能力以及求知欲的体现。

丈量河道长度

河道不储水

尝试倒更多水

二、小小运水工

1. 找工具取水

找到问题的关键后，孩子们去寻找可以装水的工具。瞧，盆、碗、水壶、玩具等都被孩子们拿过来装水造河了，他们忙得热火朝天。

明轩一边用树枝在河道中引水、拓宽河道，一边指挥着大家往河道里多多倒水。

在大家的不断尝试下，小优惊喜地发现在自己那盆水灌入河道后，河道的初段已经汇集了很多水，还一直往下游流去，河水变长了！小优高兴地放下了盆，高高地举起双臂欢呼起来，其他孩子脸上也露出了欣喜的笑容。明轩又叫嚷起来："再多运点水，再多运些水来。"

"我的水壶好重啊，我都快搬不动了。"畅畅双手抱着水壶，走走停停。"我的盆也好大啊，里面的水装得可多了，我也快搬不动了！"韶腾一边看着我一边笑着说。

我说："那怎么办呀？"

畅畅听到我跟韶腾说话，立马放下水壶跑过来，端起韶腾放在地上的盆，说："我能搬动。"韶腾也立即抬着盆说："我们一起吧！"

我又说："那水壶呢？要不要找其他的工具来帮忙？"

拓宽河道

庆祝成功

畅畅环顾四周，突然目光停留在草坡上说："我知道啦，韶腾先放下盆子。"只见畅畅立即跑向草坡，拉着一个滑草工具向我跑来："王老师，我们可以拉撬呀，我可以把盆和壶一起放在上面拉过去！"

教师思考：

幼儿寻找各种工具运水，有的幼儿找到很大的盛水工具，但是力气不够，这时教师给予回应与引导："那怎么办呀？要不要找其他的工具来帮忙？"教师鼓励幼儿自主思考，解决问题的过程就是幼儿学习和发展的过程。

2. 拉撬运水

畅畅找到了便利的运水方法——拉撬，很快，他告诉周围的小伙伴，大家将自己的水放到滑草工具上，拉着前进。畅畅拉撬时还发现，若是盯着水盆往前走，水就不容易洒出来，可是这样走路不太安全。

"你把你的水也放我这边，你在后面走，帮我看着，水洒了你提醒我，我就慢点。"畅畅找到小伙伴和他一起合作运水，其他孩子也纷纷效仿。大家运水的效率越来越高，最终，河道里储了很多的水，几个孩子得意地忍不住齐声歌唱，吸引了玩其他游戏的小伙伴驻足观看。

教师思考：

畅畅将自己的发现分享给了其他小伙伴，一起尝试，从而加快运水的速度，最终幼儿完成了造河的游戏任务。在游戏过程中，幼儿互相帮助，有了新的发现便及时分享，同时与小伙伴保持交流。大家合作运水，展示了互帮互助的优良品质。

教师小结：

1. 支持幼儿的探究行为

《幼儿园教育指导纲要（试行）》中指出："幼儿园的空间、设施、活动材料和常规要求等有利于引发、支持幼儿的游戏和各种探索活动，有利于引发、支持幼儿与周围环境之间积极的相互作用。"在拓展训练营中，幼儿可以尽情地玩造河的游戏，教师引导式的发问激发了幼儿进一步游戏的愿望。户外区域中，教师准备了充实又丰富的游戏材料，满足了幼儿亲近自然和乐于探究的天性，培养了幼儿在游戏中的感知力、想象力与创造力，促进了幼儿的身心发展。

2. 幼儿游戏中的发现

幼儿在户外活动时偶然发现的小土坑，引发了"我们来造河"的活动，游戏也就自然地发生了。在游戏过程中，也出现了很多问题，但是每次幼儿都能不断尝试，解决问题。教师给予了幼儿充分的自由和选择的权利，相信他们的创造力，这才有了后续的精彩瞬间。

表2-3 幼儿在"我们来造河"不同游戏阶段遇到的问题及解决方案

游戏阶段	遇到的问题	发现原因	解决方案
互帮互助 挖好河道	怎么铲土又 快又好呢	幼儿之间铲土的效率 不一致	幼儿主动 分享小经验
挖好河道 储水	水倒进土里面 怎么消失了	沙土的吸水性	多取些水 倒入河道
找工具 取水	工具好找 运输难	工具大 力气小	通过教师引导式发问， 引导幼儿发现合适的 材料
拉撬 运水	怎么拉撬 水才能不洒出来呢	拉撬太快 水就容易洒出来	团队合作 提高效率

3. 活动反思

（1）教师让幼儿和材料进行"对话"。幼儿在游戏过程中，可以自动迁移生活中的使用经验并运用所学的知识动手操作、探索研究，从而在大脑中有效地进行知识的再整合、再建构。在这个过程中，幼儿的

幼儿表征：回顾游戏经历

已有经验和表现出来的积极探究的热情，比传统教学中幼儿学到的知识更有效、更有意义，幼儿在自主游戏中所迸发出的创造力、观察力、探索力、持久性常常令教师赞叹不已。

（2）给予幼儿充分的自由和信任。在游戏过程中，幼儿挖河道、探沙土的吸水性、高效率地运水，不断生发出接下来的小任务和小目标，教师能做的就是追随幼儿的兴趣，耐心且细致地观察他们，为他们提供充足的游戏材料，适当进行引导，启发幼儿思考，帮助他们寻找可行的办法，提升幼儿解决问题的能力。教师要敢于放手、巧妙介入、有效回应，这样才能看到幼儿在游戏中的自然与本真、挑战与发展，成就幼儿的精彩游戏。教师要通过不断地深度学习与研究思考，利用学习故事、观察记录、教研探究等方式提升自身的教育素质和教学智慧，使自身的游戏指导能力更上一个阶梯，达到与幼儿"双赢"的教育效果。

（东营市实验幼儿园/王雪雯）

"挖"时刻

游戏背景：

沙水区是幼儿最喜欢的户外区域之一。沙、水作为自然材料，给予了幼儿无限想象创造的空间。他们常会利用各种工具挖一挖、堆一堆，把水和沙混合起来蒸馒头、炒菜；挖各种形状的小坑，把小玩具埋在里面，玩藏宝游戏；或者一起种树、种花。幼儿在这一沙一水间自得其乐，悠然自在，充分满足了其走进自然、亲近自然的愿望。

户外自主游戏时间又到了。孩子们看到沙池里新添置的工具瞬间大叫起来："哇！这个铲子好大呀！""这个新铲子挖沙一定很快，我要挖一个大坑！""我想用新铲子建一座城堡。""我想挖一条小河。"孩子们兴奋、激烈地讨论着他们的计划，热热闹闹地开始了挖沟造河计划。

一、小河道初尝试

沐浴着温暖的阳光，我们又来到了沙水区，每个孩子的脸上都洋溢着灿烂的笑容。他们穿好雨靴，自主选择各类玩沙工具：大铲子、锅碗瓢盆、小桶……这些工具让孩子们能够更加投入地进行游戏。

我看到海洋拿了一个大铲子，就问他："海洋，今天你想怎么玩呢？""我想挖个地道，上次我和爸爸在湿地公园一人挖了一个坑，从中间连起来变成了一个地道，真是太好玩了。""我想做一个大蛋糕。""我要让昨天挖的坑变大，变成超级大坑。"浩博说自己昨天挖了一个小沙坑，想让它变大，需要大家的帮忙，于是约好五六个小伙伴拿上大铲子动工了。

带着让小沙坑变大的想法，孩子们共同商量着制订了大沙坑计划。他们兴致勃勃地来到了沙池，俊俊开始专心挖沙，其他孩子也热心地上前帮忙。浩博走过去说："你们这样子是不行的！瑞瑞和琪琪可以到对面挖。""挖不到一起怎么办？"琪琪问。浩博说："我们应该设定好路线。"于是，他就拿起铲子画起了路线，孩子们有了目标，沿着这条路线开始奋力挖，海洋也乘机加入了他们。另一边，瑞瑞和小轩拿着小桶往挖出来的沙坑里倒水，可是当他们再次回来的时候发现沙坑里的水已经没有了，水到哪里去了呢？妮妮挥着铲子说："我看到你们走了以后水就渗到沙子里去了。"这可怎么办呢？他俩一起去找浩博商量，浩博想了想说："水桶太小了，我们改变路线吧，直接把河道延伸到水龙头那里，这样直接开水龙头就行了。"于是，他们商量着改变了原先的路线，在浩博的带领下进行了重新规划。有了新的目标后，孩子们挥舞着铲子挖得更起劲了。

经过近两周的努力，小河道终于竣工了。这天，孩子们来到沙池，打开了水龙头。遇到水流不过去的地方，他们就用小铲子进行疏通。河道越来越长，水也越积越多，孩子们越来越兴奋。终于，在孩子们的合作下，长长的河道完工了。

教师思考：

小河道的建成，体现了幼儿的自主学习和教师的适时引导，教师从幼儿的角度思考问题，保护他们的"真游戏"。

（1）提高了幼儿发现问题、解决问题的能力。幼儿在挖河道过程中出现问题时，教师通过交流分享、不断探讨与他们共同解决问题。初次挖河道时，幼儿心中没有河道的概念，不会对场地进行整体规划，

挖河道

遇到困难后，自主解决，此时幼儿已经有了自己解决问题的意识。

（2）教师的支持行为。在游戏过程中，教师随时关注幼儿的游戏，充当了观察者、指导者的角色，当幼儿在游戏中找不到解决办法时，教师以玩伴的身份参与游戏，和他们一起想办法，帮他们达成目标。

二、四通八达的河道

孩子们有计划地完成他们的"大河梦想"后，诞生了一系列新职业。"浩博，我在那边建了一个水塘，想把水引过去，你能帮我吗？"沐松问道，浩博看了看有点距离的水塘，说："我们可以规划一条路线，然后再挖。"浩博说完拿出铲子画了一条蜿蜒的线路，大工程又开始了。挖河道的孩子按照浩博画好的路线卖力地挖起来。人多力量大，不一会儿河道就连接在一起了，孩子们高兴地跳了起来。

河道连通后，孩子们开始往里注水了。可是，他们却发现河道边缘的沙子会往下落，他们及时关闭了水龙头，开始商量起来。一段时间后，几个小朋友开始用铲子拍打河道边缘，还有的直接用手拍，河道变得牢固起来。河道挖了一段后，等待放水的孩子迫不及待地往河道里注水，不一会儿河道里的水就流动起来了。当水流被河道里的沙子堵住时，浩博就用铲子挖一挖，让水能顺利通过。浩浩在河道的不远处也挖了一个坑，他也想让水流进坑里，于是来求助我："老师，我也想让水流进我的坑里，怎么办呢？"旁边的泽泽听见了说："水会往低的地方流，我们也挖个河道，把水引过去吧。"浩浩顿时明白怎么做了，他们在河道上挖开一个口子，水便沿着挖开的方向不停流动，不一会儿他挖的坑就和河道连接起来了。大家也都开始尝试用这种方法，不知不觉就挖出了好几条不同方向的河道。诚博和润泽挖着挖着，就挖到了沙池的边缘，浩博说："没有路了，我们拐个弯吧。"两人合作挖出一个弯道，水流也沿着他们的河道拐弯了，两人兴奋异常，不断挥舞着小铲子，挖得更起劲了。其余的孩子发现后，也跟着水流的方向挖，在孩子们的努力下河道变得越来越长。经过一周的建设，河道终于实现了四通八达、纵横交错。看吧！有的河道宽，有的河道窄，有的地方形成了湖泊，有的水塘里还种上了莲藕，有的地方形成了岛……看着水在河道里流动起来，孩子们兴奋不已，仿佛自己就是一名河道工程师。

教师思考：

一个月的时间，幼儿把小河道变成了四通八达的水系，沙水游戏的内容从简单到丰富，游戏空间从有限到无限延展，游戏经验从零散到不断地积累和提升。

在本次沙水游戏中，我看到了不一样的幼儿，这让我有了更多的思考。

（1）探索发现——自发的河道游戏促进幼儿多方面发展。在本次挖河道的庞大工程中，幼儿亲身体验、实际操作、探索发现；在游戏发展的过程中，幼儿进行了初步的分工合作，同时由发起者引领。在此过程中，幼儿的大胆创新、合作共享，幼儿合作交往能力及号召力、领导力都得以提升。整个沙土游戏持续了近两

四通八达的河道

周时间，在此过程中，幼儿的学会了提前规划路线，发现了水的流动性和沙地高低的关系，学会了发现问题并积极解决，其专注投入、坚持不懈、互帮互助、团结协作等优秀品质得以发展。

（2）游戏感悟——解决问题的过程体现了幼儿的聪明才智。在玩沙戏水的过程中，幼儿的探索是自由自在、不受限制的，随时展现出他们的聪明才智。在游戏中，他们遇到很多问题，能运用自己的经验去解决问题，成为游戏的主人。同时，同伴之间的学习远大于教师的指导，分工合作也成为他们制胜的法宝。

（3）学会放手——满足幼儿情感需要，助推游戏持续发展。在整个沙水游戏过程中，教师追随幼儿的游戏进程，尊重幼儿的游戏兴趣，满足幼儿的游戏愿望，给予幼儿情感支持和环境支撑，助推幼儿向纵深游戏发展，让幼儿收获满满的情感体验，助推了沙水游戏的持续发展。

教师小结：

拥有丰富流动性的沙与水能够带给幼儿非凡的感官体验，教师注重幼儿的兴趣，对游戏过程中出现的问题进行判断，选取有益的问题支持幼儿的探索。

（1）注重分析交流。在自主游戏过程中，教师注重游戏分享交流环节，每次活动完成后都帮助幼儿梳理游戏过程；教师倾听幼儿的想法，这时提出问题，引

发幼儿回顾自己的游戏过程;教师也可以用视频、照片等形式记录幼儿的游戏过程。

（2）培养幼儿主动学习、敢于探究的优秀品质。在游戏过程中，幼儿能够表达自己的感受，在和同伴的交流中发现不同主题及多样化的玩法，促使幼儿的运动机能、感知和协调能力得以发展。在不断的尝试中，幼儿收获了自信与成就，使游戏更加精彩。

（东营市晨晖幼儿园/荣娟娟）

沙池里的美食节

游戏背景：

幼儿园里的沙池一直是幼儿最喜爱的区域之一，而水的加入则赋予了沙更多可能。幼儿在这里分工合作，巧妙地利用工具，搭建出一个个简单而有意义的作品。

户外游戏开始了，幼儿有序地到达了玩沙区。按照约定，女生这次先选择玩沙材料，于是，洛伊和逸潇便一马当先到达了材料箱，选择她们心仪的材料。令我惊讶的是，她们并没有选择此前颇受欢迎的模具、小车、葫芦夹子，而是选择了相对简单的工具——盆和小铲子。

一、制作美食的想法

洛伊带着盆和小铲子，逸潇拿着小铲子跟着她，两个人说笑着来到了沙池的

一边。只听逸潇说："你觉得今天中午的土豆红烧肉好吃吗？我在家的时候爸爸也给我做过，可好吃了！洛伊，你爸爸给你做过红烧肉吗？"洛伊看起来有些不开心，回答道："没有。""那我们一起做红烧肉，好吗？""好啊！"洛伊回答。她们的意见达成了

制作美食

121

一致，她们提着盆、拿着铲子取了沙子，很开心地说："现在土豆和肉有了，还缺油和大葱。"这时，洛伊端着盆来到水管旁，接了一盆水，笑着说："好了好了，我们有油了，那大葱呢？"逸潇说："这湿湿的沙子就是我们的大葱啊！"说着便挖了一铲子放进锅里。她们俩抬着盆，把盆里的沙子全倒出来，然后把沙子一铲一铲地往锅里放，还时不时地搅拌几下，看起来还真像爸爸妈妈做饭时的样子呢。

二、大家一起吃才美味

她们一边做一边聊天："早上我想吃棒棒糖，但是爸爸没有给我买，他说吃糖对牙齿不好。要不我们自己做一个大大的棒棒糖吧！""可以呀！"她们俩边说边行动起来，开始用铲子铲沙，铲了一堆又一堆，最后只见逸潇拍了拍手上的沙子，得意地说："这么多棒棒糖，够我们吃的了。"洛伊说："我们有这么多棒棒糖，不如分享给我们的朋友吧。"分享完毕，又多了几个朋友过来与她们一起玩，工具也从原来简单的铲子和盆变得越来越多。涵宇拿来了滑梯，梓瑞拿来了小桶，桦谊拿来了小车……原来分享真的是一件美妙的事情。

教师思考：

从做中午饭到制作棒棒糖，说明幼儿的游戏具有随意性。幼儿开开心心地做了自己喜欢的棒棒糖后，并没有想着仅仅满足自己，还想到了其他伙伴，愿意跟伙伴分享。与此同时，她们玩的方式也是多种多样的，用不同地方的沙子充当不同的食材，并通过假想的方式进行游戏，从而得到满足。

三、制作生日蛋糕

分享过后，他们的队伍也壮大起来，从两个人变成了一群人。梓瑞说："今天是我妈妈的生日，我要给妈妈做一个美味的蛋糕。"说着就动工了。一会儿，又有几个小朋友加入了制作蛋糕的队伍。逸潇选用了沙池最边上的沙子，她用铲子把沙子铲到盆里，端到伙伴们旁边，倒下沙子之后骄傲地说："我们的蛋糕原料来啦！"可是，他们很快发现沙子是堆不起来的。逸潇说："是不是我们的盆太大了，我们换成小桶吧！"几个孩子立马行动起来。但是，当他们拿开小桶时，发现沙子又散了。逸潇很失望地说："怎么还是不行呢？又散了，我们再试一次看看。"于是，他们又重新试了一次，可结果还是一样。这时，他们有点懊恼。

四、沙水的奇妙结合

我走过去问他们："妈妈做饭和面时，往干面粉里加了什么？"梓瑞大喊道："我知道啦，要先加点水！"就这样，他们又开始做蛋糕了。终于，一个圆圆的蛋糕坯做成了，他们高兴得手舞足蹈。洛伊说："好像还少一样东西，我们没有奶油。"随后，她从材料盒找来几个固体胶，但好像不合适，于是她又继续找。

这时，旁边的涵宇引起了我的注意，只见涵宇拿着勺子往这儿走来，她说："这是我做的奶油，我加工了好久。"有了奶油后，你一勺子我一铲子，一个大大的蛋糕就做好了。"老师，给你吃，我们一起做的，很好吃的。"我假装吃了一口说："真的很好吃，谢谢你们！"在大家的合作下完成的作品是最棒的，也是最有意义的，这真是一个充满幸福的蛋糕！

教师思考：

教师应尽量做到放手，多鼓励幼儿去探索、去尝试、去创造。棒棒糖、蛋糕是幼儿在生活中常吃的食品，因此，他们将生活中看到的情境迁移到游戏中，体验制作的乐趣。

教师小结：

1. 丰富幼儿的生活经验

玩沙的活动内容与幼儿的生活接近，幼儿的表现积极主动。在此活动中，幼儿的所有行为均来源于生活中的人或事。因此，教师应该根据幼儿的实际情况，强化幼儿的生活经验，有意识地引导幼儿观察他们熟悉的环境（家、食堂、活动室、超市等），增加幼儿的感性认识，使幼儿能在活动中发挥想象、积极探索。

2. 注重培养幼儿的品质

根据幼儿的分享和合作情况，教师应该随时关注幼儿的状态，一个肯定的眼神、一个微笑都可以给予他们鼓励和支持。同时，随时捕捉幼儿的亮点，适时做出回应。在活动过后的游戏评价中，教师应该强化幼儿的优秀行为和品质，从少数幼儿扩大到大多数幼儿甚至全班幼儿，结合绘本等方式，让全体幼儿自主交流，学习模仿。

分享奶油

生日会开始了

（东营市东营区景苑幼儿园／王慧真）

■ **别样的体验**

烧烤家的故事

游戏背景：

十月末，深秋的落叶带来了另一种美，也给孩子们送来了他们喜欢的游戏材料，每片黄绿相间的叶子里都印刻着一个让人惊喜的故事。

佳琦和几个小伙伴来到森林乐园，他们商量着要开一家烧烤店，却发现已经没有现成的游戏材料了。大家望着初秋的树林，黄绿相间的叶子落在地面上，想到可以用树叶和树枝制作烤串儿。

一、开个烧烤店

佳琦和伙伴们商量着进行分工：林林负责推独轮车，佳琦负责捡拾树枝，艾米和小瑛负责搜集落叶。分工完毕，大家欢喜地出发了。然而，捡拾树枝并不是一项简单的任务。佳琦对地上的树枝进行挑选后，觉得很多树枝都太短了，没法使用。这时，林林推着车子跑向院墙旁，"我看见那个爷爷都把树枝堆到这里。"孩子们都跑过去，

只听"哇"一声，果然发现了大量的树枝，孩子们开始挑选起来，讨论声不断。艾米说她和爸爸妈妈去吃过烧烤，竹签的头是尖尖的，可是树枝不够尖，林林却说："树叶那么软，肯定能穿过去。"不一会儿，大家把收集好的树叶和树枝都放进了推车里，打算进行下一步——穿串儿。

小朋友们在收集落叶和树枝

教师思考：

游戏一开始，就出现了食材缺乏的问题，不过大家并没有因此放弃游戏。在林林的提议下，幼儿打算用树枝代替竹签，用树叶代替食物，这个重要的问题被幼儿机智巧妙地解决了，这种用低结构材料以物代物的方式，使游戏更加有趣和生动。小班幼儿能够创造性地解决问题，利用身边现有的材料进行游戏，说明他们创新、灵活处理问题的能力还是很强的。在分工环节，佳琦表现出了较好的组织协调能力。挑选树枝时，幼儿谈起了去吃烤串儿的经历，提到竹签一头儿是尖尖的，那没有尖头的树枝能否顺利穿串儿呢？我很期待看到他们的下一步行动。

二、第一次穿串

新的问题马上出现了：艾米手中的一片树叶一穿就碎了；小瑛发现有的树枝凸起太多，容易把树叶弄断；林林手里的树枝怎么也穿不过去……四个女孩叽叽喳喳地聊着，很快发现了艾米失败的原因：有的树叶是枯的，比较脆，树枝一穿就碎了。这时小瑛也说出了自己的问题：树枝上有凸起是不行的，这样会把树叶弄断。于是，大家又把不够光滑的、凸起太多的以及太粗的树枝拣出来，打算再去搜集一次材料。出发前，林林总结：要软的、新鲜的树叶和光滑的树枝。

第一次穿串儿

这片叶子可以当黄花鱼

教师思考：

幼儿在搜集树枝和树叶时，通常都不进行挑选，这也是经验使然。当没有与之相关的生活经验时，幼儿在进行游戏时便无法迁移。同时，我也庆幸自己没有过早地干预，教师干涉过多会使幼儿失去实践操作的机会，也就失去了获取直接经验的机会。小班幼儿已经能够从发现问题层面提升到解决问题层面，这种能力能推进游戏的进展。但我还是决定推她们一把，毕竟烧烤店的客人对食物是有诸多要求的。

长叶子可以当韭菜

三、客人的新要求

第二次搜集食材和竹签，孩子们的目的性很强。我问："我喜欢吃烤鱼，烤韭菜，你们有没有？"艾米迅速拿起一片长长的椭圆形树叶："我们有烤鱼！"旁边的佳琦也开始在草地上寻找，她找到一种又细又长的草，说："烤韭菜也有！"后来，她们如法炮制，把树叶撕成方块当豆腐，将一种红色的小树叶当草莓……这次搜集到的材料非常丰富，孩子们回到刚才的位置，熟练地穿串儿。

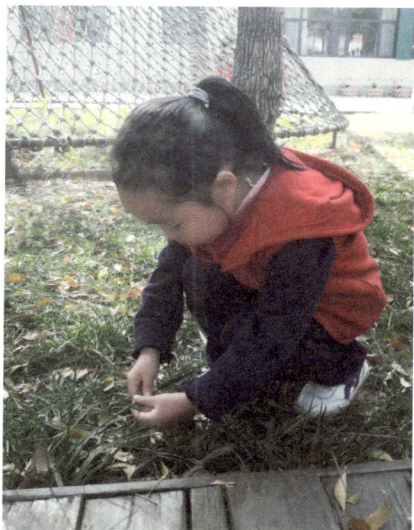

教师思考：

我突然提出的要求，让游戏的情节发生了小小的变化，她们的材料里本来没有太多种类的食材，所有的树叶都叫"串儿"，没有更具体的名字。艾米和佳琦很快能够利用现有的材料模拟食材，是因为她们对这些常见食材的形状和颜色有所了解，所以能够很快地将生活经验迁移到游戏中。看来，没有太具象的材料，小班幼儿照样能创造性地利用已有的材料进行游戏，以物代物的能力非常强。

四、巧变烧烤架

这边的热闹很快吸引了周围的孩子，小哲、坤泽也来到这里，新加入的孩子愿意去收集制作烤架和桌子的材料。小哲找到了轮胎当烤架，坤泽发现一个筒状玩具可以当烟囱，小木片可以当刷子，带木板的轮胎可以当桌子，原本"简陋"

的烧烤店变得丰富、热闹起来。材料有了，在实际游戏时却遇到了大麻烦：轮胎直径太大，烤串却很短，无法放在上面进行烤制，孩子们换方向、换烤串儿、换轮胎，都没有解决这个问题。小瑛说用长树枝穿串儿，可是全部拆下来重新穿，实在太麻烦了。林林想起了老师，过来向我求助。可我也没有好办法，只好试着提出建议："要么把烤串变长，要么把轮胎变小。加个什么东西可以让烤串放上去掉不下来呢？"我一边思索一边比画。这时小哲和坤泽同时跑开了，回来时手里拿着几根又长又结实的树枝，激动地说："把这两根长树枝横着放上，再放烤串儿就不会掉了！"大家欢呼起来，很

小木板当作刷油的刷子

快烧烤店便正常运营起来，林林和佳琦把烤好的串儿"推销"给客人们，我问他们烧烤店有名字吗？艾米说："我们就像一个家，就叫烧烤家。"

教师思考：

烧烤架的制作很巧妙，小哲和坤泽在我的提醒下，想到使用辅助工具让原本很大的轮胎变得合适，解决了轮胎太大、烤串儿太短的问题。其实，解决问题的办法有很多，而小班幼儿在运用发散思维解决问题方面还有所欠缺，这与生活经

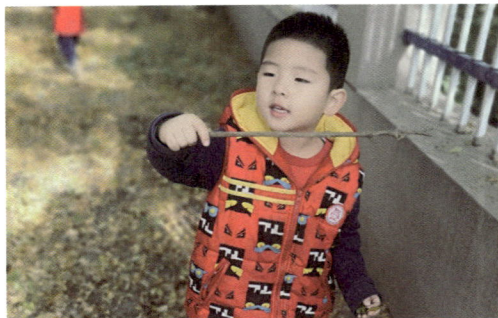

小朋友们开始烤制

将长树枝横放在烤架上，再放烤串儿就不会掉落

验不足、年龄小都有关系，他们往往急于游戏，却忽略了同一个问题有多种解决办法。

五、延伸活动

话题一：同一棵树上掉下来的新鲜落叶和枯树叶有什么区别。

在游戏中，孩子们第一次穿串儿，发现枯树叶容易碎，用新鲜的、软软的树叶才可以，那么新鲜落叶和枯树叶有什么区别？游戏结束后，我带回了几片树叶，回到教室后分组观察讨论。麦兜说新鲜的树叶是软的，枯树叶很脆；宸宸说新鲜树叶里有水分，枯树叶没有水分。经过讨论，我带着孩子们用导图的形式，把讨论结果画下来，并且梳理了两种树叶的相同点和不同点。

话题二：一片树叶的一生。

树叶离开大树妈妈，会去哪儿呢？明轩说清洁工会把落叶堆积起来烧掉；三宝说烧掉会引发火灾，并且污染空气。我给孩子们看了加拿大的一些城市对枫树落叶的处理视频：一片树叶历经"变黄—枯萎—变成粉末—成为大树的养料"这一过程，又回归大地，同样，这个过程我们也用导图的形式表现出来，让幼儿看得见、看得懂。

教师小结：

（1）鼓励幼儿主动寻找和制作烧烤所需要的材料，支持幼儿在游戏中以物代物的假想行为。角色游戏中的材料不一定全部由教师包办代替，发挥幼儿的主动性，让他们自己选择、制作，反而能够发展幼儿的动手能力和以物代物的能力，促进其游戏水平的提升。在幼儿的游戏材料过于单一时，教师可以给予提示。

（2）对于幼儿的直接求助，教师不要直接说出具体办法，而是要采用迂回策略，引导幼儿自己解决。幼儿遇到麻烦时向教师求助，教师没有直接告诉他们解决办法，而是提出了一个问题：加个什么东西可以让烤串儿放上之后掉不下来呢？引导幼儿使用辅助材料解决问题。

（3）挖掘游戏中可深入的话题，进一步的讨论能够促使幼儿深度学习。在游戏中，孩子们第一次穿串儿，发现枯树叶一穿就碎了，只有新鲜的、软软的树叶才可以成功穿过。那么，同一棵树上掉下来的新鲜落叶和枯树叶到底有什么区别？

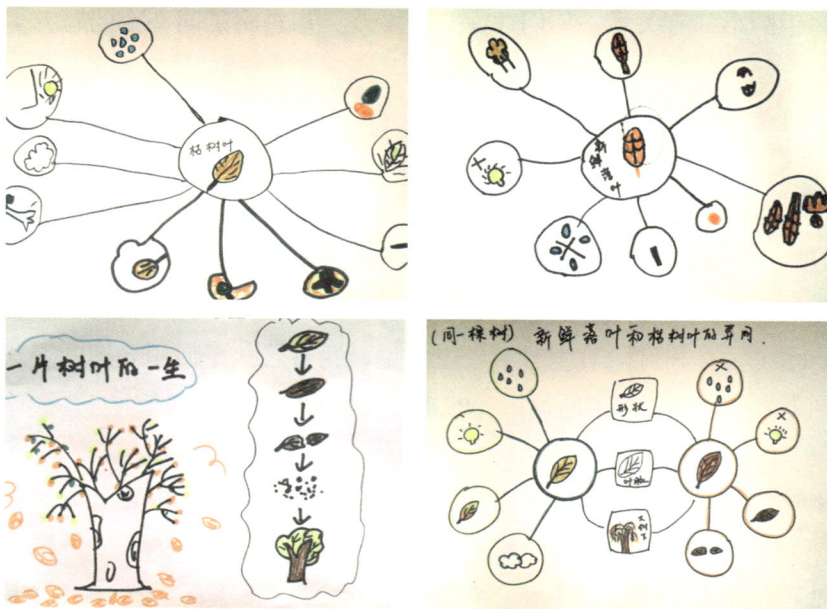

用导图呈现不同形态的树叶

游戏结束后我们继续讨论，引发幼儿的深度学习。所以，在游戏中能挖掘到幼儿感兴趣的话题很重要。

（4）利用导图，呈现出一种看得见的思考过程。根据实际情况，这次我们首先采用的是单气泡图，幼儿自己画出新鲜树叶和枯树叶的特点，然后在教师的引导下将这两种树叶的异同点用双气泡图呈现出来，让思考过程看得见。

（东营市实验幼儿园/杨芳 侯蓓蓓）

我们的洗车店

游戏背景：

幼儿在骑行区已经活动了一个月，对骑行区的工具有了比较深入的了解，也开发了很多玩法。有一天，幼儿发现因为前一天下了雨，导致所有的小车上都沾满了是泥点。这时，家赫喊着："我们用小推车里的水（存下的雨水）洗车吧！"于是，洗车游戏就开始了。

脏兮兮的小车

雨水洗车

在游戏分享环节，全班一起讨论：如果是你，你想怎么玩这个游戏？在讨论中，教师发现了幼儿在游戏中提出的几个问题。

（1）用水冲小车时，很容易弄湿座位，就没法儿骑了。

（2）只用水冲，水干后小车看上去还是很脏。

（3）用干净的自来水代替雨水洗车。

针对以上问题，我们共同找到了解决办法：准备干毛巾；添置新工具；使用水龙头洗车。

一、洗车店开业了

智慧和志宇把洗车工具搬运出来，找了空地摆好。智慧喊道："洗车啦！"马上就吸引了几个骑小车的孩子。智慧对洗车店的第一位顾客茂茂说："骑到洗车位上来吧！"这时她才发现，洗车店没有提前准备好水，两人赶紧抬着水桶接来了水，热火朝天地干了起来。

接到第一位洗车客人

等待的间隙，有点无聊的茂茂跑去玩起了其他游戏，智慧一直认认真真地干着。期间，茂茂跑回来催促过一次，并指着车尾的位置告诉智慧这里也要擦，十几分钟后，车子终于洗完了。

茂茂看到自己的车子上还有好多水渍没有擦干，便提出了要求：这还有水，这里要擦干……智慧又拿起干毛巾，按照顾客要求全部擦干。终于能交车了。

开始洗车

茂茂满意地骑车要走，智慧拦住他说："给钱！"两人击掌愉快地完成了交易。

教师反思：

在这次游戏中，幼儿对洗车游戏表现出了浓厚的兴趣，同伴之间能主动合作，最值得表扬的是智慧在游戏中的精神：专注、耐心、认真、负责。

在分享环节，智慧向大家分享了自己的游戏感受后，新堉提出："洗车的地方原来是加油站，现在我们没法加油了。"我把这个问题抛给了孩子："洗车店占了加油站的位置，怎么办呢？"奕辰提议明天再重新找个空地当作洗车店，孩子们也都赞成这个提议。

二、乔迁新址，重新开业

第二天，孩子们开始寻找为洗车店选址，拟定了三个位置，分别是大滑梯西侧水龙头处、沙池与滑梯中间路口、小三班肯德基门台阶西侧。经举手表决，决定在第三个位置建洗车店。

找好位置后，新店再次开业。乔迁新址后的洗车店，吸引了更多的客人。同时，前来洗车的顾客争来争去，都想早点洗车，导致场面一度失控。帆帆提议：等待洗车的顾客不要越过地上的白线。大家又往白线外挤，场面更加混乱，有的顾客和小车差点被挤倒。于是，我上前提醒洗车店的工作人员应该先维持好秩序，最好让大家排好队再开始洗车。

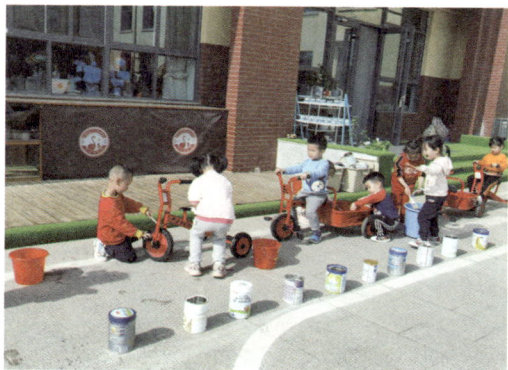

新店开业

经过家宇等人的指挥，秩序很快恢复了。家宇和柏林还从材料库搬来了奶粉桶，整齐地摆在白线上，维持秩序，洗车店热闹有序地经营着。

直到有一天，泽泽洗完车离开时，不小心撞到了前面等待的顺顺。洗车店的其他小朋友也发现了这个问题——如果第一辆车洗得慢，后面的车洗完走的时候容易发生碰撞，而且，第一辆车洗完后，后面补位的车也进不来。

在分享环节，研究过游戏中出现的问题后，我们又开始了讨论：怎样才能解决碰撞的问题呢？

维哲说："和排队一样，小男生一队，小女生一队，分开站。"孩子们的想法特别多，我们进行了总结以供大家参考。在后来几天的游戏中，孩子们也尝试了几种办法，不过还是偶尔会发生碰撞事件。

教师思考：

教师对游戏的关注程度，会影响幼儿对游戏的兴趣。因为幼儿对游戏规则以及游戏中的安全问题并没有很清晰的认知，所以出现了混乱的场面。经过教师提醒后，幼儿能做到有序排队等候。

但是，在之后的游戏中还是发生了多次碰撞事故，每次我都和幼儿一起讨论，让他们自己想办法解决，也希望幼儿能在一次次的游戏中总结、探索和提升，逐步尝试自主解决游戏中出现的问题。

三、重新规划店面

换区后，孩子们还是时常惦记着他们的洗车游戏。在满足孩子们游戏心愿的同时，我们需要先解决之前遗留的问题：怎样才能避免碰撞，你们想怎么设计洗车店？

孩子们一起讨论、想办法，并把自己对洗车店的改造想法画了出来。经过讨论，大家决定试试柏林小朋友的设计。

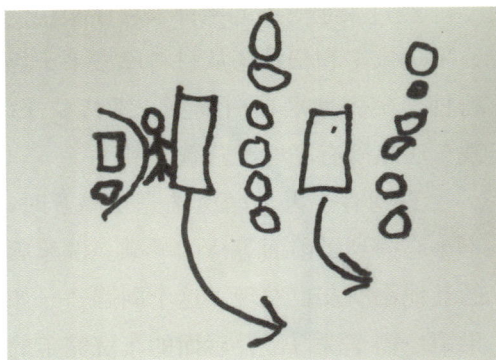

店面图纸

排队洗车

第二天，小设计师柏林按照自己的想法把洗车店建造起来，并告诉同伴怎么组织大家洗车：一人维持秩序，其他工作人员洗车。为了更方便地指挥，维持秩序的楷楷自己跑去拿了交通区的指示牌。

改造过的洗车店第三次开张，不过整个游戏时间一直排着长长的队，有的孩子整个游戏时间都在排队，直到收区。

针对"等待时间太长怎么办"这个问题，大家讨论后决定：可以让维持秩序的小朋友发号码，到号后再过来洗车。

第二天，楷楷和维哲作为秩序维持员十分尽职尽责，一直查看店内的情况，告诉等号的顾客先去玩一会儿再来，看到前面的车辆快要洗完了，就赶紧喊下一个号码。

改造了店面、改善了服务的洗车店，既忙碌又有序。

教师思考：

在这一阶段的游戏分享中，我支持幼儿大胆想、大胆试。在出现等待洗车人数太多的问题时，我没有直接干预，而是把问题抛给了幼儿，没想到的是，他们的分工合作如此默契。

幼儿的每次思考、每次尝试，都是他们对游戏经验的梳理，在这个过程中他们自主发现问题、自主探究问题、自主解决问题。

教师小结：

洗车店的故事源于幼儿游戏中的一个问题：小车太脏无法进行骑行游戏。幼儿结合自身生活经验进行讨论与尝试，在一次次的尝试中发展了解决问题、团结协作、设计规划以及社会交往等能力，教师投放的丰富的、适宜的材料也支持和帮助了幼儿的游戏，使得幼儿能够在不断尝试中思考与改进。

在整个游戏过程中，教师的支持行为主要有以下两点。

（1）引导和支持幼儿自主解决问题。在游戏分享中，教师组织幼儿讨论，支持幼儿大胆想、大胆试。

（2）提供丰富的低结构材料。材料的丰富与否决定着幼儿的游戏兴趣与思考深度。为其提供多样的低结构材料，可以引发幼儿更多的思考。

（东营市东营区景苑幼儿园/王峰云）

玉米乐淘淘

游戏背景：

我园紧跟时代要求，秉承"从娃娃抓起"的理念，创设了适合幼儿劳动教育的多个游戏区域，其中的民俗生活区（也叫劳动体验区）是幼儿进行劳动实践、培养劳动兴趣的乐园。

一、民俗生活区之初体验

民俗生活区里来了新朋友，被神神秘秘地装在大筐里。东东好奇地掀开了盖在大筐上的老粗布，一大筐玉米都快溢出来了。

孩子们高兴地玩了起来。小雅和东东剥起了玉米，可是没过一会儿，东东就不开心了："这玉米粒儿也太硬了，我怎么剥不下来啊！"小依凑过来说道："我看见我奶奶都是两个玉米互相搓，粒儿就掉下来了。"东东赶紧试了试，这个方法果然很有效，一粒粒金灿灿的玉米粒散落在簸箕里，他兴奋地举起来给我看。

"你看，那边有个石磨，咱们可以磨面粉！"悦悦兴奋地说。东东闻声赶来拿起筛子帮悦悦，边筛边说："我看见我奶奶用过这个，看！筛出来的玉米面是不是变细啦？"

那边传来了林林的吆喝声："开饭啦！"说着还舀了一个玉米粒给正在切西红

搓玉米　　　　　　　　　　磨玉米　　　　　　　　　　做饭

柿的优优吃，优优很配合地尝了一口说道："真好吃！"

游戏在孩子们的恋恋不舍中结束了，我把他们游戏时的几段视频投屏，让他们说说刚才是怎么玩的，还想怎样玩。

妍妍："我要用面粉做馍馍。"

书一："我要用玉米棒做个小人儿。"

羽心："我要玩玉米皮儿。"

孩子们的想法是零散的，在教师的引导下，他们生成了三种玉米玩法：一是玩玉米皮；二是玩玉米棒；三是玩玉米粒。

教师思考：

教师作为一个观察者，当幼儿的游戏有序发展时无需介入，就做一名安静的旁观者。《3—6岁儿童学习与发展指南》中指出，支持幼儿与同伴合作探究与分享交流，引导他们在交流中尝试整理、概括自己探究的成果，体验合作探究和发现的乐趣。

二、快乐的手工制作

区域活动时间到了，孩子们迫不及待地和小伙伴扮演起了喜欢的角色。听！玩玉米棒的孩子正在交流着。

妍妍："我要用这个玉米棒做个小人，你和我一起做吧。"

羽心："好呀，那我来用玉米皮儿做头发吧！"

她们做着做着，遇到了难题：头发固定不住总是掉下来。我趁机说道："不会固定吧，来，老师帮你们！"

这时，乐乐拿着一个坐垫，问："老师，这是用什么做的啊？"他的问题引来了孩子们的猜测。

东东："我知道，是用蒲草做的。"

小依："不对，是茅草做的。"

孩子们说什么的都有，于是我提示道："你们说的草也能做这个，但是乐乐拿的这个坐垫的制作材料就在我们身边，看谁能找到？"

孩子们纷纷寻找起来。最终，妍妍拿着玉米皮儿小声说："难道是这个？""对，就是它！"我赶紧附和道。

妍妍："可是，它这么短怎么能做成这么大的坐垫呢？"

小依："我看见我奶奶做过，她把玉米皮儿撕成一条一条的，然后用水泡，再把它编成很长很长的绳子。"

孩子们一听，赶紧试着把玉米皮儿撕成一条一条的，找来盆浸上水，有模有样地编了起来。小辫儿编好了，可是一松手就开，这可怎么办？

小依："咱们拿胶水粘吧！"

书一："胶水黏糊糊的没法儿坐啊！"

小雅："这里有毛线，可以用毛线绑起来呀！"

这个办法得到了大家的认可。可是，说起来容易做起来难，孩子们练了又练，才合作完成了一个草垫。

书一："我要给妈妈当碗垫儿。"

小依："我奶奶腿不好，我想给她当坐垫。"

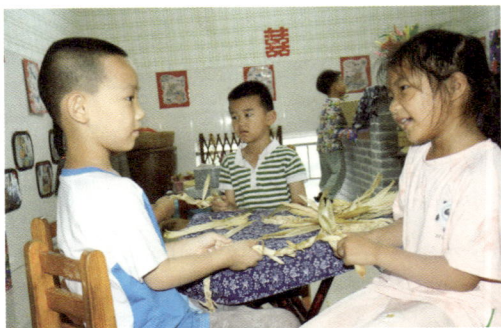 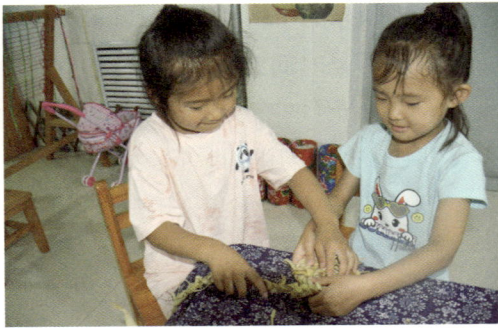

编草绳　　　　　　　　　　　　　　　　　　　　　编草垫

教师思考：

教育家蒙特梭利认为"儿童的智力体现在手指尖上"，可见手工活动是幼儿必须开展的活动之一。幼儿通过手工活动，不但提高了动手操作能力，而且提高了合作劳动的意识。在游戏中，幼儿会不断遇到困难，当他们确实解决不了问题时，教师要及时介入，只有这样幼儿的兴趣才会持续下去，游戏才能继续。

三、动手学做窝窝头

随着玉米面的不断增多，孩子们的想法又多了。

妍妍："乐乐，咱们做窝窝头吧！我看见奶奶做过。"

乐乐："好呀！那我们先来和面吧。"

说完，他俩就往盆里倒面粉，书一默契地往里面加着水。

蒸窝窝头

妍妍："呀，好粘手！"

书一："快抓点儿面粉搓搓，我妈妈就是用面粉搓一搓就好了。"

乐乐："书一，水倒多了！"

妍妍："没关系，再多加点儿面粉就行！"

尝试了多次后，面团终于和好了，下一步就是做窝窝头了。只见他们一会儿用力捏，一会儿又蘸点儿水，最终，窝窝头做好了。孩子们看着自己的劳动成果，开心地议论着哪个好看。

羽心和溪溪把窝头放到锅里，林林拿来打火机，老师帮助他点着了玉米皮儿。

妍妍："我去找木头去！"

书一："这不是有很多玉米棒嘛，我奶奶就用这个烧火。"

说完，她帮林林往灶台里放玉米棒。等啊等啊，一团团热气顺着锅台飘了上来。大家都围过来，羽心想掀开锅看看熟了没有，我立即制止了她："孩子们一定要记住，自己不能去掀锅盖，热气会把你们灼伤，一定要有大人帮忙才行！"

窝窝头终于熟了。孩子们盘腿坐在大炕上，一边说笑一边品尝着自己的劳动成果。

小雅："太难吃了，没味儿！"

鸿鸿："我咽不下去！"

我说："窝窝头不好吃，可是你们知道吗？在长征途中我们的红军战士连这个都吃不到。"

孩子们听了，一脸惊愕的表情。

教师小结：

正如瑞吉欧所说："与其牵着儿童的手，倒不如让他们靠自己的双脚站立着。"每个幼儿都是天生的游戏家，本次围绕玉米开展的系列活动为幼儿提供了充分的探索空间，教师创设的劳动体验区是幼儿进行自主劳动实践的游戏场所。幼儿解决问题时的一言一行，充分彰显了"生活即教育，教育即生活"的理念。

正是教师的放手，为幼儿提供了发现问题、提出问题、解决问题的机会。当然，教师的放手不等于放任，关键时刻教师要抓住时机与幼儿进行互动，以免失去宝贵的教育机会。

尝窝窝头

听故事

（东营市东营区六户镇中心幼儿园／张志凤 李舒迪 马莹莹）

探究课程

探秘清风湖公园

课程缘起：

离园活动时，听到几位小朋友相约放学后要一起去清风湖公园玩。关于清风湖公园，他们开始了热烈的讨论。

清风湖公园

小优："我去过清风湖公园野餐，它就在我家旁边。"

核桃："我家也离清风湖公园很近，我经常和我的好朋友一起去玩。"

宓宓："我去过清风湖公园玩沙子，还坐了旋转木马。"

顺顺："我们放学一起去清风湖公园玩吧。"

蔚然："好啊好啊，清风湖公园风景也挺美的。"

对幼儿来说，公园是一个和自己生活密切相关的地方。清风湖公园作为东营市的地标性城市公园，是一座集黄河文化、壮丽景色、丰富娱乐设施于一体的"城市宝藏"，也蕴藏着许多促进幼儿发展的机会。因此，我们展开了一场与公园的"约会"，和幼儿一起在自然课堂中观察、发现、探索、创造，释放幼儿的天性。

课程目标：

（1）丰富户外活动经验，感受大自然的丰富多彩，对清风湖公园中幼儿感兴趣的事物进行探索和学习。

（2）结合生活经验进行思考，能够运用搭建、绘画、彩泥制作等多种方式表征记录清风湖公园。

（3）学习制订游玩计划并整理外出物品清单，通过清风湖公园之美激发幼儿对家乡的热爱之情。

课程网络：

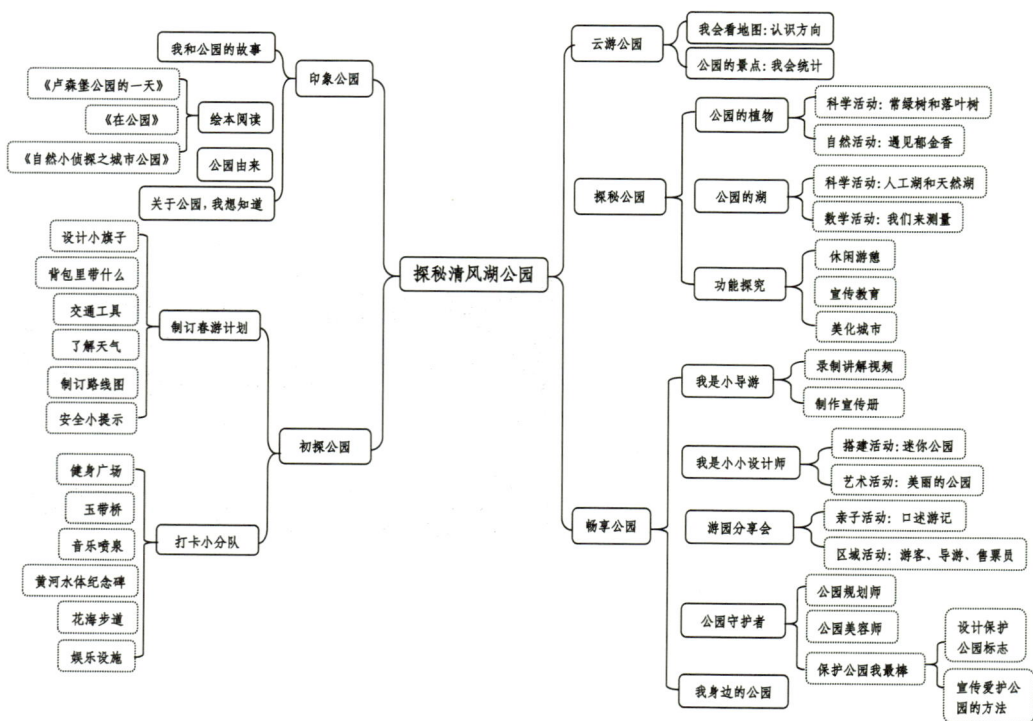

探究过程：

探究一：我和公园的故事

公园是一个和幼儿生活密切相关的地方。周末，大家会和爸爸妈妈、朋友一起去附近的公园游玩。公园中有很多有趣的地方，有湖、多宝塔、三孔桥，还有鸽子和天鹅，有草地、篮球场、游船和沙滩……孩子们在公园里发生了什么故事呢？大家你一言我一语地展开了精彩的讲述。

小宇："过年的时候，我和爷爷奶奶去过清风湖公园，那里有清风市集，爷爷给我买了糖画，还带我玩了套圈的游戏。"

俪宸："我和爸爸妈妈一起去清风湖公园郊游，我们在公园的草坪上搭帐篷，坐在里面吃好吃的。"

宸如："我在清风湖公园玩游乐场、玩淘气堡。"

琪琪："我上周去清风湖公园喂鸽子了，把大米一撒在地上，鸽子就飞来把大米全吃光。"

在讲述游玩的过程中，大家都有同样的感受，就是快乐。是的，公园是一个让人感到轻松、自在的地方。

讲述我和清风湖公园的故事

探究二：跟着绘本逛公园

带着对公园的向往，我们一起在网上搜集了相关绘本，有《公园里的叽里咕噜》《公园里的声音》《小熊去公园》《公园里真好玩》等。老师带领孩子们一同阅读，一起品味。《卢森堡公园的一天》讲述了调皮的小猪查尔斯的冒险之旅，读起来就像置身于一座充满无穷乐趣的游乐园；《公园里的声音》讲述了两个小孩、一位失业也失去斗志的爸爸、一位趾高气扬且衣着华丽的妈妈在公园散心的经历，孩子们知道了每个人在公园中的感受是不同的。

绘本故事分享

关于公园的绘本

探究三：公园在哪里

孩子们对公园产生了浓厚的兴趣，于是，我们决定对身边的清风湖公园进行探索。但是，公园的位置在哪里呢？我们可以怎么去？到公园可以做什么？教师借此开展了"我会认地图""手绘公园小调查"等探究活动。

每个孩子的内心都藏着一个奇妙的公园世界，对此，我们鼓励孩子们进行公园小调查，了解公园所在的位置，画出自己的出行方式。孩子们链接自己的生活，将自己的已有经验迁移到活动中，根据目的地的远近选择合适的交通工具。

孩子们学会了在地图上找位置，还会利用导航找到目的地，对清风湖公园的地理位置进行了初步探究。孩子们对清风湖公园更加感兴趣了，想去游玩的心情也愈加强烈。

教师带领幼儿了解景点位置

探究四：打卡小分队

天空很蓝，阳光很暖。为了开阔孩子们的视野，近距离体验清风湖公园的风景，我们发起周末清风湖公园亲子打卡活动。踏着和煦的暖风，约上好朋友，沿路拍照打卡。

孩子们有自己的视角，有自己对公园的印象、对美的表达。看，孩子们相册里的清风湖公园多美。

孩子们还把阅读搬进公园，把绘本搬进大自然，在清风湖公园里共沐书香，阅读的种子正在悄然生长。

打卡小分队

探究五：共建公园

"老师，我们可以把清风湖公园搬进教室呀！""我们一起在搭建区建一个公园就好了。"清风湖公园打卡归来，孩子们的搭建兴趣油然而生。搭建之前，孩子们绘制了设计图，然后进行小组讨论，规划搭建的内容和具体位置。

有的搭建多宝塔，有的搭建喷泉，有的搭建公园里的大树、马路等，孩子们自主选择积木、纸杯等材料，运用垒高、围合、架空等搭建技巧进行搭建创作，渐渐地展现出公园的模样。

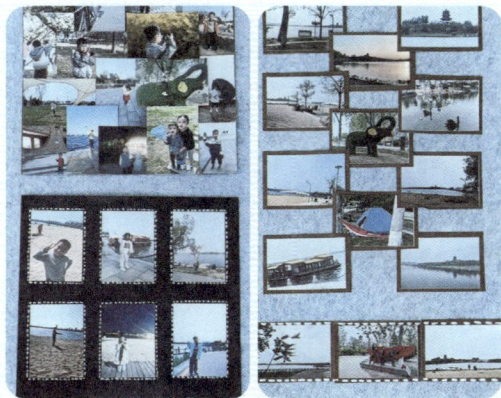

清风湖公园摄影展

探究六：我有一个计划

去公园游玩，需要提前做好计划。"凡事预则立，不预则废。"基于孩子们

的兴趣，幼儿园开始了紧锣密鼓的春游计划。第一步，就是确定时间。"根据天气情况选择一个晴好的周末"，顺顺提出建议后，大家一致举手通过。第二步，和谁一起去。有的小朋友说带着爸爸妈妈，有的小朋友说和哥哥姐姐一起去，有的小朋

公园设计组图一
公园设计组图二

小组共建公园

友说想和好朋友一起去。老师告诉小朋友们，要跟对方把事情表达清楚，并征得对方的同意，就可以一起去公园游玩，这也在无形中锻炼了幼儿的语言表达能力和社会交往能力。第三步，出游要带什么？孩子们异口同声地回答：零食。除了零食，还需要带什么？大家分组合作，用气泡图的形式梳理了春游必需品，一起为"出游带什么"出谋划策。第四步，到达清风湖公园后玩什么。

我的春游计划表

　　孩子们提出了各种各样的想法。为了更好地感受公园的氛围，孩子们决定和家人、朋友一起去春游。

春游物品绘画表征

探究七：春游进行时

孩子和家长手拉手，漫步在清风湖公园。孩子们自由自在地呼吸着新鲜的空气，享受着大自然的赠与，身心都放松了。我们从草坪集合地出发，经过木栈道、鸽子屋、消防文化公园，最终返回集合地，近距离感受了清风湖公园的美。

春游清风湖公园

孩子们在百米长卷上创意绘画，通过色彩和线条表达内心的感受和想象，伴随着柔和优美的音乐，孩子们沉浸在自己的创作中。

创意绘画

草地上的野餐也是春游活动中不可或缺的一项。孩子们和爸爸妈妈围坐在一起，共同欣赏着湖中景色，品尝着美食盛宴，享受着自在的美好时光。

草坪野餐　　　　　　　　　　　　　　　　　　　　　彩虹伞游戏

亲子游戏更是将春游活动推向了高潮。彩虹伞一铺，大家的欢呼声此起彼伏。游戏中，爸爸妈妈和孩子们一起享受亲子时光，欢乐、愉悦、轻松的游戏氛围，拉近了亲子关系，也使班级更具有凝聚力。

探究八：手绘公园

怎样把清风湖公园的景色保留下来呢？孩子们想到了旅游时买的明信片和书签，于是，自制手绘明信片、书签的活动开始了。孩子们一边回忆一边描绘，记录着自己与清风湖公园的故事，设计着独一无二的文创产品。

自制清风湖公园明信片　　　　　　　　　　　　　　自制清风湖公园书签

孩子们小组合作，用彩泥和纸板设计公园，当起了设计师，迷你公园变得更有趣了。

小组合作进行迷你公园制作

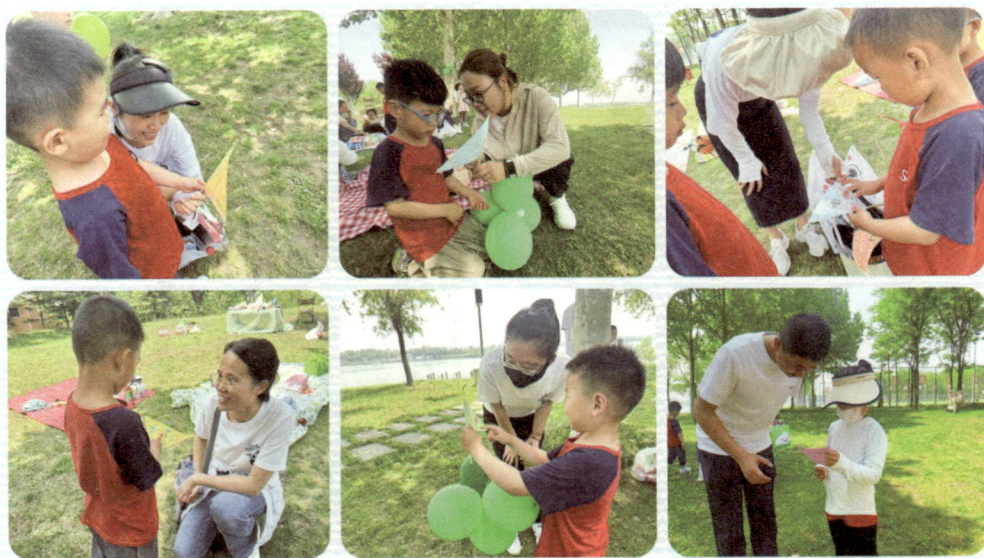

我是环保小卫士

探究九：爱护公园

"公园是我们的乐园，需要大家共同爱护。我们可以做点什么呢？"孩子们一起设计保护公园的小旗子，画上简单易懂的标志，如禁止遛狗、不大声喧哗、不随地乱扔垃圾、不摘花。孩子们带上垃圾袋，化身小小志愿者，在公园里捡拾垃圾，不仅用实际行动爱护公园，还拿着小旗子进行宣传，呼吁大家共同保护美丽的公园。

课程反思：

（1）幼儿是有能力的学习者。本次探究活动从幼儿感兴趣的公园出发，围绕幼儿生活经验和问题展开探究，并在一定程度上促进了幼儿经验的提升。

（2）教师是有能力的课程建设者。教师及时捕捉幼儿的兴趣点，提前预设规划活动，并在过程中进行动态调整。

（3）家长是有能力的支持者。各项活动的顺利开展离不开家长的支持和配合，家校合作对活动的开展起到了助推作用。

（4）预设与生成相结合，生成活动与主题活动相融合。在整个课程开展过程中，既有教师预设的活动，也有幼儿感兴趣的自发活动。

（东营市实验幼儿园 / 成菲菲 石惟佳 蒋乂乂 付梦琦）

你好，蛋宝宝

课程缘起：

"你好，蛋宝宝"项目课程的产生，源于一次失败的经历。在小班开展的"小鸡来了"活动中，图中这只小火鸡是唯一成活的小生命，这个结果对于孩子们来说，一直是一场"意难平"。为了满足大家的愿望，也为了再一次迎接新生命的到来，我们决定再开展一次关于"你好，蛋宝宝"项目探究式生成课程。

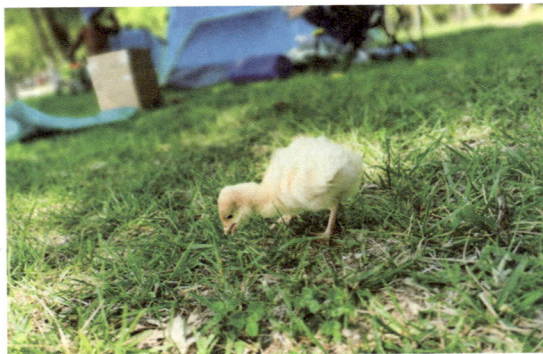

唯一成活的小火鸡

关于蛋，孩子们都很熟悉，但是对蛋的认识还比较浅显。本次活动，从蛋的种类、结构、孵化等方面入手，教师引导幼儿认识、体验蛋与人们生活的关系，激发幼儿关心、爱护小动物的情感，感受生命的奇妙，从而敬重生命，常怀感恩之心。

课程目标：

（1）鼓励幼儿积极、主动观察不同的蛋宝宝，运用多种感官感知它们大小、颜色上的不同，了解蛋的结构，会辨别生蛋、熟蛋。

（2）知道蛋的孵化过程，萌生关心和爱护小动物的情感，感受生命的奇妙。尝试运用各种辅助材料保护蛋宝宝，萌发爱护蛋宝宝的情感。

（3）了解蛋与人们生活的关系，知道蛋类食物营养丰富，尝试动手制作蛋类食物。

（4）阅读关于蛋宝宝的故事，并和同伴交流阅读感受。

（5）乐于研究，体验其中的乐趣，尝试用简单的泥工、剪贴、绘画等技能表现荷包蛋。

课程网络：

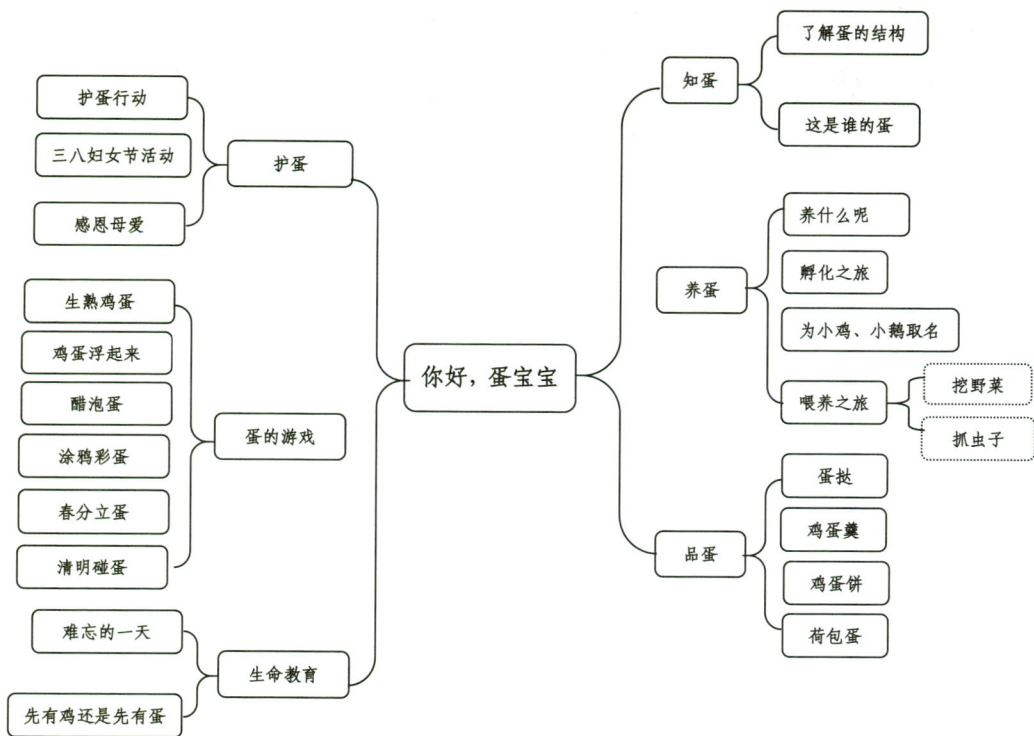

探究过程：

关于各种蛋，孩子们知道什么？还想知道什么？针对这些问题，我们对孩子展开调查。

在讨论的过程中，沫沫说家里有一本书《猜猜蛋里住着谁》，这时，又有好几名小朋友表示家里也有相关的绘本，这让我们意识到绘本对于课程开展的必要性。有些知识，通过绘本的方式传授，对于孩子们来说更恰当、更容易接受。于是，我们通过自主搜集、网络下载、图书室借阅等方式，搜集到了很多关于蛋宝宝的绘本。

了解蛋的结构

解剖蛋

探究一：了解蛋的结构

基于上次失败的教训，对于这次孵蛋行动，我们做了很多前期工作。例如，了解蛋的结构，老师通过现场实验的方式，直观地让孩子们了解卵壳、卵壳膜、卵白、卵黄的位置及形态。

通过"每日小结"，我们向家长简单介绍了"你好，蛋宝宝"探究性生成课程。孩子们回家后纷纷进行了"解剖一枚蛋"活动，并在班级群中分享。

探究二：这是谁的蛋

在回家进一步探索鸡蛋的过程中，有几个孩子也对其他的蛋宝宝进行了探索，如鹌鹑蛋、鹅蛋，通过观察、比较各种蛋宝宝的相同点及不同点，发现原来它们都不一样。

那么，哪些动物会生蛋呢？对此，我们组织孩子进行了调查。

通过调查以及绘本故事，孩子们知道了一个概念：卵生动物。同时，我们还了解了很多有趣的科学知识。

了解蛋的结构

讨论哪些动物能生蛋

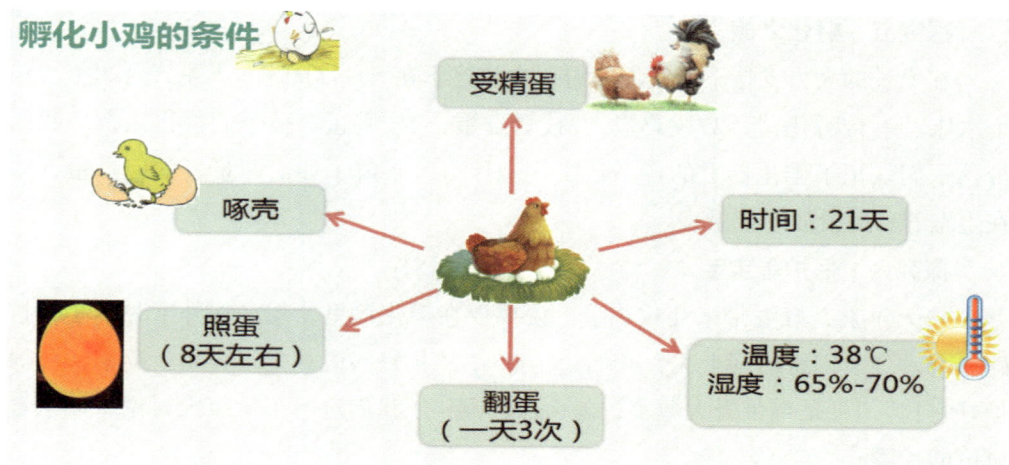

孵化小鸡的条件

探究三：孵化之旅——小鸡的孵化

通过科普视频，我们和孩子一起了解了小鸡的发育过程，体会到了生命的神奇。同时，也让教师们感受到，孵化一个生命是神圣的，也是极其艰难的，我们也更加重视这项活动。在了解了小鸡孵化的过程后，我们共同总结了蛋宝宝孵化所需要的条件。首先，必须是受精蛋。其次，对于孵化的时间、温度、湿度，在孵化的过程中要注意的事项，都进行了了解。

探究四：孵化之旅——养什么

在了解了蛋的结构、发育、孵蛋的条件后，一个问题摆在我们面前：养什么呢？众说纷纭，大志说："投票吧！"

投票环节

投票结果

探究五：孵化之旅

在家长的大力支持下，我们的孵化之旅终于在 4 月 2 日这一天正式开始了。一个水床、一台孵化器，27 枚鸡蛋，2 枚鸳鸯蛋，2 枚鹅蛋。孩子们都很兴奋。我们带孩子们认识了孵化器上的各个数字代表什么，了解了如何照蛋，如何翻蛋，并在生态养殖区投放了记录表。

探究六：保护蛋宝宝

一天早上，妤溢带来几枚鸡蛋，说要放在孵化箱里，却在往外拿时不小心打碎一个。孩子们纷纷围上去，开始讨论起来："我妈妈说鸡蛋很容易就碎了，要保护好它！""可是鸡蛋壳太薄了，怎么保护啊？"我们进行了班级大讨论，以下是讨论的片段：

赵怀瑾："要把它轻轻地拿在手上！"

老师："可是你的小手也有别的事要做啊！"

纪昊康："那就放在桌子上呗！"

讲解护蛋行动　　　　　　　　　　　　　护蛋行动

胡诗远："不行，这样鸡蛋会滚来滚去，会摔碎的！"

孩子们想了那么多的方法，到底能不能用呢？我们决定来一次护蛋大行动。

于是，孩子们和爸爸妈妈一起精心准备了蛋宝宝。为了保护蛋宝宝，有的用网包裹着，有的用塑料袋包裹着，还有的用两层厚厚的保鲜膜包裹着，小心翼翼地把蛋宝宝放进自己的口袋中。护蛋行动开始啦！

探究七：护蛋小插曲——生的？熟的？

在"保护蛋宝宝"行动的某天早上，米粒兴冲冲地说："我的鸡蛋不会破！我带的是熟鸡蛋。"为了保证活动的公平性，我们决定在保护蛋宝宝之前，先把熟鸡蛋"抓出来"。那么，怎样才能区分生鸡蛋和熟鸡蛋呢？孩子们也进行了讨论，如"把鸡蛋敲碎""晃一晃，听声音""转一转"的方法。针对孩子们说的方法，老师一一进行了实验，结果如表2-4所示。

表2-4　区分生鸡蛋和熟鸡蛋的方法

序号	方法	结果
1	听声音	不准确
2	看颜色	不准确
3	摸温度	不准确
4	看转速	准确
5	转动时摁停观察状态	准确
6	是否能立转	准确

探究八：护蛋小插曲——鸡蛋浮起来

在"保护蛋宝宝"的行动中，马嘉泽把鸡蛋放在水壶里，鸡蛋处于漂浮状态，

实验：鸡蛋浮起来

孩子们对鸡蛋能浮起来非常感兴趣。于是，一场"鸡蛋浮起来"的实验开始了。通过实验，大家知道盐可以改变水的浮力，能使鸡蛋浮起来。

探究九：护蛋小插曲——醋泡蛋

孩子们对关于蛋宝宝的各种小实验都非常感兴趣。一天晨间游戏时，孩子们七嘴八舌地讨论起来：

李浩洋："早上我吃煮鸡蛋了，鸡蛋在热水里游来游去。"

张妙玹："鸡蛋泡在酱油里还会变色呢，很好吃。"

赵沫："鸡蛋放在盐里会变咸，我还吃过鸡蛋蘸白糖呢！"

这时，我突然想到醋泡蛋的实验，说："那鸡蛋泡在白醋中，会有什么变化呢？"

这个醋泡蛋的实验长达一周之久。第一天，鸡蛋壳外面产生了很多小气泡；第二、三天，我们发现鸡蛋壳在慢慢脱落，这时候液体也变得浑浊起来；第四、五天，蛋壳基本脱落完成，鸡蛋露出白色的卵壳膜；第六天，液体已经非常浑浊，但是鸡蛋却像重生一样，变得晶莹剔透，摸上去软软的，富有弹力。一周的实验，让孩子们直观地看到了鸡蛋在白醋中的变化。虽然实验时间有点长，但是孩子们兴趣

师幼观察实验

实验过程

不减，每天都会来观察。同时，在护蛋的过程中，我们还进行了立蛋、彩绘蛋的活动，丰富多样的活动，让整个探究课程充满了活力与趣味。

探究十：小鸡的孵化之旅

与此同时，我们的孵化之旅照常进行。一天早上，几个小朋友围着孵化箱七嘴八舌地讨论起来：

许雯哲："书上说第八天用手电筒照一下鸡蛋，会看到血丝的！"

陈雨萱："哇！真的有红红的血丝啊！小鸡活了！"

王靖硕："可是这个小鸡上为什么没有血丝啊！"

付凝齐："可能这个鸡蛋真的孵不出小鸡吧！"

到了第八天，通过手电筒照射，成活的蛋会出现血丝！这是孩子们第一次发现蛋的变化，他们一个个地检查，发现有几颗蛋面没有血丝，但是有些孩子依然不放弃，那么就让我们一起期待结果吧。

鸡宝宝出生了

小鸡终于出壳了！孩子们激动不已，开始了热烈讨论。

"小鸡是怎么出来的？"

"为什么只有一只小鸡出来啊？"

孩子们对小鸡怎么破壳非常感兴趣，壳到底是自己破的，还是被小鸡弄破的？老师用投屏的方式与大家进行了分享。

小鸡在吃米

幼儿在观察小鸡

探究十一：喂养之旅——吃什么

新生命总是能给我们带来喜悦，但同时也代表着责任。从此，我们和孩子们开启了喂养小鸡、小鹅的生活。首先面临的问题就难倒了大家：它们吃什么呢？

张妙玹："我知道！小鸡是吃米的！"

刘景方："小鸡那么小，能吃米吗？"

米粒："那它会不会喝奶啊？"

小鸡到底吃什么呢？孩子们讨论了一番，决定回家问问爸爸妈妈。

幼儿在喂小鸡　　　　　幼儿发现小鸡的鸡冠　　　　看望小鸡和小鹅

品蛋

探究十二：品蛋

在孵化蛋宝宝的过程中，孩子们发现有几枚蛋无法成功孵化，到底是什么原因造成呢？老师查阅了资料，原来孵蛋失败的原因有很多，其中最主要的是有的蛋并不是受精蛋，而是普通的蛋，那么这些普通蛋能用来做什么呢？当然是吃了！老师和孩子们共同阅读了绘本《鸡蛋花样多》，让他们回家后自己动手烹饪美食，做煎蛋、蛋饼、蛋花汤、蛋挞等食物。

探究十三：难忘的一天

"小六"是最小的一只鸡，因为突发意外死亡了，孩子们很难过，他们和小鸡告别。20天的悉心照料，"小六"已经成了他们的伙伴，但从另一个角度考虑，这也是一次可贵的生命教育契机。

难忘的一天　　　　　埋葬"小六"

探究十四：挖野菜

绘本《小黑鸡》中说，小鸡喜欢吃浆果、野菜、虫子等，这触发了孩子们寻找野菜和虫子的热情。周末，在公园里、马路边、小区绿化带中，孩子们都能发现不同的野菜和虫子。

探究十五：先有鸡还是先有蛋

"先有鸡还是先有蛋"是一个难题，这个话题由一个孩子提出，我们就对此展开了讨论，但仍然没有结果，我们决定让孩子们走出教室，问问其他人。

课程反思：

"你好，蛋宝宝"这一探究性课程虽已结束，但是，探究的过程在幼儿心里种下了一粒种子。正是因为有了幼儿的兴趣、家长的支持以及教师敏锐的课程意识，才有了如此丰富又饱满的活动。相信在这个过程中，幼儿所收获的、体验的快乐，他们爱探索、乐研究、善思考的品质，以及他们内心的善良、对生命的敬畏，会伴随他们一生。

（东营市实验幼儿园 / 杨芳　王雪雯　侯蓓蓓）

虫瘿春夏

课程缘起：

一天，孙舶涵带来了一个长满刺的、像花苞一样的东西，说这是天然刺梅果。因为从没见过，孩子们都很好奇，你一言我一语地开始了讨论，于是，课程随之展开。

孙舶涵带来的蔷薇虫瘿

课程目标：

（1）发现与解决问题：发现虫瘿世界的秘密，遇到问题积极想办法解决。

（2）思考与探究新知：乐于探索新知识，对陌生的事物具有好奇心，不断探究新的领域。

（3）设计并操作实验：能够按照猜想和同伴一起进行设计，收集所需工具和材料进行实验，获得并记录实验结果，能够较合理地解释实验结果并表征实验过程。

课程网络：

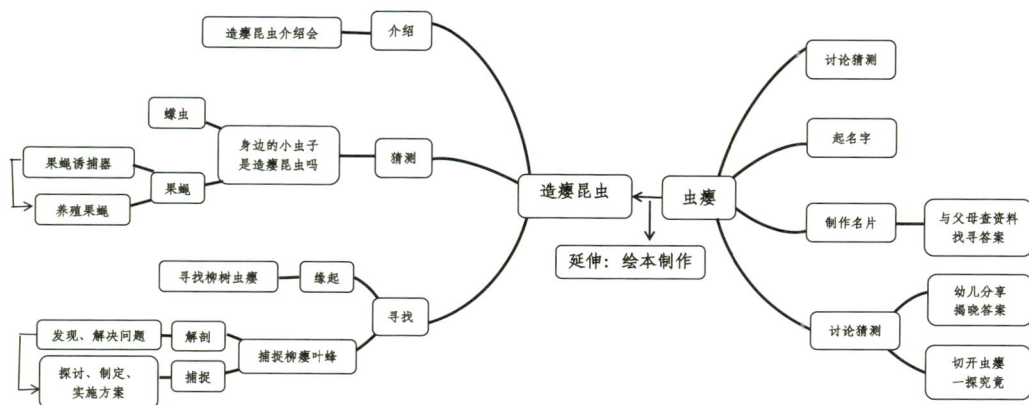

探究过程：

本课程分为两大篇章（虫瘿篇和造瘿昆虫篇）、四个探究点、一个课程延伸（绘本制作）。

虫瘿篇

探究：初遇虫瘿

1. 讨论猜测

孩子们根据它的颜色、形状展开了大胆猜测，这到底是什么？是花苞、果实、虫蛹，还是外来生物？

2. 起名字

在交流中，我们一直称它为"这个东西"，光凝小朋友说："咱不能管它叫'这个东西'。"书言小朋友说："它是天然生长的，我给它起名叫小天然。"漂漂说："它一面是粉色一面是白色，叫粉白吧。"永泽说："叫刺球吧，它身上有刺。"他们的解释得到了孩子们的认可。

3. 制作名片

孩子们还用绘画的方式为它们制作了名片，带回家和父母一起分享并查阅资料，找寻答案。

教师思考：

幼儿对未知的新物种表现出强烈的好奇心，天马行空的想法不断涌现，各种想象交织在一起，让我由衷地赞叹。我想把找寻真相的过程留给他们，让他们感受探究的乐趣。

4. 谜底揭晓

当天晚上，孩子们就迫不及待地在群里分享他们的发现。曹熙琳和妈妈在小区的蔷薇树叶上找到了一个，并解释说它们其实是虫瘿，切开后里面有小虫子，这个答案让大家很吃惊，因为没有小朋友猜到里面是虫子。舶涵妈妈意识到自己随口说的"天然刺梅果"是错误的，便专门查阅资料，在群里分享了视频。大家这才明白，虫瘿就是有些昆虫在树叶上产卵时，分泌出的化学物质刺激树叶后，形成的突起瘤状物。

第二天，孩子们一进教室就迫不及待地开始了分享："它不叫小天然，也不叫刺球、粉白，它叫虫瘿。"我装作不解与好奇的样子，他们又说："虫瘿就是小虫子生活的房子，是它的家。"我问道："噢，那房子里面住着什么样的虫子呢？"孩子们想了一下，便决定切开带来的蔷薇和榆树上的虫瘿看一下，孩子们用刀切开了蔷薇虫瘿，里面是小肉虫，而榆树虫瘿里面是小飞虫。

蔷薇虫瘿　　　　　　　　　　　　　　　　　榆树虫瘿

孩子们很兴奋："里面真的有虫子，这小肉虫长大后变成了小飞虫。"家齐说："小肉虫是宝宝，小飞虫是妈妈。"这下，孩子们又来了兴趣，"它的妈妈是什么昆虫呀？"有的说是蚜虫，有的说是七星瓢虫，那它的妈妈到底是谁呢？

教师思考：

虫瘿也是我的知识盲区，因为要给孩子们讲解，我便对虫瘿的资料进行了收集。因没有查到相关资料，我便认为榆树虫瘿里是小飞虫而蔷薇虫瘿里是小肉虫，是因为两种相同的虫瘿在不同时期有不同的生长形态。到课程后期，随着对虫瘿知识体系的不断完善，我才认识到是不同造瘿昆虫留下的不同虫瘿，发现问题后我及时为幼儿做了滞后科普。

造瘿昆虫篇

探究一：造瘿昆虫介绍会

带着这些问题，我们继续探索，走进了造瘿昆虫的世界。孩子们和爸爸妈妈一起查阅资料，第二天，我们开了造瘿昆虫介绍会。我们已经知道虫瘿是昆虫产卵形成的，也知道了形成虫瘿的昆虫就是它的妈妈——造瘿昆虫，同时我们也了

各个种类的造瘿昆虫

解了几大类造瘿昆虫，如蚜虫、象鼻虫、天牛。

探究二：猜测一下身边的小虫子是造瘿昆虫吗？

此时正值夏天，总是有各种各样的虫子飞来飞去，孩子们就情不自禁地想：这些小飞虫会是造瘿昆虫吗？

一天下午，一群孩子围着垃圾桶里还没扔掉的香蕉皮讨论了起来，原来是几只小虫子在里面飞来飞去。卓卓说："这些小虫子喜欢水果的味道，它叫果蝇，果蝇是造瘿昆虫吗？"经查阅资料得知，果蝇把卵产在水果上，没有形成虫瘿，并不是造瘿昆虫，是害虫。孩子们一致要求消灭它，并约定回家研究如何抓果蝇。

探究三：寻找虫瘿

（一）缘起——幼儿寻找柳树虫瘿

孩子们经常寻找虫瘿进行解剖观察，幼儿园里的柳树也成为孩子们寻找的目标。

（二）捕捉柳瘿叶蜂

1. 出现谜团

孩子们解剖柳树虫瘿后发现了三个谜团。

谜团一：黑色颗粒物是什么？

孩子们猜测是虫子尸体、虫宝宝、大便等。经查阅得知，这是幼虫的大便，同时也了解到其造瘿昆虫是柳瘿叶蜂。

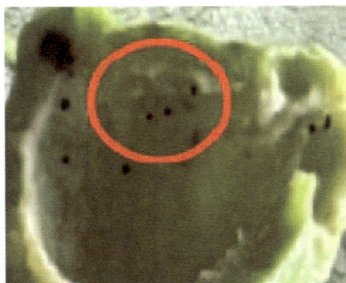

黑色颗粒物

谜团二：柳树虫瘿怎么没有小飞虫？

切开几个虫瘿后，焕然问道："为什么我带来的榆树虫瘿切开后有小飞虫，这些柳树虫瘿都是小白肉虫呢？"

课程进行到这里，我们推翻了之前"肉虫变成小飞虫"的观点。我重新翻阅了留存的照片，并查阅了相关资料，才明白这是三种不同的虫瘿，随后对幼儿进行了滞后科普。

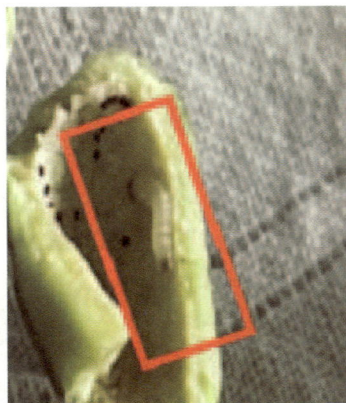

小白肉虫

　　榆树虫瘿里面是秋四脉棉蚜虫的干母虫，我手绘了生长图，向幼儿科普"成虫（有翅膀）生长在虫瘿里"的事实，解开了小飞虫的谜团。

　　蔷薇虫瘿里面是瘿蚊或瘿蜂的幼虫，柳树虫瘿里面是柳瘿叶蜂的幼虫，这两种都是老熟幼虫（肉虫）咬破虫瘿钻入泥土成蛹越冬，来年春天成虫才会破蛹飞出，所以虫瘿里面只有小肉虫而没有小飞虫。

榆树虫瘿　　　　　　　　　　　　　　　　　　　秋四脉棉蚜虫

谜团三：这是蛹吗？

　　锦墨小朋友说："刚才在柳树虫瘿里明明看到了蛹呀，怎么又在土里了呢？"但孩子们决定相信眼前事实。

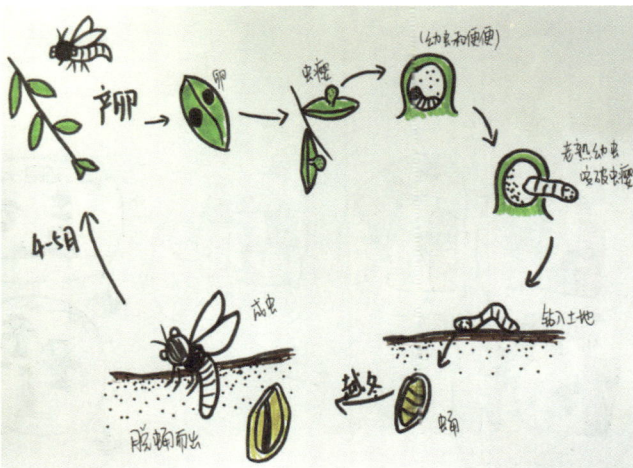

柳树虫瘿、柳瘿叶蜂　　　　　　　　　　　　　　柳瘿叶蜂生长规律图

2. 捕捉柳瘿叶蜂

（1）探讨捕捉办法。为了验证谜团三中自己的想法，凯文说："那我们可以把柳树虫瘿养起来，一直观察它，如果虫瘿里有小虫子飞出来，就证明蛹在虫瘿里。"于是，孩子们想着用网纱、塑料瓶等来抓住小虫子。

（2）制订捕捉计划。6名幼儿为一组讨论计划，其中1名幼儿负责绘制捕捉步骤图。其中两组采用网纱，另外两组选择塑料瓶。

（3）实施方案。孩子们把网纱和塑料瓶（用针戳上许多小洞）罩在有虫瘿的柳树叶上。不摘下虫瘿是为了保证其长期生长所需的氧气和养分；网纱的细密小孔和塑料瓶上的小洞，既可以保持透气，又能防止幼虫成长为成虫飞出。

捕捉网计划

捕捉瓶计划

教师思考：

虽然抓到小飞虫（柳瘿叶蜂的成虫）的可能性不大，但孩子们却可以通过实践验证自己的判断。孩子们的探索欲望是推动发现问题到分析猜测再到主动实验的根本动力，他们从中获得的能力便是课程的价值所在。

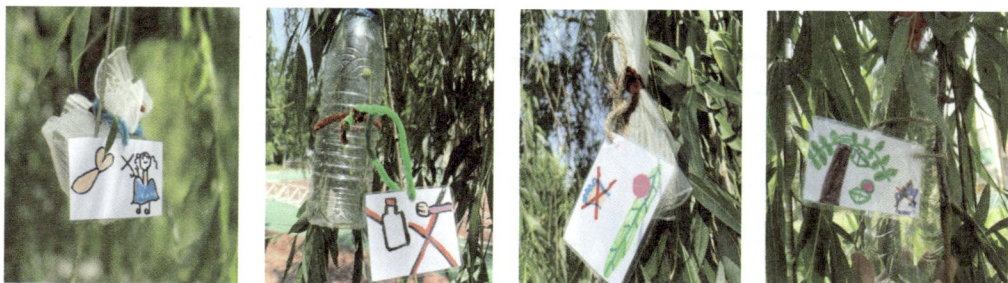

成功安装捕捉网和捕捉瓶

课程延伸：绘本制作（毕业留念）

这段时间，孩子们一直徜徉在虫瘿世界中，获得了新的体验，过程弥足珍贵，我们决定自制大绘本将它记录下来。妤桐说："他们与虫瘿的故事从春天一直持续到夏天，就叫《虫瘿春夏》吧。"绘本的设计与布局，每名幼儿都参与了。

毕业之际，这本自制绘本成了孩子们美好的毕业纪念，孩子们人手一册。等他们长大翻阅时，一定会记得那个曾经大胆探索未知世界的自己。

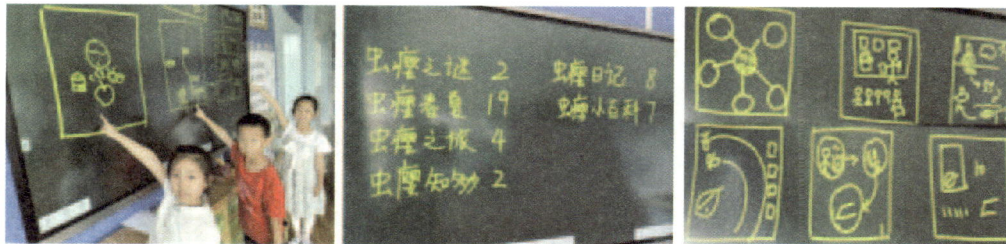

秋四脉棉蚜虫　　　　投票决定绘本名字　　　　页面设计手稿

课程反思：

在未知的虫瘿世界里，孩子们不断提出的问题让我应接不暇，这促使我紧跟他们的步伐，不断搜集资料；引导他们认真细致地观察，积极主动地思考，培养他们自主解决问题的能力；鼓励他们积极探索，对于自己的猜想进行讨论，并记录、实施、验证他们的想法。虫瘿对于孩子来说是未知的，对于我来说也是。孩子们对虫瘿的不断探索，让他们将零散的知识点梳理成完整的知识脉络，实现了知识积累。

孩子们拥有的勇于尝试和积极探索新鲜事物的品质，是他们宝贵的财富，将引领他们探索广阔的世界，拥有精彩的人生。

（东营市实验幼儿园 / 刘梦琪）

桑蚕丝语

课程缘起：

这是一个关于生命的故事，也是一个关于成长的故事。钰钰小朋友带来的一盒蚕卵开启了孩子们与蚕宝宝的故事。从卵到蚕，从蚕到蛹，从蛹到蛾，蚕的一生虽然短暂，但生命的力量让人感叹，孩子们与蚕成为亲密的伙伴，在认识蚕、照顾蚕、养育蚕到抽丝剥茧制作蚕丝扇的亲身体验中建立正确的认知，在科学观察中感受大自然的奥秘，更加深刻地感悟生命的意义。

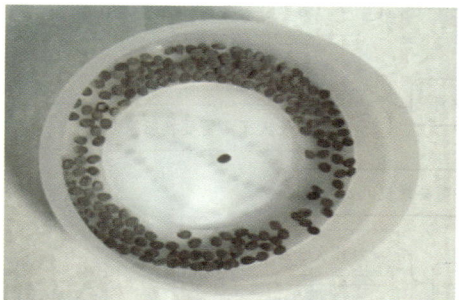

用放大镜观察蚕卵

课程目标：

（1）引导幼儿在直接感知、实际操作中了解蚕的生长变化过程、不同阶段的外形特征以及生活习性。

（2）激发幼儿的探究兴趣，提高观察能力，加强观察的目的性。引导幼儿专注地观察，并能用图画等方式进行记录，能用恰当的语言描述不同阶段的蚕的外形特征。

（3）引导幼儿用语言和身体动作清晰地表现自己的观察结果，体验饲养动物的快乐，激发幼儿热爱生命、敬畏生命、热爱自然的情感。

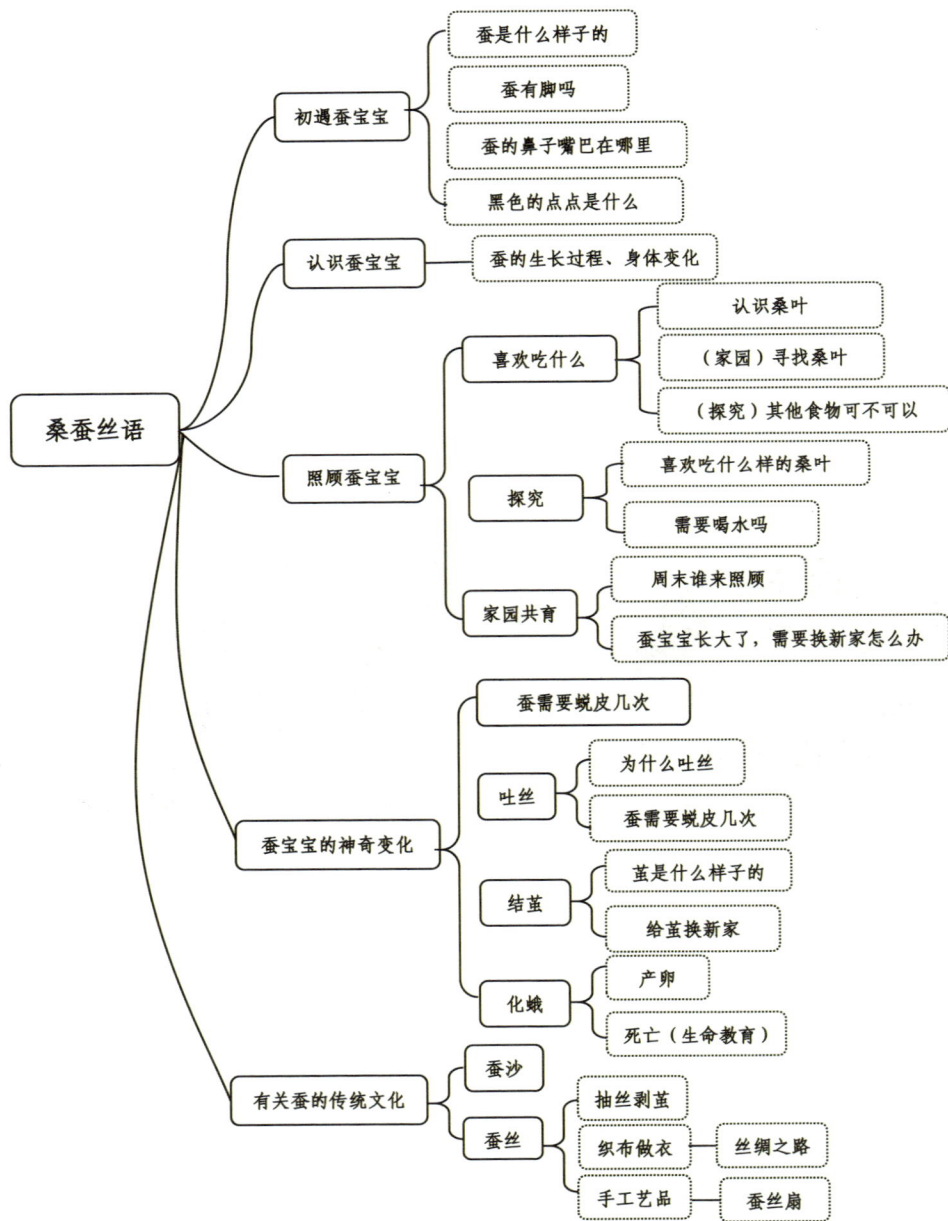

课程网络：

```
                              ┌── 蚕是什么样子的
                              │
                              ├── 蚕有脚吗
                   初遇蚕宝宝 ─┤
                              ├── 蚕的鼻子嘴巴在哪里
                              │
                              └── 黑色的点点是什么

                   认识蚕宝宝 ──── 蚕的生长过程、身体变化

                                           ┌── 认识桑叶
                                           │
                              喜欢吃什么 ──┤── （家园）寻找桑叶
                              │            │
                              │            └── （探究）其他食物可不可以
                              │
                   照顾蚕宝宝 ─┤ 探究 ──┬── 喜欢吃什么样的桑叶
                              │        │
                              │        └── 需要喝水吗
                              │
                              └ 家园共育 ──┬── 周末谁来照顾
                                          │
桑蚕丝语 ─┤                               └── 蚕宝宝长大了，需要换新家怎么办

                                  ┌── 蚕需要蜕皮几次
                                  │
                                  │          ┌── 为什么吐丝
                                  │ 吐丝 ────┤
                                  │          └── 蚕需要蜕皮几次
                                  │
                   蚕宝宝的神奇变化 ┤ 结茧 ────┬── 茧是什么样子的
                                  │          │
                                  │          └── 给茧换新家
                                  │
                                  └ 化蛾 ────┬── 产卵
                                            │
                                            └── 死亡（生命教育）

                              ┌ 蚕沙
                   有关蚕的传统文化 ┤          ┌── 抽丝剥茧
                              └ 蚕丝 ────┼── 织布做衣 ──── 丝绸之路
                                        │
                                        └── 手工艺品 ──── 蚕丝扇
```

探究过程：

初探生命

一、初遇蚕宝宝

1. 蚕卵孵化

钰钰小朋友带来的一盒蚕卵引起了孩子们的高度关注。小小的蚕卵被桑叶包裹着，孩子们把它轻轻地倒在新家里，开启了蚕卵孵化行动。

第三天，几只又小又黑的蚕爬出了卵壳。孩子们兴奋不已，奇妙的养蚕之旅正式开启。

2. 养蚕初体验

孩子们每天拿着放大镜观察并激烈讨论。关

蚕卵孵化成功

于蚕的疑问也越来越多，教师和孩子们一起查阅资料了解相关知识，并发放调查表，和爸爸妈妈一起探寻关于蚕的秘密。

一起观察刚出生的蚕

二、认识蚕宝宝

1. 蚕的身体结构

教师带领幼儿共读《蚕宝宝》绘本，了解了蚕的身体分为头、胸、腹三部分。

2. 请教养蚕高手

虽然孩子们每天更换新的桑叶，但由于经验不足，还是出现了好多蚁蚕死亡的情况，养过蚕的佳敏妈妈提供了专业的指导。通过家长进课堂，让家长为孩子们答疑解惑，丰富了孩子们的养蚕知识。

3. 蚕的生长过程

经过精心照顾，死掉的蚁蚕渐渐减少，蚕宝宝还拉出黑色的"点点"，身体也长大了许多，颜色开始变浅。然而，好多蚁蚕不吃不动，孩子们担心起来。教师带领孩子们通过绘本和科普视频寻找答案：原来蚕一动不动是在积蓄力量，准备蜕皮，这个过程称为"眠"。蚕一生要经历几次蜕皮呢？"四次"，锐泽脱口而出。是的，蚕每次蜕皮的时间是 1~2 天。蜕皮一次就增加一龄，身体也会长大一圈，颜色更白。

正在蜕皮的蚕宝宝

蚕宝宝蜕下的皮

第四次蜕皮后，变成五龄蚕，一周后停止进食，准备吐丝。蚕结茧后在蚕茧里慢慢变成蛹，羽化成蛾，破茧而出，孕育新的生命。

原来蚕一生要经历"卵—蚁蚕—幼蚕—蜕皮—吐丝—蚕茧—蚕蛹—蚕蛾"的过程。

探秘生命

1. 蚕喜欢吃什么

孩子们根据猜想，尝试给蚕喂食了饼干、糖果等食物，发现蚕都不喜欢吃。原来，蚕最喜欢吃桑叶，但也吃生菜叶、榆树叶和莴苣叶。随着喂养水平的提高，新的问题又来了：蚕需要喝水吗？孩子们和家人进行了"蚕宝宝生活习性大调查"，发现了更多蚕的秘密，知道了蚕是不需要喝水的，桑叶中就有足够的水分。

2. 认识桑叶

桑叶是什么样子的呢？

第一次寻找桑叶

第一次寻找桑叶。孩子们见到类似的叶子就说是桑叶，转了一圈后毫无收获。回到教室后我们对现有的桑叶进行了细致的观察，还通过科普视频进行了深入了解。

第二次寻找桑叶。为了提高效率，我们提前探讨快速找到桑叶的办法。思彤说："我们拿着班里的桑叶出去和别的叶子比一比就知道了。"孩子们都觉得这个办法不错，于是提着篮子出发了。孩子们利用实物进行现场比对，自主建构关于桑叶特点的经验。终于，在幼儿园西门处发现了大桑树，可桑树太高，孩子们只能采到一点儿桑叶。于是，孩子们转战到有较矮桑树的青青草坡，宥宥说："老师，这里一定是桑叶，你看上面还有小桑葚呢。"回到教室，大家细心地挑选鲜嫩的叶片清洗干净，再用餐巾纸把叶片上的水擦拭干净。

经过对比，终于找到了桑叶

3. 家园共育——亲子共寻桑叶

桑叶告急，我们请家长带着孩子利用周末时间一起到野外寻找桑叶。

喂养过程中，孩子们主动收集蚕咬过的桑叶，请老师帮忙压膜，做成书签。

4. 家园共育——周末谁来照顾蚕宝宝？

经过一番讨论，孩子们一致决定周末期间轮流照顾蚕宝宝。这样不仅能保证蚕吃到新鲜桑叶，还能随时观察。于是，我们在班级群中开启了周末领养计划，孩子们积极报名，坚持每天写喂养日记。

观察、制作桑叶书签

周末领养蚕宝宝回家

感悟生命

一、蚕生病了

瑾怡带回来的蚕，有几只不怎么吃桑叶，身体发黑，吐黄水，软绵绵的，也少了光泽，尾角也倒下来了。看着不吃不喝的蚕宝宝，大家心疼不已，蚕宝宝生病了该怎么办？

观察、制作桑叶书签

王子说："把它和其他蚕宝宝分开，会传染。"

思彤说："可以给蚕用红霉素胶囊。"

根据孩子的办法，第二天有两只蚕恢复了生机。

抓住契机，开展生命教育

二、生命教育——死亡

还是有几只蚕死了，孩子们很伤心，决定埋葬它们。于是，孩子们利用放学时间在幼儿园西门的大桑树下埋葬蚕宝宝，彤彤用太空泥做了墓碑，用石头做好标记。通过蚕的死亡，孩子们对生命有了更深刻的认识。

抓住这一教育契机，我们通过绘本《一片叶子落下来》《小鸟的葬礼》对孩子们开展生命教育。

三、给蚕换新家

之后，孩子们对蚕宝宝的照顾更用心了。可蚕长大了，地方太小怎么办？孩子们带来了分格的大纸盒，小心翼翼地把蚕放进铺好桑叶的纸盒。

四、蚕的神奇变化

1. 给蚕量身高

把蚕放在纸上，开始给蚕测量身高，但蚕的身体总是扭动，不配合，这给测量带来了难度。于是，孩子们采用了用绳子给蚕比长短，再测量绳子长度的方法。

用尺子测量蚕宝宝的身长

2. 蚕吐丝啦

什么时候才能吐丝？需要做哪些准备？什么样的环境适合结茧？孩子们的问题一个接一个，教师没有直接回答，而是把问题又抛给了他们。

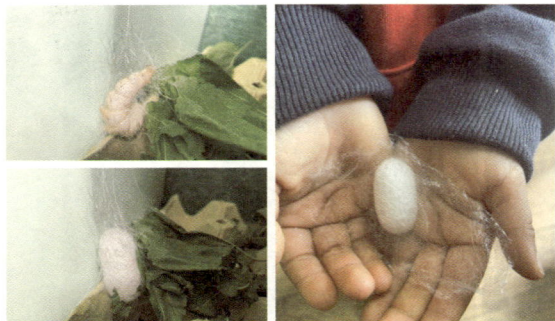

用尺子测量蚕宝宝的身长

成为五龄蚕大约一周后，蚕会停止进食，当它高昂着头，缓慢摆动，就是在开始筹划"盖房子"了。搬家大工程又开始了，通过投票，大家决定先试试蛋托和方格子。

一天，做完操回到教室，伴随

着一阵惊呼声，我们发现蚕吐丝啦！只见蚕在蚕托与墙壁之间摇头晃脑以"S"形上下起伏，嘴里吐出长长的丝，正在认认真真地织造房子。接着，又有3只蚕相继吐丝结茧。经过一晚上的录制，我们成功捕捉到蚕吐丝结茧的全过程，孩子们欣喜地捧着蚕茧，抚摸着蚕丝，纷纷感叹蚕丝的柔软，更加期待蚕蛾的破茧而出。

接着，到了五一假期，我们又开启了领养计划。放假归来，大家看到的已经不是吃桑叶爬行的胖蚕了，而是蚕茧，有黄的、粉的、金的、白的，孩子们惊叹不已。

康康好奇地问："老师，蚕宝宝吐的蚕丝有什么用呀？"借比契机，我们一起探索学习，了解到蚕丝可以制作蚕丝被、蚕丝扇，还有各种色彩鲜艳的丝织品服装等，并且知道了中国是生产丝绸最早的国家。

3. 蚕茧为什么会有不同颜色

蚕都是吃一样的桑叶，为什么蚕茧会有不同颜色呢？通过查阅资料了解到，这是蚕自然吐出的彩色茧，是由它的基因所决定的。

彩色蚕茧

这时，孩子们发现，有一个蚕茧又小又薄，蚕还没造好房子就死亡了，究竟是怎么回事？在排除了蚕吃了湿桑叶等原因后，孩子们了解到蚕的死亡还和环境、温度等因素有关。

蚕茧里面的蚕是什么样子的呢？于是我们剪开一个蚕茧进行探秘。关于蚕破茧，教师没有直接告诉孩子答案，而是引导他们每天坚持观察，因为最好的答案来自观察和发现。

剪开蚕茧，观察蚕蛹

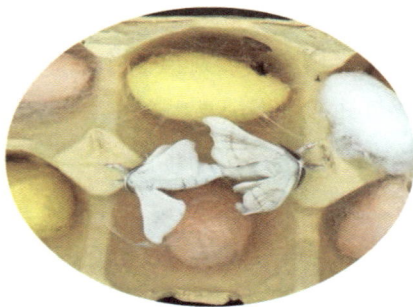

破茧成蛾

4. 破茧成蛾

一段时间后，孩子们发现蚕茧上出现了褐色的液体，接着三只蚕蛾陆续破茧而出，原来蚕刚变成蚕刚蛾时是不会飞的。

元宝说："老师，老师，快看，这两只蚕蛾粘在一起了。"

钰钰说："它们是在结婚吗？"

蚕蛾真的产卵了，孩子们都在感叹生命的神奇，但又对蚕蛾的死亡感到遗憾。

抽丝剥茧成功

感恩生命

一、蚕丝密语

1. 尝试抽丝（缫丝）

我们尝试将剪开的蚕茧放在沸水中煮开，进行抽丝。然而，每次抽出丝就断掉了，这无疑是失败的实验。"会不会是因为我们用的是剪开的蚕茧呢？"这一声音引起了共鸣。于是，我们跟着网上视频教程进行第二次实验，这次真的成功了！

和妈妈们一起制作蚕丝扇

2. 手工艺品

（1）蚕丝画扇。老师和孩子们一起见证了蚕茧抽丝的过程，意犹未尽。于是，我们开展了母亲节亲子手工活动——制作蚕丝扇。孩子们把抽丝的办法教给妈妈，并开始制作蚕丝画扇。

（2）制作蚕茧花。老师无意间用剪刀把蚕茧壳剪成几瓣，好像花瓣呀！孩子们一起加入蚕茧分层的行动，用热熔胶将蚕茧花瓣粘在一起，漂亮的蚕茧花就做成了！

美丽的蚕丝扇

二、中国的桑蚕文化

1. 织布做衣（丝绸之路）

蚕丝还可以做什么？讨论中，康康说："可以制作衣服和蚕丝被。"中国是世界上最早发明养蚕缫丝的国家。借此机会，老师带领小朋友们一起了解了"丝绸之路"的相关知识。

2. 蚕沙妙用

蚕沙，始载于《名医别录》，为蚕的干燥粪便。

（1）中药。蚕沙可以入中药治病。

（2）做枕头。我们

收集蚕沙

把收集的蚕沙进行暴晒、除杂，孩子们动手体验用蚕沙做枕头的乐趣，拥有了独一无二的蚕沙枕头。

3. 古诗欣赏

蚕的一生是伟大而无私的。通过学习关于蚕的古诗词，孩子们在传统文化中感受到了蚕的奉献精神和巨大力量。

课程反思：

1. 顺应兴趣，彰显教师的作用

在整个养蚕的过程中，教师顺应幼儿兴趣，支持幼儿自主探索与长期观察，鼓励幼儿大胆提出问题，无条件地支持幼儿的所有想法，给予幼儿自主探究和验证猜想的机会。孩子们也在亲身体验、观察探索、思考猜测、实践操作中感知生命、探秘生命。

2. 知行合一，促使深度学习的发生

活动中，幼儿表现出对生命的呵护与浓厚兴趣，在关心和照顾蚕宝宝的过程中更激发了幼儿的爱心和责任心。幼儿从零基础的养蚕"小白"变成养蚕小能手，在这一过程中勇于探索未知，主动刨根问底，将摆在眼前的问题和困难一一解决，既增加了解决问题的经验，又促进了深度学习。而抽丝的经历更让幼儿感受到生命的伟大，深刻理解了无私奉献的精神。

3. 家园共育，为课程实施提质增效

课程来源于幼儿，同时也回归幼儿。我们与家长一起共同保护幼儿的好奇心，

充分利用家长资源和教学活动帮助幼儿丰富前期经验。家长也积极参与其中，不但提供了良好的资源支持，也看见了孩子的成长，为课程的实施起到良好的助推作用。

一织丝绵酬人间，一生衍延续尘烟。唤醒天性、尊重生命、热爱生活，这次活动让幼儿踏上了真正的自然生态健康之旅。孩子们陪伴了蚕宝宝成长，体验了生命的变化与美好，相信这段养蚕的经历、这个养蚕的故事一定会深深印刻在幼儿的脑海里。

（东营市实验幼儿园 / 岳超　孙嫣然　王真真）

天牛之旅

课程缘起：

5月底，正是天牛羽化为成虫的时节，森林乐园里一片绿意盎然，孩子们推开教室的后门走进大自然。一天，奕晨用手盖住一个小竹筒神秘分兮地凑到我身边，我凑近一看，一筒的天牛着实吓了我一跳，奕晨见状更加得意，一股脑儿倒在脚下向我展示。就这样，一堆天牛瞬间吸引了孩子们。

孩子们被天牛吸引

课程目标：

（1）乐于探索与发现：幼儿乐于观察、发现昆虫的外形特征，有进一步探索的欲望，遇到问题尝试自己解决。

（2）善于思考与表达：善于根据观察，结合生活经验进行思考，培养幼儿的观察力、科学思维和动手能力，加深幼儿对昆虫的理解。

（3）敢质疑、好创造：通过问题情境，善于提出不同的想法并坚持和探究，使幼儿有初步的想象力和作品表达力。

课程网络：

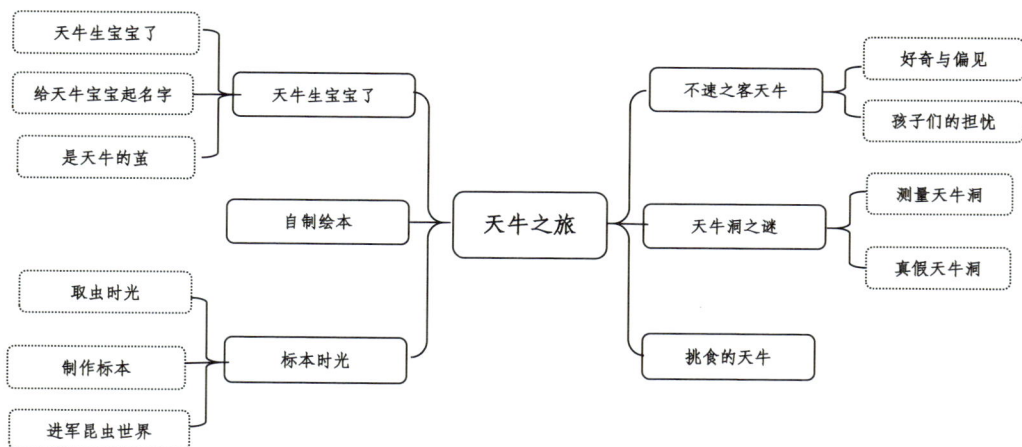

探究过程：

探究一：不速之客——天牛

1. 好奇与偏见

"啊，这么多虫子！"

"它会吃我们！"

"天呢，是黑牛！"

"不是黑牛！是天牛！"

"它有剧毒！"

"千万不要摸，它会吃了我们的！"

"它有毒，摸了就会死！"

"它能把我们一口吃掉！"

孩子们围在一起，异常兴奋：有的恐惧，有的尖叫，有的跃跃欲试，有的张望，更有的奔走相告。从孩子们的对话中可以看出，他们对天牛的认知非常模糊，更多的是面对体型较大又陌生的昆虫时所流露出的自然防御和偏见。对于天牛有没有毒和触角的问题，孩子们展开了讨论，教师选择用"示弱"的方式引导孩子们掌握获取正确信息的途径。第二天，孩子们分享了各自查阅的资料。原来天牛本身没有毒；但是它的唾液有毒，它的触角非常灵活，触角的长度往往能超过自己的身体，是感受器。

2. 孩子们的担忧

这下孩子们又开始担忧："如果吃了被天牛咬的树结出的果子，我们会死吗？"简单直观的推理让孩子们忧心忡忡，此时他们的感性认知并不足以支撑他们做出判断。

教师思考：

幼儿的情感丰富，他们与昆虫之间有着天然的亲近感。千变万化的昆虫世界总能引起他们的注意，当好奇与探索的氛围逐渐增强，幼儿表现出强烈的探究欲望。教师把幼儿零散的、认识模糊的问题进行整理提升，鼓励幼儿在生活经验的基础上提出关于天牛的问题，在讨论中将个别幼儿未获得的知识转化成所有幼儿的关

幼儿在生活中寻找虫洞

注点，生发出他们可以共同参与探究的问题，由此吸引更多幼儿参与到关于天牛的话题讨论中。

教师选择用"示弱"的方式引导，让幼儿的探索欲望更加强烈，掌握从正确的途径获取信息的能力。同时，将小任务延伸到家庭生活中，使家庭与幼儿园之间构建起一座桥梁，产生了很好的效果。家长的加入，大大丰富了幼儿关于天牛的经验和认知。

探究二：天牛洞之谜

探索天牛的热度持续增加，找天牛变成了孩子们最感兴趣的事，他们竟然收集了 18 只天牛，还发现了一个天牛洞。

1. 测量天牛洞

孩子们喜出望外，他们太好奇了。天牛洞有多深？里面还有什么？他们找来了各种工具试探。就这样，他们还掌握了自然测量的方法。经过测量，这个天牛洞竟然深 8 厘米，和孩子们的小手一样长。回到教室后，孩子们分享了自己的发现，这下引起了全班孩子的关注。孩子们都迫切地想知道关于天牛洞的更多秘密，并下决心要找到更多的天牛洞，于是各种有趣的寻找方式和标记策略应运而生。

2. 真假天牛洞

当孩子们走进大自然时却发现，原来树上有许多形形色色的树洞，到底哪些才是真正的天牛洞？这一状况也超出了教师的预料，于是我们根据问题展开讨论。观察和比较是孩子们熟悉和擅长

幼儿在生活中寻找虫洞

的，针对这个问题，他们最终讨论出天牛洞的三条标准：洞口光滑，呈圆形，洞较深。

我自己的孩子每天也会追问我班里的新发现，这正好让我有机会复盘。有一天放学后，她一脸神气地炫耀她发现的"天牛洞"，可我看到后意识到，这是木板路上的抓手。周一，我将这个抓手的照片与天牛洞的照片混在一起播放，孩子们发现异样后到现场查看，懂得了原来看似完美的三条标准并不通用，有一个前提是必须在树干上。孩子们自然意识到了科学的严谨性，也由此牵出了对天牛洞形成于幼虫时期这一新问题的探究。

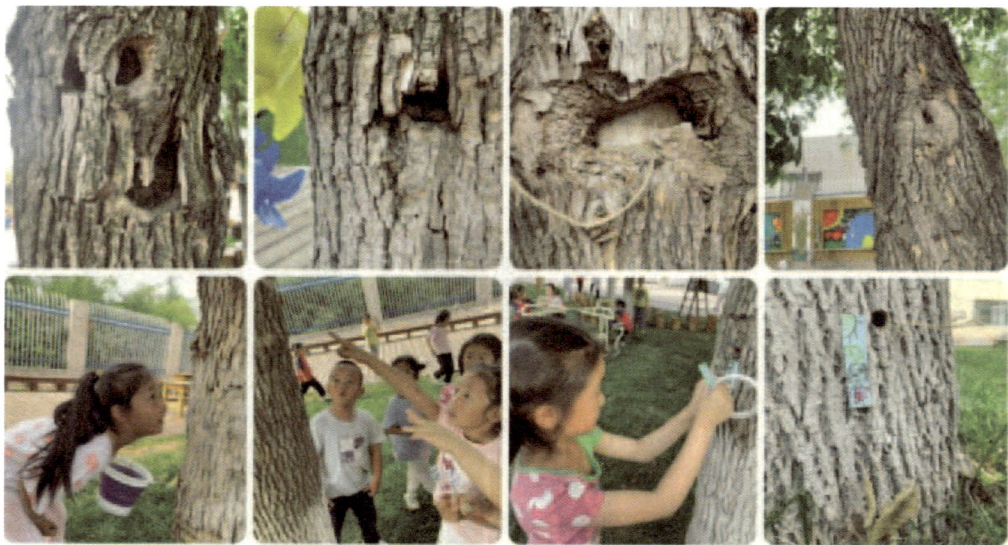

幼儿辨别真假天牛洞

探究三：挑食的天牛

区域轮换后，孩子们发现幼儿园有各种各样的树，但只有白蜡树上有天牛洞。孩子们判断天牛非常挑食，只吃自己喜欢的树，事实果真如此吗？于是，我建议孩子们去幼儿园以外的地方找一找。原来，桃树常受到红颈天牛的侵害，梧桐树常受到星天牛的侵害，而我们幼儿园是云斑白条天牛，这下孩子们的注意力又转移到对天牛种类这一个问题的探究上。

探究四：天牛宝宝之谜

1. 天牛生宝宝了

一天早上，孩子们发现饲养盒里竟然多了两只白色肉虫，孩子们本能地认为天牛生宝宝了，整个教室洋溢着兴奋的欢呼声。与此同时，孩子们发现两只成虫天牛已经死去，当沫沫说出想把它们埋葬的想法时，孩子们都一致赞同。正值毕业季，他们出门遇到了摄影师叔叔，便炫耀起天牛宝宝。摄影师一看震惊了，说："这是蛆虫！"并提醒："天牛死了后不扔就会生蛆虫。"突如其来的否定让孩子们异常生气，他们与摄影师展开了辩论。寡不敌众的摄影师无助地望向我，其实我心中也有同样的疑惑，那两只白色肉虫到底是什么？

饲养盒惊现小肉虫

教师思考：

刚刚孵化的小虫不好分辨，面对是不是天牛幼虫这一问题，孩子们坚信自己的想法，到目前为止，我也无从考证这到底是不是两只天牛的幼虫。此时，我更愿意遵循孩子们的想法相信这就是天牛幼虫。因为孩子们发自内心地对新生命的爱意和想要饲养的决心，让我看到了他们对生命的尊重，我想这也是幼儿园生态健康课程一直坚持的理念。

2. 给天牛宝宝起名字

当我还在纠结这到底是谁的幼虫时，孩子们已经开始对起名字感兴趣了。每个孩子都希望自己的想法被认可，于是他们提议投票。前两次投票结束后，落选的孩子分别以没做好准备和三局两胜为由，央求我再来最后一次，看来每个孩子都对自己起的名字特别重视。投票一波三折，最终达成共识，孩子们从中学会了表达不同意见的方法和协商的策略，强化了社会交往规则。

3. 是天牛的茧吗

下午，孩子们在大树边发现了一堆木屑，推断这棵树上肯定有幼虫天牛。看来，孩子们对昆虫的发育已经有所了解，但对"蛹"这些关键环节知之甚少，此时需要对孩子们进行适时科普。

教师思考：

教师对孩子们的科普经常是滞后的，就像孩子们得知天牛和蝉蜕是中药材时一脸的不可置信："天牛不是唾液有毒吗？怎么能成药呢？""天牛的哪个位置被做成中药呀？""人们直接吃天牛么？"孩子们的问题接踵而来。这时，挑选正确的、贴近生活的、能举例说明的科普知识才是适合幼儿的项目生长点。

探究五：自制绘本

幼儿园一年一度的乐善阅读活动在颁奖典礼中落下帷幕，孩子们开心之余，自发制作起关于天牛的绘本。活动的初心在这一刻得到完美的诠释，也让原本单一的科学探究活动有了更多的延展空间和更多的价值。

暑假如期而至，我时常收到来自家长的互动反馈。畅畅妈妈惊喜地说："'天

为天牛宝宝征名

牛之旅'为孩子的成长打开了一条路，培养了一种成长模式，开启了孩子们的科学探索之路。"

探究六：标本时光

1. 取虫行动

有一天，孩子们意外发现树上有个神秘的洞，都非常纳闷，到底是谁在里面呀？为什么在里面呢？到底是在冬眠还是故意藏在里面呢？孩子们展开了无限想象，表现出强烈的探索欲望。他们把取虫方案都设计好了，取虫行动迫在眉睫。行动按照计划顺利进行，孩子们果真找到了一只天牛。面对支离破碎的天牛，孩子们提议做成标本，我趁机让孩子们了解了针插标本和液浸标本的做法。

2. 制作标本

网购的材料到了，研究好各种材料的配比标准后，孩子们开始制作，可组装好的天牛在滴胶中四散开来，用小镊子戳下去，又浮起来，继续倒滴胶也无济于事，于是我趁机开展了沉浮实验，让孩子们了解其中的缘由。标本顺利脱模后，孩子们兴趣不减，更燃起了雄心壮志——要做 100 个昆虫标本。于是，放学路上、游玩路上，都有孩子们寻找昆虫的身影。

3. 进军昆虫世界

这之后的每天早上，我都会收到孩子们带来的各种昆虫，他们一会儿变成好奇宝宝，对昆虫的假死现象追问个不停；一会儿又化身小侦探，通过掉落的桑果叶成功地在众多树叶中找到蚕宝宝的食物；一会儿又变身小律师，各执一词，辩论不休。但无论是什么内容，我都会认真聆听并予以欣赏和肯定。

课程反思：

在以昆虫为主题的项目探究中，教师根据幼儿的兴趣，注重儿童本位，在潜移默化中减缓幼小衔接的坡度。

（1）在兴趣的驱动下，幼儿运用观察比较、实践操作、研判规划来验证猜想，展现出乐学向上、好问敢做的探究性学习品质。

（2）教师的实时反馈也让家长看到了真实情境中幼儿的深度学习，缓解了家长的入学焦虑。

制作昆虫标本

现在，孩子们已经制作了 7 个标本。未来，他们还会发现什么有趣的问题，我也很期待。我相信，孩子们会跟着问题成长，未来可期。

（东营市实验幼儿园 / 房艳霞）

上幼儿园的芦丁鸡

课程缘起：

在"女神节"护蛋行动中，孩子们体会了当爸爸妈妈的感觉，每个孩子都带来了一个生鸡蛋，并且小心翼翼地包装起来。他们的包装材料可谓五花八门，有纸杯、棉花、纸盒、塑料袋、卫生纸、小包和方便面袋子。

无论吃饭、睡觉、做操还是户外游戏，孩子们都会带着自己的蛋宝宝。有的孩子在户外游戏时不敢做大幅度的动作，守护着自己的蛋宝宝，生怕蛋宝宝摔碎。尽管他们尽全力保护着自己的蛋宝宝，但是有的蛋宝宝还是碎了。

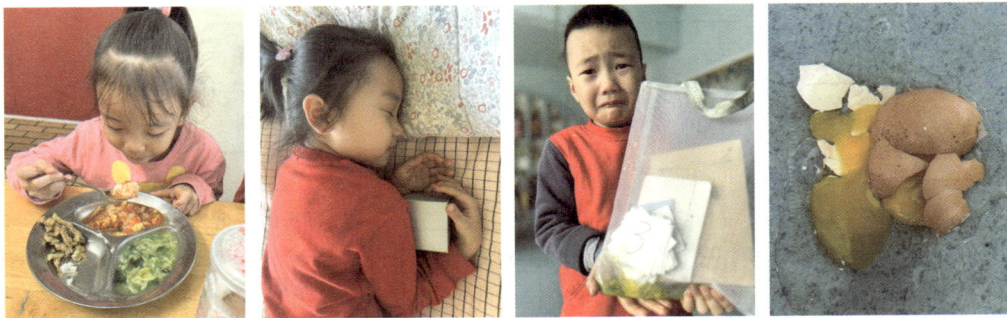

护蛋行动

家长们的支持、孩子们对小鸡破壳的好奇心以及刨根问底的态度，让我们更加觉得这个课程具有深入探究的意义。于是，教师根据探究性课程的三维目标，从乐于探索与发现、善于思考与表达、敢质疑好创造的角度制定了三个课程目标，并且预设了涵盖五大领域的多个活动。

课程目标：

（1）乐于探索与发现：幼儿乐于观察、发现芦丁鸡的外形特征和生活习惯，有进一步探索芦丁鸡的欲望，遇到问题尝试自己解决。

（2）善于思考与表达：幼儿善于根据观察结果，结合生活经验进行思考，感知生命的奇妙。同时，幼儿能够运用多元表征符号，系统地记录孵化和饲养芦丁鸡的过程每个阶段的想法。

（3）敢质疑好创造：针对问题，幼儿善于提出不同的想法，并能坚持和证明自己，有初步的想象力和作品表达力。

课程网络：

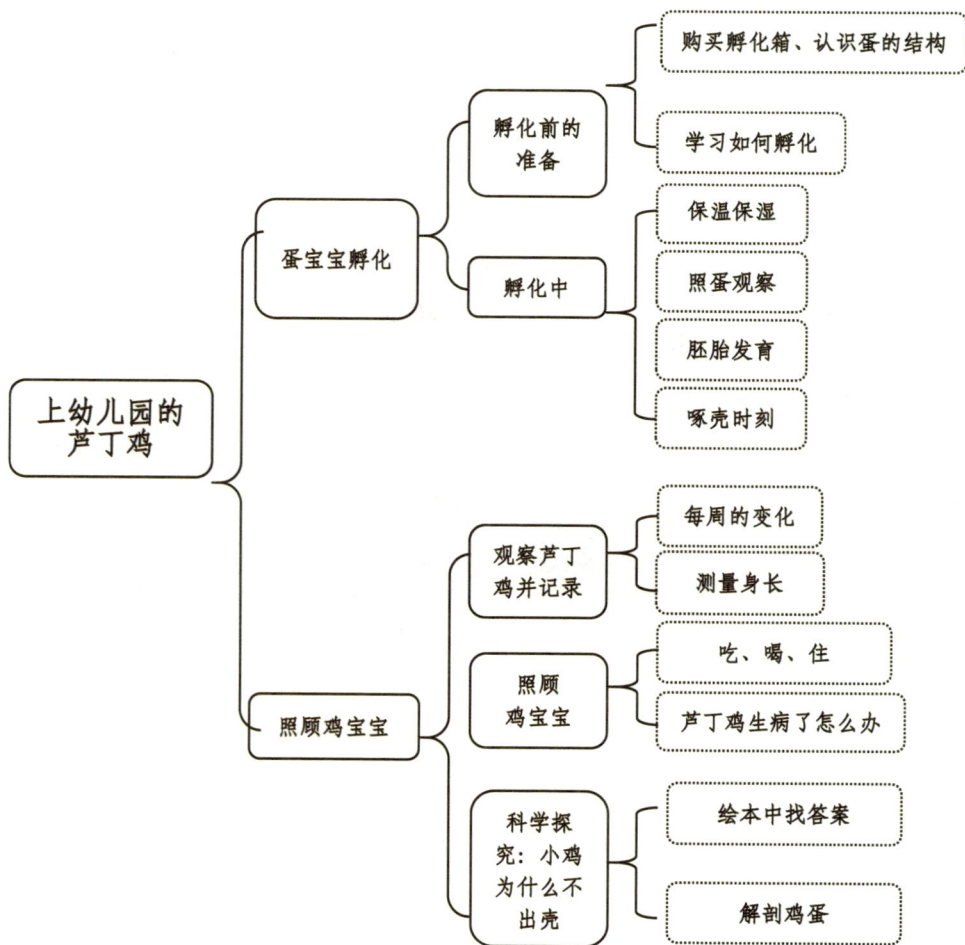

探究过程：

家长为孩子们购买了 14 个芦丁鸡蛋。老师和孩子们都是初次见芦丁鸡蛋，小巧的芦丁鸡蛋竟然比鹌鹑蛋还小，孩子们看着这些鸡蛋，想象着小鸡破壳而出的样子。

1. 孵化芦丁鸡

什么是芦丁鸡？芦丁鸡是斑翅山鹑和蓝胸鹌鹑经过多年杂交而成的一种体形更小的鹌鹑，也叫迷你鸡，是世界上最小的鸡。它既会飞，又会产蛋，性格胆小，因其体内含有一种叫芦丁的物质而得名。

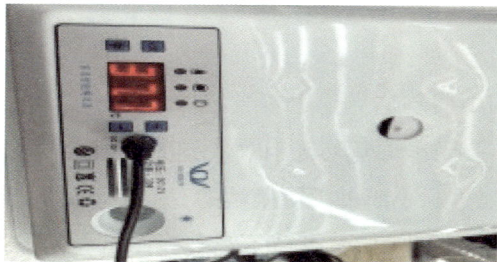

孵化芦丁鸡

孵化芦丁鸡

3 月 13 日，孩子们将一个个芦丁鸡蛋写上编号，小心翼翼放入孵化箱。通过查找资料，我们了解到适合芦丁鸡孵化的温度是 37.8℃，孵化时间为 16~18 天，孩子们每天都在孵化箱旁边的小孔中为蛋宝宝们注入新鲜的水，维持稳定的湿度。

孩子们每天翻蛋，希望"蛋宝宝"可以长得更快一些。由于蛋壳太厚，即使蒙上被子照蛋，孩子们也不能看到蛋宝宝里面的样子。于是，我们使用了更专业的照蛋器，但还是观察不到。十几天过去了，蛋宝宝静静地躺在孵化箱里，一点动静都没有。

2. 初见鸡宝宝

几天后的晚饭时间，随着一声清脆的鸣叫，第一只芦丁鸡破壳而出，还有一只芦丁鸡的蛋壳也裂开了一条缝，而且可以听到里面小鸡的叫声。老师们激动不已，赶紧拿出手机拍视频，期待着小鸡的破壳，更加期待孩子们看到小鸡破壳时的反应。

孩子们吃完饭回到教室，纷纷过来围观，老师们让孩子们轮流上前近距离观看，

芦丁鸡破壳而出

希望新生命的降生能激发他们的探究欲望。

在当天回家后的口述日记中，李雨桐小朋友这样说道："经过好多天的等待，我们班的芦丁鸡出生了。它们出生以后，蛋壳里面竟然还有血，这是为什么呢？不过这只小鸡可比前两天的那只幸运多了。这只小鸡的毛湿漉漉的，黑黑黄黄的。"

第二只出生的芦丁鸡是黄色的，为了能让孩子们看到芦丁鸡破壳而出的样子，韩老师从下午 4：40 等到了 5：40，终于拍摄到小鸡出生的全过程。第二天再来到幼儿园时，发现又有三只小鸡出生了，还有一只正在努力啄壳，而昨天出生的小鸡竟然可以行走了。由于小鸡非常怕冷，我们必须让它们住在孵化箱里。赵老师向孩子们科普："小鸡的叫声更能激发还没出生的小鸡破壳而出的欲望。"于是孩子们在蛋壳上面喷水，软化蛋壳，以便小鸡破壳。

为芦丁鸡宝宝建造新家

芦丁鸡宝宝会走路了

　　出生后的小鸡吃什么呢？李雨桐家里养着成年的芦丁鸡，她把家里的饲料带来给小鸡们吃。由于鸡宝宝只能吃精细的饲料，因此，需要孩子们想办法把饲料加工一下。孩子们有的用木棍擀，有的用锤子砸，为芦丁鸡们服务，孩子们一点也不嫌麻烦，抢着干活，积极性特别高。孩子们小心翼翼地把芦丁鸡放在手里，细心观察着芦丁鸡的羽毛、嘴巴和眼睛。"小鸡的眼睛黑溜溜的，特别亮！"有孩子惊叹道。

　　3. 芦丁鸡的"剖宫产"

　　第六只小鸡从早晨开始破壳，到下午还是迟迟没有出来，如果小鸡再不出来可能会死亡。赵老师查找资料后发现，如果小鸡自己不能完成破壳，就要人工帮助其破壳，于是，赵老师利用镊子和针，临时担任起"剖宫产"医生，怀着紧张忐忑的心情，进行了一场"剖宫产"手术，孩子们在为小鸡捏一把汗的同时，也在为小鸡加油。

　　通过大家的共同努力，小鸡终于破壳了，慢慢地，也能站立、行走了。

　　4. 芦丁鸡乔迁之喜

　　但是新的问题又来了，芦丁鸡不能一直待在孵化箱里，他们需要有自己的新家，

芦丁鸡乔迁之喜

芦丁鸡长出白色的翅膀

于是老师们决定为小鸡们建新家。老师们为芦丁鸡购置了新房子，并配置上各种喝水、进食的工具和材料。

　　老师和孩子们一起为芦丁鸡安装新家，为芦丁鸡宝宝铺上隔尿垫，倒入垫料，放入产蛋窝和游戏平台，放好饲料和水，贴上"乔迁之喜"的大红字。

5. 再见了，小鸡

孩子们将饲料擀得很细，精细照顾着小鸡的生活起居。但是，很多时候小鸡们都低着头闭着眼，身体好像快支撑不住了。第二天一早，孩子们发现一只黄色小鸡躺在那里一动不动。早就了解到芦丁鸡出生后成活率不高，为此老师们非常着急，看着其他几只毛茸茸的小

芦丁鸡永远离开了

鸡精神萎靡，老师们商量后决定去药店为小鸡买药，并且喷洒酒精消毒。我们请教了幼儿园养鸽子的张老师、保健医生吴老师，购买了土霉素，提高了温度。终于，在我们的共同努力下，其他小鸡恢复了健康。

解剖未破壳的芦丁鸡蛋

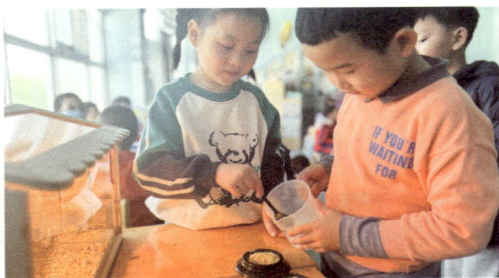

精心喂养芦丁鸡

6. 小鸡为什么不出壳？

两周没来上幼儿园的李雨桐，进门就来看芦丁鸡，并且提出了问题："不对啊，老师，不是放了 14 颗蛋吗？现在才出来 5 只小鸡，那剩下的蛋呢？"一个简单的提问，让我们下定决心，解剖早已超过了孵化时间的芦丁鸡蛋进行揭秘，探究小鸡没有出壳的原因。

老师们准备了刀、盘子，孩子们小心翼翼地把剩下的鸡蛋一一打开，发现有的是臭鸡蛋，只有 1 号鸡蛋里面是一只黑色小鸡，只不过没有出壳。问题来了，为什么有的蛋压根儿没有孵化出小鸡呢？有的孩子说，是因为没有受精卵。什么

是受精卵呢？孩子们说不清楚。老师们给孩子们讲了《小威向前冲》的故事，孩子们听完故事后，似乎明白了：没有受精的鸡蛋是不能发育成小鸡的，而那些已经发育成形的小鸡也会因为各种先天不足或者外界因素不能顺利出壳。

孩子们沉浸在新生命健康成长的喜悦和失去小鸡的悲痛两种复杂的情绪中，我们觉得是时候对孩子们进行一次生命教育了。我们安排了关于生命教育的系列绘本和谈话活动，利用集体教学活动、午休前的碎片化时间，让孩子们在故事中理解生与死的概念，懂得生命的可贵。

幼儿园中的生命教育不只是一种知识教育，更是一种在真实的情景中，直面生死，从而感受、体验、欣赏、领悟生命的活动。

孩子们抚摸小鸡

7. 胎生和卵生的秘密

韩老师购买了几只普通小鸡，叽叽喳喳的叫声吸引了孩子们的注意。杨宗鑫小朋友提出了新的问题："这些小鸡也是从蛋壳里面出生的吗？"我们先鼓励孩子们回家查阅资料、寻找相关绘本，了解动物的出生方式有哪几种。教师也通过集体教学活动"胎生和卵生"以及绘本《出生的秘密》，为孩子们揭秘了关于胎生和卵生的问题，让孩子们了解了更多的知识。

五一放假前一天，芦丁鸡满月了。孩子们制作了各种满月礼物送给芦丁鸡。再过几天，芦丁鸡就要进入成年期，可以产蛋了，也需要更多的营养。这天，孩子们在为芦丁鸡换垫料时，惊喜地发现里面多了很多羽毛。原来小鸡们进入了换毛期，大大小小、颜色各异的羽毛变成了天然的美工材料，孩子们制作了羽毛地毯、帽子等，还用剪、贴、画的形式制作了作品"母鸡萝丝去散步"。

课程反思：

1. 师幼双培育，教学共相长

教师的蜕变：教师在芦丁鸡的孵化和喂养过程中不能只是旁观，而是兴致勃勃地参与，这能够帮助教师快速捕捉到幼儿的疑问，及时丰富教学材料和经验，满足幼儿科学探究的欲望，同时充分利用绘本向幼儿传递生命的意义，提升自身的专业能力。

幼儿的成长：幼儿在活动中获得学习能力的提升，能够始终保持强烈的好奇心和浓厚的探究兴趣，在探究过程中积极主动。

2. 启推借助延，家园共携手

该项目过程中涉及的实现路径和活动策略包括以下五个方面。

启：捕捉价值点，生发课程。通过查阅资料、口头请教、测量、绘画表征、口述日记等方式，记录幼儿的探究过程。

美工作品展示　　　　　　　　　　　　　　　　芦丁鸡图画

推：挖掘探究点，生发课程。当幼儿发现小鸡的数量和鸡蛋的数量不相符时，产生了疑问，进而探究小鸡为什么不出壳。在这个过程中，幼儿的探究活动具有很强的主动性、自主性，并且能自己动手操作和解决问题。

借：借力互助，深度学习。为了确保每个幼儿都能参与，教师借助信息化手段，让幼儿更直观地了解了小鸡出生的过程、解剖鸡蛋的过程。

助：巧借家长助教。在饲养遇到问题时，我们会咨询有经验的家长，同时家长也会为活动提供物质支持。

延：关注细微点，延展课程。幼儿在美工区进行了太空泥创作和绘画创作，作品上的羽毛就来自芦丁鸡。

3. 探究中衔接，为学习做准备

其实，关于芦丁鸡的每个课程故事在学习准备的四个方面都有所体现，并且不是孤立的，而是在探究中衔接，为学习做全面的准备。同时，在这个过程中，也实现了师幼双培育，教学共相长。

（东营市实验幼儿园／刘茹　赵一平）

我家有鸽初长成

课程缘起：

乍暖还寒的初春时节，刚刚结束假期的孩子们重新回到幼儿园。得知动物乐园的鸽子们已经到了繁衍后代的时候，每每经过鸽笼，孩子们都期盼着能够看到小鸽子的出生。

"老师，小鸽子什么时候可以生出来？"

"它们谁是爸爸，谁是妈妈？"

"小鸽子会咬人吗？"

"小鸽子吃什么东西呀？"

"鸽子会怕冷吗？"

孩子们总是问许多关于鸽子的问题，这些问题也着实难倒了老师们。为了解开鸽子身上的谜题，"我家有鸽初长成"项目探究式生成课程诞生了。

课程目标：

（1）观察人工孵化和自然孵化状态下，幼鸽的生长发育和成鸽的生活习性，帮助幼儿了解鸟类的特点，使幼儿养成不怕困难、乐学乐思的习惯，对未知的世界充满探索欲望。

（2）面对问题，幼儿能够积极动脑思考，结合

观察鸽子

生活经验与教师和同伴进行讨论，对孵化过程和观察过程进行表征记录，勇于展示独特的见解。

（3）幼儿敢于发问并能够积极解决，在拓展活动中善于创新，能够提出不同的想法，具有丰富的想象力和较强的作品表达力。

课程网络：

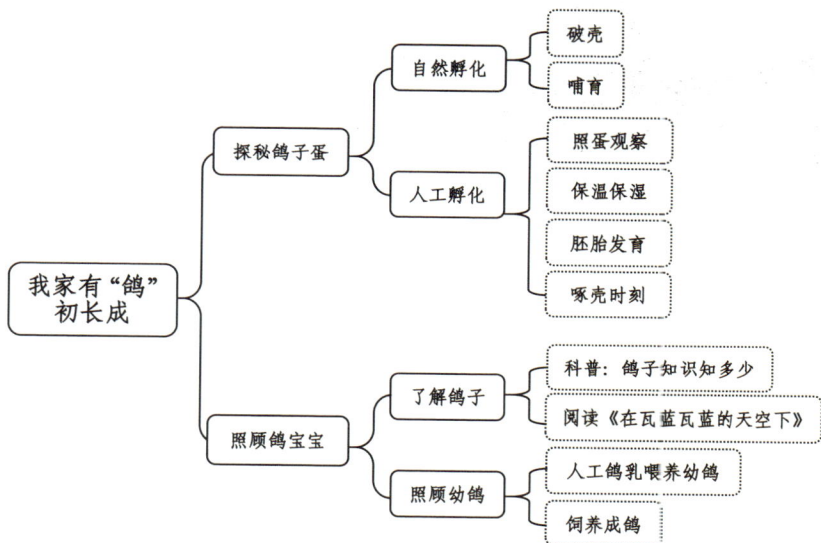

探究过程：

探究一：探秘鸽子蛋

动物乐园里的第一批蛋宝宝孵出来了，我们分成小组，每天在户外活动时间轮流进入观察。孩子们最期待的就是张叔叔给他们捉一只鸽子摸一摸、抱一抱，和小鸽子的近距离接触让孩子们兴奋不已。

鸽舍负责人张叔叔给孩子们解答了最初的疑问。原来，鼻子上方白色凸起多的是鸽爸爸，白色凸起少的是鸽妈妈，并不是卧在蛋上的就是妈妈，有时候鸽爸爸也在孵蛋。鸽子爸爸和妈妈轮流孵蛋，一刻也不敢松懈。

幼儿近距离观察小鸽子

尤其是鸽子爸爸，会承担更多的孵蛋任务，同时还要保护妈妈和蛋宝宝。

当鸽舍出现第一个啄壳的鸽子蛋时，张叔叔邀请我们一起看，还耐心地向孩子们讲解了小鸽子破壳的知识。随着观察的深入，我们了解了小鸽子是要吃鸽子爸爸妈妈嘴里的鸽乳来长身体的，鸽子爸爸和妈妈把粮食吃进肚子里进行消化，

正在孵蛋的鸽子

变成糜状，再从嘴里吐出喂给小鸽子。在鸽舍里，我们常常看到鸽子爸爸和妈妈给小鸽子喂鸽乳的情形，成鸽照顾幼鸽的样子给孩子们留下了深刻的印象。

这么小的一枚鸽子蛋是怎么孵化出毛茸茸的小鸽子的呢？

阶段一：了解鸽子孵化需要的时间和温度。通过查阅资料，我们了解到鸽子的孵化时间是 18 天，需要将孵化温度控制在 38.3℃ ~38.8℃之间。前期的温度需要高一点，后期的温度需要低一点，并且要定期加水、喷水来模拟自然状态下的湿度。

阶段二：给 6 枚鸽子蛋编号，设置孵蛋器开始孵蛋。为方便后期的照蛋观察和记录，我们给 6 枚鸽子蛋进行了编号。我们将温度设置好以后，就开始孵蛋啦！因为孵蛋器有自动翻蛋功能，我们只需要定期加水就可以了。

啄壳阶段的鸽子蛋

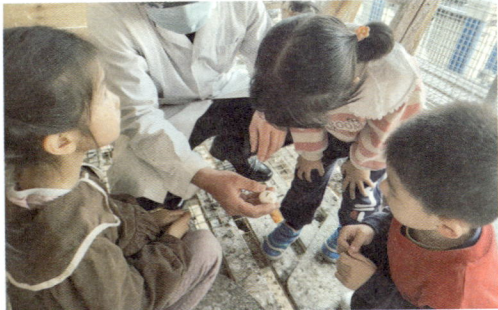

幼儿观察鸽子的啄壳过程

给鸽子蛋编号

阶段三：照蛋观察胚胎发育情况。通过照蛋，能够看到鸽子蛋从中心点开始慢慢长出血丝，到后来有了胚胎的形状。在照蛋过程中，孩子们看到胚胎里面的样子，他们既惊讶又无比小心，呵护新的生命激发了孩子们的责任感，捧在手心的鸽子蛋让他们第一次感受到了生命的力量。

通过照蛋，观察鸽子蛋的孵化情况

蛋内的胚胎发育情况

阶段四：持续观察，记录胚胎发育情况。我们在表格中记录胚胎的发育情况，看到一颗透亮的鸽子蛋慢慢被血丝填满，到最后变成一颗实心的蛋，几乎看不到蛋黄与血丝了，孩子们开始期待小鸽子破壳而出的那天。但是，到 18 天的时候，还没有破壳的迹象，我们都以为要失败了，但是孩子们坚定地说："老师，再等几天吧！说不定小鸽子还没有做好准备呢！"就这样，终于在孵化的第 24 天早晨，我们看到了有一颗蛋被啄出了一个小孔。

阶段五：了解破壳过程，观察新生命。在等待破壳的时间里，我们一起了解了鸽子破壳的过程。原来小鸽子在蛋壳里需要一边转圈一边啄，将蛋壳啄碎一圈以后，头一顶，就可以从蛋壳中出来了！而且，喷水可以帮助小鸽子尽快出壳。我们喷上水之后，可以明显看到鸽子蛋晃动得更厉害了，小鸽子在使劲地啄啊啄，把手轻轻放在鸽子蛋上，还能感受到小鸽子在啄壳呢。

鸽子蛋孵化观察记录表

终于，小鸽子在孩子们的欢呼声中成功破壳而出！

刚出壳的小鸽子浑身湿漉漉的，毛发也很稀疏，眼睛也没睁开，就像一个小肉球。孩子们没有一个嫌弃它"丑"或"恐怖"的，都想摸摸它，把它捧在手心照顾它，恨不得就放在自己的身边，每时每刻都要看到它。孩子们对待新生命的善意让周围的气氛都变得美好起来，我感到非常欣慰，我和孩子们一起感受着生命的喜悦与美好。

作为第一只到来的小鸽子，本着对生命负责的态度，我们和孩子商量过后做出了最重要的决定：把它送去鸽舍，为它找一对父母，让它在鸽群中安心长大。

阶段六：鸽宝宝出意外了。紧接着，2号蛋要破壳了。但是一整天过去，2号蛋只啄开了一个小口。根据网络上的资料显示，如果小鸽子一天之内无法出壳，很有可能会在壳中死亡，可以人为进行干预。我们随即决定帮助2号小鸽子进行破壳，帮助

小鸽子的破壳过程

它将小孔周围的蛋壳轻轻剥开。但是看到破壳后的 2 号小鸽子，我们沉默了。它的状态就像一个"早产儿"，爪子没有发育健全，肚子特别大，皮肤软软的，根本没有力气爬起来，蛋壳里还有血。果然，第二天早上，2 号小鸽子就离开了我们，孩子们在青青草坡的小鹿石像下埋葬了它。盖土之前，孩子们轻轻摸了摸小鸽子，他们找来树叶和石块，盖在小鸽子的"坟墓"上。2 号小鸽子的离去让班级的气氛瞬间凝重起来，此时此刻我也开始反思这一轮孵化结束后是否该终止孵化。

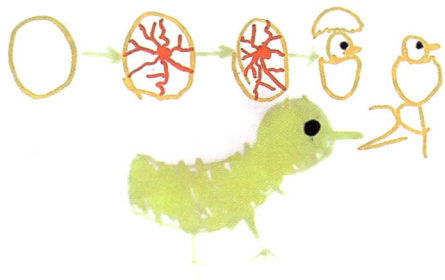

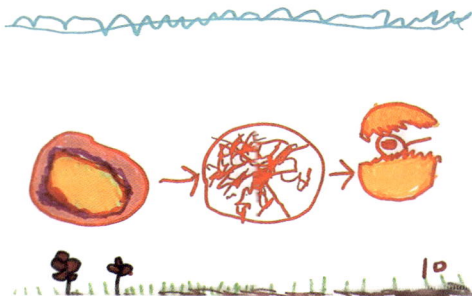

幼儿对小鸽子孵化过程的图画表征

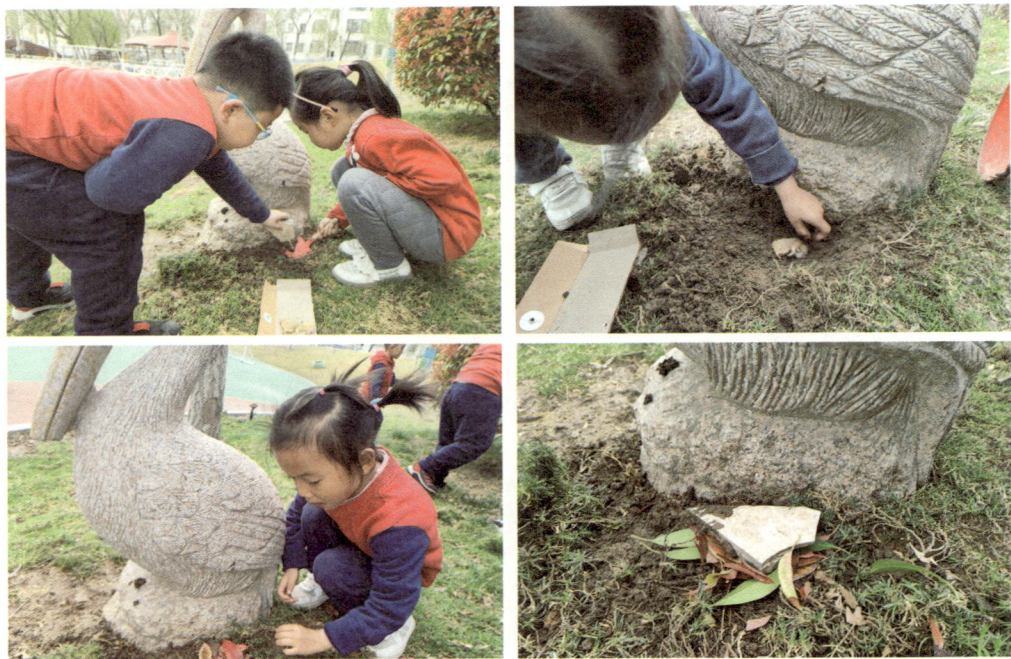

幼儿"埋葬"小鸽子

后面的 4 只鸽子蛋在孵化 30 天后还没有动静，除了 1 号作为对照观察是一颗非受精蛋，其他 3 枚蛋应该是在某一阶段因为某种原因就终止发育，第一轮孵化活动就此结束。

探究二：照顾鸽宝宝

想要照顾鸽子，首先要了解鸽子，让孩子们知道鸽子的相关知识，了解鸽子自古以来就是我们人类的好朋友，激发他们爱护小鸽子的意愿。

我们借助绘本故事《在瓦蓝瓦蓝的天空下》，向孩子们介绍有关鸽子的知识。在绘本故事中，小男孩和父亲救助了一只被弹弓打伤的小鸽子，小男孩在照顾小鸽子的过程中，与小鸽子产生了深厚的感情。细腻的彩铅画勾勒出动人心弦的故事情节，孩子们想要救助受伤小鸽子的愿望在阅读绘本的过程中与主人公产生强烈共鸣，人与动物之间单纯、诚挚的感情唤醒了孩子们内心的爱。在看到小鸽子不怕风雨、勇往直前地飞翔后，孩子们还了解到鸽子超强的飞翔本领和定位本领。

环环相扣的故事情节让孩子们了解到，鸽子是一种十分恋家的动物，它对家庭的责任感让它不论在多远、多么危险的地方都要飞回家里。

在第2轮人工孵化过程中出生的小鸽子

孩子们对饲养鸽子一分向往，他们再一次提出孵化小鸽子的请求。有了上一轮的孵化经验，这次由孩子们自主持续观察鸽子蛋的发育情况。在孵化至第 19 天时，又有一只小鸽子降生了！这次孩子们百般恳求将它留下抚养。我拿出网购的人工鸽乳，每天按比例冲调，用针管哺喂它。不幸的是，这只小鸽子在第 3 天的时候还是离开了我们……

本着对生命负责的态度，根据第二轮的孵化情况，我坚定地认为这样的孵化行动不能再进行下去了，于是我和孩子们说："人工孵化和人工饲养不能够完全代替它们的父母，我们不能像鸽子爸爸妈妈一样周全地照顾小鸽子，我们的两次孵化行动，都有小生命离开我们，这是一件很残忍的事情。"

后来，张叔叔为了安慰孩子们，从鸽舍选了两只 1 个月龄左右的小鸽子送过来，让我们在鸟笼里饲养。1 个月大的小鸽子能吃能喝，排便也很多。鸽子大便的气味让很多孩子受不了，不愿再靠近了。

很多孩子都喜欢小动物，但如果只是看到他们可爱就买回家养，是万万不行的，饲养小动物要始终如一地照顾他们，给他们处理排泄物，帮他们清洁住所、喂养食物，这些事情都需要我们提前做好心理准备。而且一旦决定养，就要从一而终地一直照顾它们，不能中途放弃。

当孩子们做好心理建设后，又重新燃起对鸽子的喜欢，他们给这两只小鸽子取名小花和黑黑。

在给小花和黑黑喂食时，孩子们发现，每次给小鸽子添满粮食，他们总是先吃黄豆，剩下一些黑色的谷物。

"原来小鸽子也挑食啊！"

饲养小鸽子

挑食的小鸽子

　　是啊，孩子的一句话点醒了我，原来小鸽子也跟孩子们一样会挑食，会先吃掉自己爱吃的食物，真是可爱极了。我鼓励孩子们拿一些鸽粮，研究一下里面都有什么谷物。孩子们将鸽粮放在白纸上，认真分类，然后把小鸽子不爱吃的食物放在了一起。

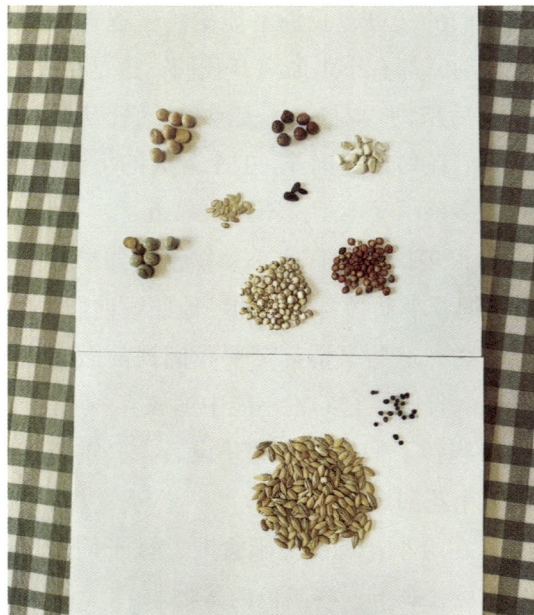
幼儿将鸽粮中的谷物进行分类

这些谷物究竟是什么呢？我在微信群在中求助见多识广的家长们，他们积极为我们解答。

小花和黑黑在班里住了 20 天左右，到了学飞翔的年纪了。孩子们前呼后拥地，和我一起把它们送回了动物乐园。他们纷纷讨论着小花和黑黑飞上蓝天后的样子，期待户外活动的时候能再见到它们。

课程反思：

回顾整个项目探究式生成活动，其丰富的内容涵盖了好奇好问、学习习惯、学习兴趣与学习能力这三大方面。

在好奇好问方面，幼儿对鸽子充满好奇，我们选择聆听和适时地支持，创设各类活动引导幼儿自主探索发现，避免简单打断或否定幼儿的奇思妙想。

在学习习惯方面，我们鼓励幼儿独立思考。例如，在前期的观察记录中，鼓励幼儿动手记录鸽子蛋的胚胎发育过程，帮助幼儿养成爱思考、勤动脑的学习习惯。

在学习兴趣与学习能力方面，我们借助优质绘本，培养幼儿的阅读兴趣与能力。例如，我们会在集体阅读中，充分讨论故事情节，支持幼儿用绘画或口头表征的形式再现故事情节，拓展阅读面。

项目探究式生成课程的梳理过程，是一个让生活与游戏"看得见"的过程。我们要在梳理与反思中不断拓展课程，用行动和事实证明我们在做的学习准备不是固定知识的传授，不是让幼儿"抢跑"，而是在帮助幼儿形成未来发展所需要的学习品质与学习能力，用创新与专业来彰显项目探究式生成课程有着极佳的未来效应。

（东营市实验幼儿园 / 冯媛茹）

我家乡的小伙伴

课程缘起：

阳光洒满的午后，我们怀着无比激动的心情来到东营市美术馆。首先映入眼帘的是东方白鹳雕塑，它以优雅的姿态闯入孩子们的视野，一声声稚嫩的惊呼，满是对未知的好奇。馆内艺术与自然和谐共舞，编织成一幅启迪心灵的美好画卷，我们共同揭开了珍稀鸟类——东方白鹳的神秘面纱。工作人员深情讲述，这些鸟类是自然赋予的珍贵礼物。时间过得很快，孩子们心怀对鸟儿的无限遐想踏上了归途。《幼儿园教育指导纲要》指出："活动的取材要是孩子所熟悉的，来源于生活。"循着孩子们的兴趣点，我们借机开启了"我家乡的小伙伴"这一课程的探索之旅。

课程目标：

（1）让幼儿了解生活中常见的鸟的特征、形态及生活习性，知道鸟的种类是多种多样的。

（2）使幼儿全方位运用感官体验与认知，积极尝试用语言、歌唱、肢体动作、手工制作等形式创造性地表现鸟的不同形象及特点。

（3）让幼儿感知鸟与人类的关系，知道鸟是人类的好朋友，增强爱鸟、护鸟的情感和环保意识。

课程网络：

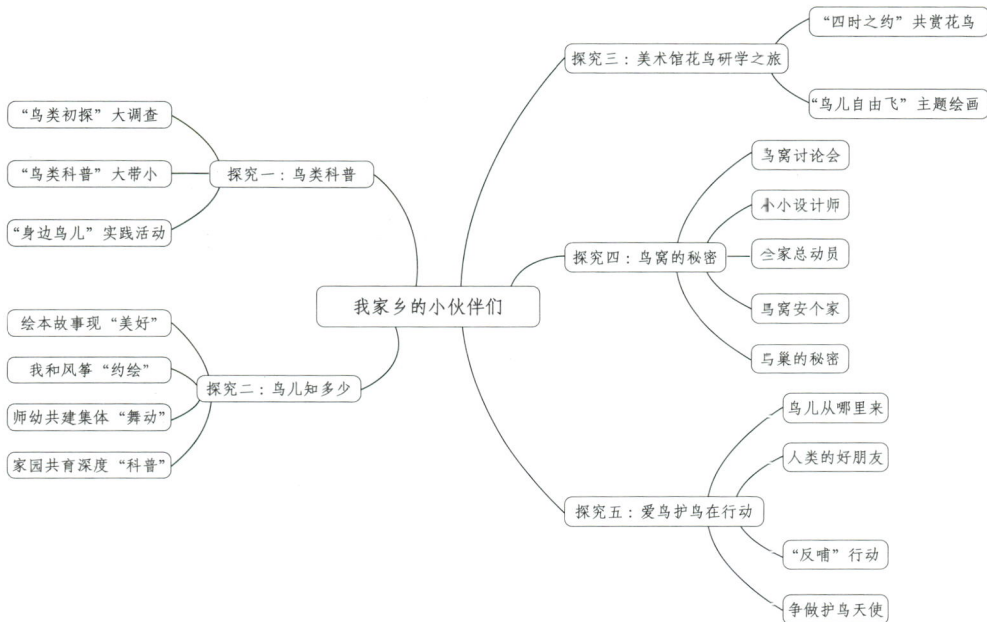

探究过程

探究一：鸟类科普

黄河三角洲保护区是珍稀鸟类的乐园，其中东方白鹳尤其稀有。教师利用多媒体展示其魅力，孩子们仿佛亲眼看见其优雅的身姿。为了加深孩子们对鸟类的认知，我们开展了一系列丰富多彩的探究性活动。

1. "鸟类初探"大调查

幼儿与父母共同完成了鸟儿调查表的填写，这不仅促进了家庭成员间的默契与合作，也让孩子们在动手实践中学会了观察与记录。

2. "鸟类科普"大带小

"鸟类科普"大带小活动温馨启幕，大六班的苏海佑小朋友是一个精通鸟类知识的"小博士"，他为中班的弟弟妹妹带来了一场别开生面的鸟类科普活动。

3. "身边鸟儿"实践活动

我们都知道，教育活动内容的组织应充分考虑幼儿的学习特点和认识规律，各领域的内容要有机联系，相互渗透，注重综合性、趣味性、活动性，寓教育于生活、游戏之中。社会实践活动"探寻公园里的野生水鸟"将理论知识与现实生活紧密相连，家长与孩子一同走进动物园或生态基地，近距离观察各种鸟类的生活习性，让孩子们在真实环境中感受生命的多样与神奇。

"鸟类科普"大带小活动

探究二：鸟儿知多少

教师要有善于观察的眼睛，能捕捉孩子的灵感；教师要有习惯倾听的耳朵，能聆听孩子的心声；教师要有追随探寻的脚步，能追随孩子的成长。实践活动结束后，我立即组织了集体谈话活动，帮助幼儿回顾和梳理实践活动所学内容。小朋友们你一言我一语地说个不停，曹婉儿小朋友说："老师，我看到一只孔雀能开屏。"宫嘉义说："我知道能开屏的孔雀都是男的，你知道吗？"孩子们哄堂大笑。接着，一系列丰富多彩的活动如同串珠一样，串成了一条有趣的课程

探寻公园里的野生水鸟

链，如《鸟的本领》《鸟的家族》《鸟的结构》《鸟之最》。通过查阅资料、观看科普节目、集体教学、小组研讨等多彩活动，孩子们了解到许多未知的鸟类，探寻了鸟儿的秘密。

1. 绘本故事现"美好"

绘本《丑小鸭的蜕变》讲述成长与自我认知的故事。孩子们共情丑小鸭，认识自卑，树立自信。

绘本故事《丑小鸭的蜕变》

我和风筝"约绘"

亲子共赏鸟类科普节目

2. 我和风筝"约绘"

"彩绘风筝 放飞心情"活动为孩子们提供了一个释放童心与情感的舞台。他们亲手绘制了风筝，每一笔都蕴含着对美好未来的憧憬与希望。看到风筝翱翔于蓝天，孩子们自由奔跑着、欢呼雀跃着，想象自己就是自由的鸟儿。

3. 师幼共建集体"舞动"

艺术活动"金孔雀轻轻跳"让孩子们感受到孔雀之美、自然之美、人体之美的同时，也激发了孩子们尝试用肢体动作模仿孔雀的兴趣。"如果我会飞"科学活动则将孩子们的想象力推向了新的高度。在此活动中，我们鼓励孩子展开想象的翅膀，思考如果自己会飞，将会做些什么、看到什么。

4. 家园共育深度"科普"

亲子共赏科普节目，在孩子心中种下爱护自然、保护鸟类的种子，为成长之路添彩。

在科学活动"鸟之最"中，通过观看纪录片，我们不仅看到了生活中不常见的鸟儿，也知道了很多知识，如羽毛最多的鸟是天鹅。游泳最快的鸟是企鹅，体型最大的鸟是鸵鸟。

这一系列活动相辅相成，让孩子们从多方面认识了鸟儿，也促进了孩子们的全面发展。

探究三：美术馆花鸟研学之旅

《幼儿园教育指导纲要》中指出："要利用自然环境和社区的教育资源，扩展幼儿生活和学习的空间。"恰逢东营市美术馆举办"四时之约·东营市首届花鸟画小品邀请展"，中三班全体师生在美术馆工作人员和家长志愿者们的精心组织下，共赴一场探寻花鸟的"约会"。

艺术活动"金孔雀轻轻跳"

科学活动"如果我会飞"

1. "四时之约"共赏花鸟

进入展厅，映入眼帘的是由花鸟画构筑的世界。在指导老师的悉心引导下，孩子们品味一幅幅佳作，用稚嫩的语言描绘着画中的斑斓色彩、灵动线条与奇妙形状。

2. "鸟儿自由飞"主题绘画

美术馆邀请专业老师以"蓝天白云小鸟"为主题，为孩子们呈现了一堂创意无限的美学课堂。孩子们安静而专注地创作，一幅幅充满童趣与生命力的作品相继产生。他们高兴地向家长介绍着自己的作品，原来孩子们的想象力如此丰富。当孩子天马行空的想法得到认可时，他们就更愿意去思考和发现世界。

活动尾声是甜蜜的下午茶时光，各式各样、美味可口的甜品为这次探究之旅增添了许多温馨与甜蜜，大家在欢声笑语中享受着惬意与美好。这次活动不仅让孩子们在艺术的海洋中畅游，更激发了他们对美的追求与热爱，增强了他们的观察力与想象力。

美术馆花鸟研学留念

美术馆花鸟研学之旅

探究四：鸟窝的秘密

每天午后散步时，我们都会看到大树上的鸟窝，如果恰巧有鸟儿栖息其中，孩子们还会热情地跟它打招呼。直到有一天，我们听见刘奕泽大户地喊："你们看，那个鸟窝倒挂在树枝上了。"孩子们抬起头热烈地讨论起来，一场趣味横生的"鸟窝的秘密"探究活动就此开启。

1. 鸟窝讨论会

到底什么东西可以用来做鸟窝呢？怎样做出来的鸟窝既稳固又好看呢？干草、树枝、软草、秸秆、泥巴、柴火……大家说的材料好多呀。"鸟窝像个碗。""不，更像帽子。"通过观察和讨论，我们了解了鸟巢的形状和大小，在制作之前，我们发起设计鸟窝的倡议。

寻找鸟窝

探索鸟窝的秘密

2. 小小设计师

教师鼓励孩子们发挥想象，为小鸟设计独一无二的鸟窝。在区域活动中，孩子们利用雪花片、积木、木板等多种材料，运用拼搭技巧，搭建起了各种各样的鸟窝。

搭建鸟窝

设计鸟窝

3. 全家总动员

图纸画出来了，该怎么制作呢？大家都觉得我们需要更多的人参与进来，于是求助了家长们。家长们与孩子们一起搜集了树枝、软草、废旧报纸、纸盒、蛋糕盒等材料，共同动手制作出了形态各异的鸟窝。在制作过程中，孩子们不仅学会了废物利用，还体验到了动手创造的乐趣。孩子们仔细观察并交流了制作鸟窝使用的材料和方法，相互学习与交流的能力在互动中悄然发生。

亲子共同制作鸟窝

其中一部分观赏性很强的鸟窝被巧妙地布置在班级的装饰环境中和主题墙上，成了幼儿园一道独特的风景线。

鸟窝作品展示

4. 鸟窝安个家

教师带领孩子们把鸟巢安放在户外的大树上，这一举动不仅让孩子们体验了帮助小动物的喜悦，同时也让他们深刻理解了人与自然和谐共处的重要性。

给鸟安个家

5. 鸟窝的秘密

"老师，下雨怎么办？鸟窝会进水吗？""有什么办法能让鸟窝更结实？"于是，我找到了一个真正的鸟窝拿给孩子们看，他们惊讶地发现，原来鸟窝里面有着很精巧的结构。

鸟巢

探究五：爱鸟护鸟在行动

鸟类不仅是人类的朋友，还是自然界中的重要组成部分。在这个探究课程中，激发幼儿爱鸟、护鸟的情感至关重要。由此，我们开展了一系列爱鸟护鸟的活动。

1. 鸟儿从哪里来

针对"鸟儿从哪里来"这一问题，我们组织了教学活动，利用视频直观地向幼儿展示鸟宝宝如何从蛋中孵化而出，深入浅出地解释了鸟类的繁殖方式，激发了孩子们对生命探索的兴趣。

2. 人类的好朋友

通过"人类的好朋友"活动，我们引导孩子们认识到鸟类在自然界中的重要作用，孩子们知道了每年的 4 月 1 日是国际爱鸟日，我们还特地组织了"我与候鸟有个约会"活动，让幼儿近距离喂养鸟儿、保护鸟儿。

通过一系列的集体教学活动，孩子们真切地懂得了鸟对人类的贡献，如小燕子的勤劳、猫头鹰的农田卫士角色以及鸽子的信使功能，加深了孩子们对鸟类的了解与喜爱。

3. "反哺"行动

在母亲节来临之际，借助《乌鸦反哺》的故事，我们鼓励孩子们通过表演节目、洗脚、捶背等实际行动，向妈妈表达爱意。

4. 争做护鸟天使

我们共同制作了鸟儿手工艺品，以"小鸟的朋友——护鸟天使"为灵感，创作出各式各样的爱鸟护鸟海报，并去公园、广场开展爱鸟护鸟宣传活动，让保护鸟类的意识深入人心。

在六一儿童节期间，我们将这些课程成果进行了展示，这一活动让更多的人了解到鸟类的重要性，共同参与到爱鸟护鸟的行动中。教师带领孩子们共创的鸟儿主题墙，更是成了孩子们表达自我、探索未知的窗口，最后的成果展示给本次课程的探索之旅划上圆满的句号。

母亲节活动"乌鸦反哺"

课程反思：

在活动实施的过程中，我们充分利用了家长和社区资源，如请家长带幼儿去动物园参观、在家饲养小鸟、幼儿和家长一起搜集有关小鸟的资料，激发了幼儿对鸟的好奇心和探究欲，帮助幼儿获得直接感知经验，使幼儿逐步养成积极主动、认真专注、敢于探究和尝试的良好学习品质。

在课程实施过程中，幼儿提出了很多疑问：为什么鸟喜欢站在树上？为什么鸟会飞？为什么鸟儿身上有翅膀？我们围绕这些问题进行了充分的讨论。幼儿回顾了自己的生活经验，通过直接感知、实际操作、亲身体验获得关键信息，在同伴面前大胆分享自己的观点。教师及时梳理并带领幼儿去探索和解决问题，培养幼儿的探究意识。

在课程实施过程中，幼儿不仅学到了许多鸟类知识，而且还产生了强烈的爱鸟护鸟之情，知道了鸟儿是我们的好朋友。我们爱鸟护鸟的行动将会一如既往地坚持下去，给幼儿创造更多的实践机会，相信他们会带给我们更多的惊喜。

爱鸟护鸟海报

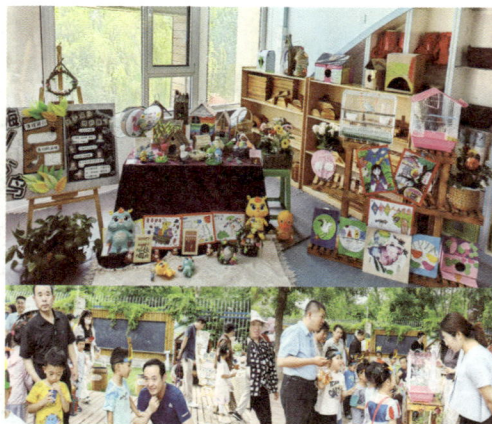

"我家乡的小伙伴"课程成果展示

（东营市实验幼儿园 / 李晓婧 张振杰 季金凤 宋玉洁）

第三部分

和谐关系

？

和谐关系
为生态健康教育渲染温馨底色

以幼儿为核心，建构互融共生的生态教育实施体系，形成接纳与关爱的师幼关系、呵护有度的亲子关系、平等共进的家园关系，让师幼的主体性充分地、自由地、和谐地发展，形成生动活泼的教育生态。

第一，接纳与关爱的师幼关系，凸显幼儿的主体学习地位。师幼关系就是教师和幼儿之间的交往。和谐的师幼关系是高质量教育的重要前提，是营造良好育人生态的关键要素。《幼儿园教育指导纲要》指出："建立和谐的师幼、同伴关系能让幼儿在集体生活中感到温暖、心情愉快，形成安全感、信任感。"师幼关系是最早的师生关系，和谐温馨的师幼关系有利于幼儿产生积极向上的情感体验。

传统的师幼关系以教师为中心，是一种不平等的"重师轻生"关系。现代教育更强调主体间性和相互关系，更关注教师和幼儿两个主体之间的交往、沟通与交流。主体间性打破了主体、客体的思维方式以及教师、幼儿二元对立的关系，强调两者都是主体，教师是教的主体，儿童是学的主体。相对于教育内容、教育环境等教育活动的其他基本因素，教师和幼儿都处于主体地位。

将这种现代教育观念运用到师幼关系上，凸显出以下几个现代特征：①平等性。平等性是现代师幼关系的基本特征，也是师幼交往的前提和基础。与传统师生关系中的教师地位不同，在现代教育活动中，教师和幼儿像朋友一样，时刻以关怀、接纳、开放的态度与幼儿相处，"蹲下来交谈"，让孩子真实感受到教师是值得信赖的、友好的。②交互性。交互性是现代师幼关系的主要特征，在保教过程中频繁、和谐的师幼互动是良好师幼关系形成的关键。教师作为成人，在师幼交往中占据着先天优势，发挥着主动引领的作用，要有意识地改善自己的教育行为，提高师幼互动质量，为幼儿主体性的解放、释放和发展创造条件。③共享性。"共享"指师幼作为独立的主体相遇相知，在彼此的经验、知识、智慧等方面共同分享，达到共同学习、资源共享的目的。虽然幼儿年龄小，行为稚嫩，但在想象力、创造力等方面，比成人更不受拘束。在很多情况下，教师也需要"以儿童为师"，向儿童学习。多年来，我园始终坚持以人为本，高度重视营造良好的师幼关系，以爱育爱，逐步形成了和谐温馨的师幼关系。

一是充分尊重幼儿的完整人格和权利。幼儿是发展中的个体，是未来的社会公民，具有无限的潜能和独立个性。在幼儿成长过程中，我们一般以成人的视角看待幼儿，认为他们年龄小、不懂事，说什么做什么对他们来说都无所谓。其实不然，每个幼儿都是心思敏感的个体，更需要得到爱护、理解和尊重。教师要谨言慎行，换位思考，设身处地地替幼儿考虑，充分尊重儿童的权利、人格以及个体差异。教师要理解幼儿的身心发展规律，尊重他们的能力和个性，努力创设一个平等、民主、宽松的教育环境，避免出现伤害幼儿自尊心、表现欲、创造力的行为。教师要站在儿童的视角，用儿童的眼睛去观察，用儿童的耳朵去倾听，用儿童的大脑去思考，用儿童的兴趣去探寻，用儿童的情感去热爱，使他们能够放松地按照自己的节奏、方式自我建构和成长，最终实现身心全面和谐发展，成为最好的自己。我们大力倡导教师要充分尊重、理解幼儿，在师幼互动中准确把握自己的角色地位，采取适当的角色行为，鼓励、引导、尊重幼儿，努力成为幼儿的好朋友，让幼儿感到教师像父母一样可亲可敬。

二是细心爱护幼儿。有人说教育是事业，有人说教育是科学，有人说教育是艺术，但在教育中概括一切、贯穿始终的应该是爱。爱是教育的灵魂，只有融入了爱的教育才是真正的教育。陶行知说："爱是一种伟大的力量，没有爱就没有教育。"夏丏尊说："教育上的水是什么？就是情，就是爱。教育没有了情爱，就成了无水的池，任你四方形也罢，圆形也罢，总逃不了一个空虚。"刘彭芝说："爱，是教育的最高境界。有没有深爱、大爱，是教书匠和教育家的分野之一。"也正如托尔斯泰所说："如果教师只爱事业，那他会成为一个好教师。如果教师只像父母那样爱学生，那他会比那种通晓书本，但既不爱事业又不爱学生的教师好。如果教师既爱事业又爱学生，那他是一个完美的教师。"

　　三是努力创设宽松自由的互动氛围。宽松自由的环境会让幼儿身心放松，有利于建立一种开放平等、和谐温暖的师幼关系。如果幼儿处于一种紧张的气氛中，根本无法自由表达自己的意见和想法。想要尊重和保持幼儿的主体地位，教师必须做一个观察者、支持者、引导者，给幼儿提供一个相对宽松而又充满安全感的环境，允许幼儿有按自己的意愿进行活动的自由与选择的权利，促使幼儿产生积极活动的欲望与兴趣。在日常生活中，对于幼儿感兴趣的事物、话题，教师要与幼儿平等、真诚地交谈和对话。同时，要注意与幼儿谈话的方式和方法，采用友好、积极、礼貌的态度，用一对一倾听等方式进行个别交流。教师要主动参与到幼儿正在进行的活动中，成为幼儿的忠实玩伴。当幼儿遇到困难时，及时给予鼓励，让幼儿对自己充满信心，觉得自己一定行。当幼儿获得成功时，及时表扬与肯定，让幼儿品尝到成功的乐趣。教师要以积极的态度关注幼儿的一举一动，重视幼儿的每一次劳动成果和心灵感受，敞开心扉与幼儿进行对话，与他们共同分享、体验。

　　四是与幼儿建立良好的个人关系。个人关系并不妨碍教师与幼儿的整体关系。相反，教师与个别幼儿的关系，尤其是与班级里较为典型、特殊幼儿的关系，常常会无形中影响到教师与其他幼儿之间的关系，所以教师应该设法与个别幼儿建立良好的个人关系。不要将典型、特殊的幼儿区别对待，给予更严厉的语言或行为限制，而应该给予他们更多的关注和关爱。另外，教师不要忘记与其他幼儿建立良好的关系，千万不能出现极为偏爱某个或某几个幼儿的现象。

　　第二，呵护有度的亲子关系，彰显家长的先进理念与科学行为。教育家陈鹤琴先生曾经说过："幼儿教育是一件很复杂的事情，不是家庭一方面可以单独胜任的，也不是幼儿园一方面单独胜任的，必定要两方面共同合作方能得到充分的功效。"家庭是幼儿成长的第一环境，每个幼儿都能从自己的家庭以及与亲人的交往中获得不同于他人的知识和经验，形成自己的行为习惯、性格特点和交往能力。家长是重要的教育力量，家长与孩子天然的血缘联系使家长具有别人不可替代的教育优势，良好的亲子关系更能使幼儿积极地投入幼儿园的学习生活，有助于幼儿产生安全感和信任感，提升社会交往能力，使幼儿主动探索外界事物。总之，家庭是孩子的第一课堂，父母是孩子的第一任老师，优化家长的教育理念至关重要。通过每日家园交流、家长会、家访活动、家庭教育志愿宣讲等形式，帮助家长重新审视自己的理念及行为，进一步构建并优化温馨有爱、呵护有度的亲子关系。尤其通过家访，使教师及时了解家庭教育中的具体问题，如专断型、放任型、忽视型等不恰当的教养方式，从而进行一对一的指导，帮助家长掌握科学有效的教育方法，接纳幼儿，建立依恋关系，通过谈心、读书、游戏等方式提升陪伴质量，努力为幼儿打造一个美好的童年，为幼儿健全人格的形成奠基。

第三，平等共进的家园共育，营造良好的教育生态。家园共育是指幼儿园和家庭双方都把自己当作促进幼儿发展的责任主体，积极主动地相互了解、相互支持，形成共育合力，共同促进幼儿身心健康发展。《幼儿园教育指导纲要》指出："家庭是幼儿园重要的合作伙伴。应本着尊重、平等、合作的原则，争取家长的理解、支持和主动参与，并积极支持、帮助家长提高教育能力，实现家园互动合作共育。"因此，从某种意义上讲，幼儿教育并不仅仅指幼儿园教育，还包括家庭教育，两者缺一不可，相互补充，相得益彰。只有家庭和幼儿园建立起一种合作、和谐、互补的关系，才能起到同步、同育、同构的作用，共同促进幼儿的全面健康发展。

幼儿年龄小，自理能力弱，心灵敏感脆弱，刚刚步入幼儿园这个"小社会"，尤其需要幼儿园和家庭密切配合、共同发力、合作共育。

长期以来，我园把家庭教育作为生态健康教育的重要环节和关键元素，持续发力，久久为功，共同描绘了一幅家园共育的同心圆。

一是注重转变和提升家长的教育理念和水平。有的家长没有深刻认识到自己在教育孩子上这件事的责任和重要性，以为把孩子送到幼儿园就万事大吉，任何事情都是幼儿园和老师的责任，对孩子在幼儿园的情况不闻不问，不了解孩子处于怎样的发展水平、孩子当前最需要什么；也有的家长没有树立正确的教育理念，只关心孩子的身体健康和知识技能，忽视孩子的心理需要、性格和品德、行为习惯的培养；还有的家长对孩子过分溺爱娇纵，不让孩子干力所能及的事情，不注重培养孩子的自理能力。基于这种现状，我园通过召开参与式家长会、专题讲座等多种方式，及时全面地向家长传递正确的教育理念、教育方法，让家长懂得教育孩子是多方共同的责任，家长也是教育者，要让家长掌握科学的教育方法，不断提升教育孩子的水平和能力。在这个过程中，我们充分尊重、理解家长，平等、真诚地对待每位家长，建立良好的合作关系。每名教师，既明确自己在家园合作中的角色和任务，又树立为家长服务的意识，努力赢得家长的信任，激发家长的积极参与，与家长建立良好的合作关系。

二是组织家长参加丰富多彩的园所活动。我们经常邀请家长到幼儿园开展观摩活动，家长看到幼儿园文化建设丰富多彩、教师精神面貌积极向上，自然就会产生对幼儿园的信赖感；看到孩子们活动专注、心情舒畅，也不由自主地会受到感染和熏陶，体会到幸福感和自豪感；看到食堂一周食谱，科学搭配、营养丰富，也备感放心和安心。总之，幼儿园的一日活动，让家长了解、理解了幼儿园的教育理念，并由此产生对幼儿园和教师的信任感。我们还经常邀请家长参加幼儿园组织的各种主题教育。在六一儿童节、元旦等重大节日，我们会组织家园共庆活动。通过一系列活动，促进了孩子与孩子、孩子与家长、家长与教师的交流，为每位幼儿提供了展示个性的机会，有效地促进了幼儿人格的发展，陶冶了幼儿的情操，增进了沟通和理解，深受家长的欢迎。

三是不断拓宽家园合作方式。集体性的家园合作活动多种多样，如家长会。组织幼儿家长集体参加幼儿园或班级组织的家长会，会议内容涉及大家共同关心的问题，如向家长汇报幼儿园工作、反映幼儿情况、发动家长配合幼儿园工作。教师也会根据自己班级孩子的年龄特点提出一些合理的建议、说明家长需要配合的事情、当前应当给孩子提供哪些学习和生活上的支持等。同时，积极征求家长的建议意见，让家长分享先进的育人经验。又如，家长开放日。我们秉持开放共融的理念，建立家长开放日制度。在幼儿入园前，组织家长参观幼儿园，让家长直观感受幼儿园的整体环境、设施设备与师资力量等，产生认同感。幼儿入园后，经常组织家长参加一日或半日活动的观摩，增进家园之间的沟通交流。再如，幼儿学习成果展示与汇报会，向家长汇报幼儿在园的学习生活情况和行为表现，提醒家长应该注意的事项，让家长了解自己孩子的成长，发现孩子的进步和闪光点，知道下一步应当有针对性地做些什么。在此基础上，成立家长委员会。幼儿园从各班家长中选择两名家长代表组成家长委员会，并定期召开家长委员会，汇报幼儿园办园情况、工作成绩和工作计划，征求家长代表的意见和建议。同时，也充分发挥家长的专业和资源优势，支持幼儿园的保育教育工作。

家园之间要建立平等共进的共育关系，凝聚生态健康教育的共识与合力，携手共建，共促幼儿健康成长。

（东营市实验幼儿园 / 王銮美　文）

■ **良好师幼互动**

我们与黄瓜的故事

3月，又到了种植的季节，咱们班种什么呢？小朋友们纷纷发表意见，大家依据"现在的季节适宜种什么""多数小朋友喜欢种什么""好种、好收获的是什么"等条件投票，最终决定种黄瓜。

关于怎么种黄瓜，大多数小朋友都说种种子，但沫沫说种黄瓜瓤，我们便按照两种方式在纸杯里开始了种植。过了几天，小种子陆续发芽了，黄瓜瓤没有动静。老师便拿来黄瓜瓤和买来的种子比一比，沫沫说："因为黄瓜瓤里的种子又小又软。"于是我们决定重新种种子。

过了几天，小苗长得更大了，小朋友们觉得纸杯里的空间不足，班里也没有充足的阳光和雨水，于是决定把苗移到我们的小菜园中。就这样，大五班小朋友的开心探索之旅启程了。

一、为什么围竹竿

一天，小朋友们看到王爷爷在给黄瓜围竹竿，便问："为什么围竹竿啊？"王爷爷说："给黄瓜围上竹竿，它能往上爬，结出来的黄瓜是直的，不然黄瓜秧就会满地爬，结出来的黄瓜是弯的。"了解原因后，小朋友们一起帮忙插竹竿，在观察和参与中，还了解了交叉插架能够更稳定。

回到班级，老师请小朋友们猜一猜，画一画，讲一讲：黄瓜苗怎样爬竹竿。

二、黄瓜怎样爬竹竿

过了6天，祎依惊喜地说："它用'小手'拽着竹竿呢！"我们一起上网查询，了解到这是攀缘茎，细细的"小手"叫丝蔓。

每次观察回来，教师都请幼儿画一画、说一说。与之前的画面对比，可以看到幼儿对攀缘茎的认识和理解不断加深，他们画的黄瓜苗先是多了细细的小丝蔓，过几日又看到小丝蔓在竹竿上紧紧地攥着"小手"。

三、是小黄瓜还是花的梗

5 月中旬的一天，孩子们发现黄瓜开了黄色的花，还在一朵小黄花的后边发现了一节小绿梗，这是什么呢？孩子摸了摸说："它扎扎的，跟买的黄瓜摸着一样。"

孩子们拿来尺子量一量，发现小黄瓜有 4 厘米。又过了 8 天，孩子们看到小黄瓜长大了一些，还发现黄瓜顶着花一起生长。回到班级，老师请孩子们用笔画一画、用黏土做一做小黄瓜。在作品中，老师发现孩子们画的黄瓜花的位置各不相同。黄瓜花到底是怎样长的？孩子们先在班级里讨论，然后带着问题再次来到小菜园，仔细地看一看、摸一摸：原来一根黄瓜只有一朵花，长在顶上。

四、黄瓜要不要收获

3 天后，孩子们发现一根长大的黄瓜，要不要收获呢？他们展开了激烈讨论。最终我们共同决定：把大黄瓜收了，小黄瓜长大了再收。

于是，我们开启了收获与品尝活动。孩子们一起采摘、清洗、削皮、切片，开心地品尝劳动果实。

在采摘过程中，孩子们发现了各种各样的黄瓜：长短不同，粗细不同，有的很弯，有的比较直。孩子们回忆，王爷爷不是说插上竹竿，黄瓜就会长直吗？这是为什么呢？孩子们再去菜园看了看，发现原来爬上竹竿长的黄瓜相对是比较直的，而挨着地面长的黄瓜是弯的。

切开黄瓜，孩子们也有了惊喜发现：嫩黄瓜里也有种子，但比较小且软；老黄瓜里发现了比较大且硬的种子，和我们买来的种子一样。种了黄瓜瓤却没有发芽的沫沫最高兴："看，黄瓜里就是有种子，但得等黄瓜老了啊。"大家把黄瓜种子一个一个抠出来，说："我们留下这些种子，明年再试一试吧。"

奇妙的黄瓜生长过程让孩子们感受到了生命的神奇和有趣。孩子们不一定能准确、完整地提出有价值的问题，但小小的发现和疑问会反映在他们的眼神里、动作里、语言里。作为老师，观察、理解、了解他们，找准时机支持他们，探究点就产生了。在良好的师幼互动中，孩子们会获得快乐的体验、有价值的认知经验和满满的成功感，更会获得多方面能力的发展。

（东营市实验幼儿园 / 刘文倩）

你不能来我家做客

作为幼儿教师，每天最大的困扰莫过于处理频繁的幼儿同伴冲突事件。由于经验的匮乏，年轻教师往往不能很好地解决这类问题，尤其是在幼儿发生矛盾冲突时，年轻教师难以找到一个平衡点，来帮助幼儿解决社会交往问题。幼儿同伴冲突的处理方式关系着幼儿社会性的发展，影响着幼儿的认知能力及语言表达能力，因此，不科学的冲突处理方式将会给幼儿的成长带来不可估量的伤害。为弥补自身经验的不足，我认真阅读了"高宽"课程系列读本中的《你不能参加我的生日聚会——学前儿童的冲突解决》一书，在实际的教学尝试和理论反思中探寻有效的冲突处理方式，帮助幼儿建立良好的同伴关系，营造生态、健康的班级氛围。

一、幼儿同伴冲突知多少

幼儿同伴冲突是指发生在幼儿园里的、幼儿之间的冲突，是幼儿与同伴之间在交往互动过程中因双方需求与利益不同，在言语、看法、目标等方面发生争执的对立行为。

幼儿同伴冲突事件是一次完整的冲突过程，包括冲突的起因、经过及结果。每个同伴冲突事件都是以幼儿双方出现分歧而开始，伴随着言语、表情、动作等行为的发生，形成对立的状态，然后幼儿运用策略来达成自己的需求和目标，结束冲突并形成新的互动。

二、处理同伴冲突有妙招

幼儿同伴冲突因不同的起因和不同性格幼儿的参与而千变万化。作为教师，我们需要在必要时介入幼儿同伴冲突并使其走向积极的结果。而"高宽"课程中的"冲突调解六步法"给了我非常有效的技术指导。

第一步，冷静地接近，阻止伤害性行为。冲突和冲突的解决是幼儿绝佳的成长机会，作为教师，遇到幼儿同伴冲突事件首先应保持冷静，不可立即呵斥或制止。但是，如果幼儿间发生伤害性攻击行为时教师应立即阻止，以防幼儿受到伤害。

第二步，认可儿童的情感。教师应明确表达出自己认同幼儿的情绪情感，如对幼儿说出"我知道你现在很生气"或"我明白你现在非常伤心"等类似的话语，幼儿得到了教师的肯定会更加容易平复自己的情绪。

第三步，收集信息。在幼儿情绪平静下来后，教师应主动了解冲突事件的起因和经过。教师只有清楚事情的原委才可以对冲突事件做出判断，避免妄下结论。

第四步，重述问题。教师让幼儿重述发生的冲突事件并帮助幼儿梳理问题。教师可以通过重述问题的方法教会幼儿发生冲突时要知道原因，从原因入手去解决问题。

第五步，寻找解决方法。教师应征求幼儿的意见，让幼儿说一说如何解决冲突事件，最后选择可以使双方达成一致的解决办法。通过这一步，教师可以引导幼儿学会协商调解的办法。

第六步，给予进一步的支持。教师肯定幼儿已经解决了冲突，如对幼儿说出"你们解决了这个问题"之类的带有肯定语气的话语，提升幼儿解决问题的自信心，之后需要教师观察儿童的后续表现。

"冲突调解六步法"虽是以教师视角为主，但每一步都以幼儿为中心，整个步骤建立在引导幼儿学会解决冲突事件的应对策略上，打破了以成人为中心的传统解决办法。这一方式对教师的要求较高，需要充足的时间和精力，结合自身班级的实际情况灵活运用。

三、调解同伴冲突巧介入

"纸上得来终觉浅，绝知此事要躬行。"从书中学习了处理幼儿同伴冲突的方法后，我就迫不及待地想要尝试一下。有一天，在桌面建构游戏过程中发生了一次激烈的同伴冲突。

小军拼插了一架大型战斗机，他兴奋地用手举着飞机在空中飞来飞去，同时嘴里发出"呜呜"声模拟飞机的轰鸣声。然然看着得意扬扬的小军，十分不服气，他一掌拍到小军的飞机上，"啪"的一声，飞机就散架了。小军生气地说："你还我飞机！"然然不理他，低着头拼着自己的飞机。这时，小军冲过来夺走了然然的飞机，扔在地上，这时然然和小军生气地打成一团，两人争得面红耳赤。教师见状，迅速介入，冷静地将二人分开，小军被老师拉开后还大声朝着然然喊着："你以后不能来我家做客了！我不邀请你了！"教师用双手分别握住两个孩子的小手，暗示他们平复情绪。

老师：我知道你们现在都很生气。但是谁可以告诉我，到底发生了什么？

小军：然然把我的飞机打散了。

老师：然然，你为什么要打散小军的飞机呢？

然然：因为我觉得他的飞机很好看，可是我没有。

老师：然然，你觉得这样打散小军的飞机是正确的吗？你打散他的飞机，他又生气又伤心。

然然：我做得不对，但是小军也弄坏了我的飞机！

老师：小军，然然弄坏了你的飞机，你也去弄坏了他的，你觉得然然心里会怎么想，你觉得你自己做得对吗？

小军：我做得不对。

老师：那么这件事情就是，然然看到小军的飞机很好看，自己没有，因为嫉妒破坏了小军的飞机，而小军又气又伤心，反过来又弄坏了然然的飞机。老师知道你们自己动手、动脑拼出来的飞机被破坏了，肯定又生气又伤心，那这件事情该怎么解决呢？

然然和小军陷入思考。

小军：我可以和然然一起做一架新的飞机。

然然：对，我们可以合作，可以让小军帮帮我。

老师：是的，你们的办法很不错。你们互相学习，一起合作，一定可以拼出更棒的飞机！真是太棒了，你们找到了比打架更有效的解决方法，你们解决了这个问题！

首先，教师冷静地接近孩子，阻止了伤害性行为的继续发展。其次，教师认可幼儿的感情，让他们说出内心的气愤与伤心。然后，在安抚中获取冲突的起因和经过，帮助幼儿重新梳理问题。在认清问题之后，将问题抛给幼儿，让他们自己寻找问题的解决办法。找到办法后，教师再鼓励和支持幼儿，让他们真正掌握解决同伴冲突的方法。

　　经过这一实践，我深刻意识到"冲突调解六步法"的实际意义，它不仅帮助我重新认识了幼儿同伴冲突，更让我开始反思之前处理幼儿同伴冲突的错误方式。我们幼儿教育工作者，最大的责任就是要理解、尊重并保护幼儿纯洁的心灵，让他们在童年这段流光溢彩的岁月里，做他们该做的事情，享受他们该有的快乐。

（东营市实验幼儿园／冯媛茹）

用爱战胜"小霸王"

每个孩子都是独一无二的，有的活泼好动，有的腼腆害羞。作为一名人民教师，我必须对孩子一视同仁，平等对待，因材施教，用教育智慧帮助他们健康成长。

一、初识"小霸王"，见招拆招

祺祺刚从私立园转到我们实验幼儿园中班，性格随性自由、无拘无束，他在行为方式上与其他幼儿格格不入，出现了霸占玩具、说脏话等许多不恰当的行为，一天下来，我需要处理与祺祺相关的好多"纠纷"。

经过对祺祺的观察，我决定先让他学会说"对不起"。当祺祺与其他孩子发生小矛盾时，大家都会要求祺祺说"对不起"，但祺祺却不以为意地说："哼，就不说。"我每次都会坚定地带着他走到小朋友的身边，让他看着别人的眼睛认真地说"对不起"。一开始，祺祺是很霸道、很倔强的，眼神里满是不屑，但迫于我的坚持和压力也会照做，看见他这样我也很生气，但还是冷静下来告诉自己，这是祺祺迈出的第一步。

二、克服坏习惯，保持耐心

好习惯不能一日养成，坏习惯也不会一日纠正。很多时候，一天下来要面对很多次同样的小错误，我也觉得十分无奈。面对祺祺频繁出现的不友好行为，我在最大程度上保持了耐心，摒弃无奈和焦急心态，心平气和、不厌其烦地跟他讲事实、讲道理，用认真的语气、坚定的眼神告诉他哪里做得不对、可能产生的后果以及正确的处理方式。

三、加强正能量，刚柔并济

健全的教育不只有正面的引导、表扬和鼓励，更应有合理的批评与鞭策。当正面引导不奏效时，我也会进行严肃的批评教育。我把他叫到一边，停止他正在做的事情，利用自然后果法对他进行适当的惩罚，让他反思自己的错误。同时，我会随时关注祺祺的变化，只要出现进步，我会抱着他或摸摸他的头，立即给予正面的、具体的肯定和鼓励，让他明白哪里做得对，哪里还应该继续进步。不久，祺祺就能够很认真地跟其他小朋友说"对不起"。

四、坚持"积跬步"，终有所获

通过一个学期的努力，祺祺各方面都有了长足进步：懂得分享，不抢夺东西；知道说对不起、谢谢；自理能力有了很大的提高；做事速度加快，散漫的态度有所改变；能和其他孩子和睦相处，结识了要好的朋友；规则意识、纪律意识逐渐建立起来。

经过相处，我和祺祺成了好朋友，他经常跟我分享新鲜事、开心事，有时还会带头帮助老师维持班级秩序，有时还要给我捶捶背、捏捏肩，之前班级里的"小霸王"变成了"小暖男"。在与祺祺家长的交流沟通中，我能真切地感受到他们的欣喜，同时也了解到祺祺对老师的喜爱是发自内心的。我问祺祺妈妈："祺祺在家是不是经常给你们捶背呀？他经常贴心地给我捶背！"祺祺妈又开心又吃惊地告诉我："他从没这样对我们和其他老师呢，这是遇到'真爱'了！"我听后，职业幸福感油然而生，更明白自己的坚持和做法是对的。

在孩子心目中，我是老师，也是朋友。通过这种张弛有度的相处，我真诚对待并尊重每位孩子，全心全意地呵护他们的成长，让"爱"的光芒播撒、传递。

（东营市实验幼儿园／刘梦琪）

鸽子喂养记

　　春来夏往，秋收冬藏。阳光给我们带来了温暖与明亮，大自然给予孩子们无限探索的可能。探索是用手触摸，探索是用眼观察，探索更是在有准备的环境中畅游。

　　东营市实验幼儿园的每周一是孩子们最喜爱的日子，因为升旗仪式结束后小朋友们就可以去看小鸽子们了。鸽子在蔚蓝的天空中飞翔时就是全园孩子最兴奋的时刻，他们挥舞着小手，激动地大喊着："鸽子，你好。"孩子们渴望认识鸽子，了解鸽子，渴望与鸽子成为好朋友。于是，"鸽子大调查"活动在阅读区有序展开，孩子们通过上网查、读绘本等方式，讲述了他们与鸽子的认知历程。除此以外，东营市实验幼儿园有专门的动物乐园，那里住着很多的鸽子朋友，但孩子们想近距离接触鸽子，怎么办呢？我深知追随孩子的需要、探索课程的有效学习是至关重要的，于是，我与饲养鸽子的工作人员商量，询问能否让孩子们在综合运动区域附近自己喂一次鸽子。非常幸运的是，工作人员答应了我的请求。这天，孩子们在综合运动区滑滑梯，喂鸽子的工作人员突然走了过来。孩子们有着强烈的好奇心，一直问我："张老师，那个叔叔手里是什么东西啊？"我耐心地解释着孩子们的问题，告诉孩子们那是喂鸽子所需要的粮食，有谷物、豌豆、花生等。孩子们恍然大悟，开心地围着工作人员七嘴八舌地讨论着。小羽试探性地问："叔叔，我们可以帮忙喂鸽子吗？"趁着这个机会，我强调了喂鸽子的注意事项：张开小手，小心地蹲在地上，静悄悄地不要发出声音，要不然会把鸽子吓跑。孩子们的小脑袋像小鸡啄米似的点个不停。然后，孩子们密密麻麻地蹲在地上，像一朵朵盛开的小花一样。鸽子们一看这么多人，吓得不敢飞下来，我忙说："你们可以看一下鸽子飞翔的姿态啊。"孩子们虽然安静下来了，但是任凭工作人员怎么吹鸽哨，鸽子们都久久盘旋在天空上方，不肯过来觅食。

孩子们叽叽喳喳地说："张老师，我们等了好久，鸽子还不下来吃饭呀。"我摸了摸他们的小脑袋，微笑着说："孩子们，再耐心等待一会儿，要给鸽子一点时间，让他们跟你们熟悉起来呀。"孩子们连忙点头，每个孩子都找到了自己觉得合适的位置。功夫不负有心人，不一会儿，鸽子便飞下来了，用它们那灵巧的小嘴啄走孩子们手中的食物。有胆子大的孩子会轻轻地摸一摸鸽子，然后咯咯地笑。小羽很惊奇地发现："张老师，你看鸽子的嘴巴尖尖的，咕咕咕地叫着，好可爱呀。"我顺着小羽的话说："你们也可以观察它的羽毛、翅膀、脚丫是什么样子的呀。"孩子们若有所思地点点头，跟我讲述着他们眼中的小鸽子。快乐的时光总是短暂的，孩子们依依不舍地和鸽子们进行告别，鸽子喂养活动也顺利结束了，孩子们都把自己的快乐用绘画的形式记录下来，我耐心地帮他们做着记录，听着他们流畅的语言、丰富的词汇，内心充满成就感。孩子们全身心的投入，意味着他们真正将自然与游戏融为一体，与自然"鲜活"地相遇了。

都说幼儿是自然之子，坚持生态教育就是要让幼儿真正参与进来，保护动物，爱护自然。幼儿在游戏中丰富着内心体验，构建着属于他们自己的内心世界，大自然的美好也会治愈着他们，教会他们做一个温柔而善良的人。每个幼儿都是一粒种子，陪伴幼儿在生态式教育中去探索、去发现、去体验，本身也是一种美好。

（东营市实验幼儿园 / 张洁）

亲近自然 润泽童年

当国歌奏响，当鲜艳的五星红旗迎着朝阳冉冉升起后，孩子们依然有秩序地站在操场上，因为他们知道，一只只漂亮的白鸽将会在空中飞翔，为本次升旗仪式画上圆满的句号。

升旗活动结束后，孩子们忍不住好奇地抬头仰望天空。过了一会儿，坤坤问："老师，白鸽认识回家的路吗？"我笑而不语，思索着怎样回答才能让孩子们明白。这时，玉玉肯定地说："它们一定会飞回家去的，它们的爸爸妈妈也会把它们带回家的。"豆豆说："万一被坏人抓住了怎么办，就回不了家了呀。"看着孩子们好奇地等待着我的回答，我故作神秘地说："白鸽究竟怎么飞回家的我也不确定呢，要不我们找个时间一起去白鸽家做客吧，看看它们是怎么回家的。"孩子们异口同声地说"好"。回教室的路上，孩子们依然热烈地讨论着有关白鸽的话题，我在心里暗下决心，一定要和孩子们一起探寻白鸽的秘密。

午饭过后，在孩子们散步时，我们来到了白鸽的家，幸运的是遇到了饲养员老师正在投喂白鸽。看着孩子们跃跃欲试的样子，热情的饲养员老师邀请孩子们跟他一起投喂食物。面对这些新来的伙伴，无论是孩子们还是鸽子都有些紧张，但这也丝毫不能阻挡孩子们对鸽子的喜爱。看着白鸽认真而又警惕地吃着玉米粒，孩子们觉得有趣极了。这时，眼尖的安安发现了一只小鸽子，是一只刚孵出的雏鸽，身体弱，眼睛睁不开，身上只有初生的绒毛，不能走路。看看雏鸽，再看看成年的鸽子，孩子们觉得特别神奇。欣欣很感慨地说："这只白鸽好小呀，好像我小时候的样子呀！"安安说："我们给它取个名字吧。"我饶有兴致地问："叫什么呢？"这时候，孩子们打开了话匣子，他们簇拥在一起，你一言我一语地讲起来，急切地与小伙伴们分享着自己起的名字："我要叫它'小白'，因为它身上很白，就像雪一样。""我要叫它'欢欢'，因为我想让它快乐地生活在我们幼儿园。""我想叫它'球球'，因为它长得圆滚滚的。"看到孩子们积极地分享自己的想法，我特别开心。俗话说，兴趣是最好的老师，找到孩子感兴趣的话题，才能激发幼儿探索的欲望。关于给雏鸽起名字的讨论就这样开始了。坤坤依然不忘问出他最感兴趣的问题："叔叔，白鸽是怎么飞回来的呀？"饲养员老师想了想，说："给你们演示一遍吧。"说着，便放出了几只白鸽，哨声一响，白鸽们果然飞了回来。孩子们惊讶不已，一直夸鸽子厉害。我向饲养员老师请教其中的奥秘，回到班里之后把答案分享给了孩子们。原来让白鸽回巢的方法是这样的：每天选择同一时间喂养，在吃食时吹响亮的哨子，同时添加几粒小花生米效果更好。经过一段时间的训练，当吹响哨子时，鸽子们就会自动回巢了。

得到答案的孩子们心满意足地午睡了。下午的户外区域，孩子们看到空中飞翔的鸽子，还问我以后可不可以再去白鸽家做客，在得到我的肯定回答后，孩子们兴奋不已。回到教室进行游戏表征时，孩子们竟不约而同地画起了白鸽。有的画了许多一样大的白鸽在天空飞翔，有的画了一家三口，还有的画了自己观看白鸽的场景。这些可爱的小生命，搭建起了孩子们内心丰富多彩的世界。

从此，我们经常在饭后散步时间来看望这些白鸽朋友，小朋友们对小动物有天然的亲近感，看到它们，大胆些的孩子还会伸手轻轻抚摸它们。毛茸茸的小动物深深吸引着孩子们，孩子们发自内心地喜欢，想和它们做好朋友。而在班级活动"每日一讲"中，也有越来越多的孩子讲到了关于白鸽的绘本故事。在和家长的沟通交流中，我发现孩子们回家也经常与家人分享有关白鸽的事情，也会从家长那里带回有关白鸽的新知识与其他孩子分享。因此，在饭后散步时，我会与孩子们探讨关于鸽子的新知识，并鼓励孩子们勇敢发言。安安总是积极地第一个发言："我知道白鸽喜欢干净，非常喜欢洗澡。"坤坤说："我知道白鸽喜欢吃玉米、绿豆、高粱等食物，一般没有吃熟食的习惯。"玉玉说："我知道由于白鸽的祖先长期生活在海边，经常喝海水，所以它们离不开盐。"在教育教学中，我也选择了与白鸽有关的活动，如有关白鸽的律动和手势舞，都会得到孩子们的青睐。

小动物是孩子们感兴趣的话题，他们充满好奇心，积极探索。在与白鸽接触的这段时间里，孩子们把它们当成是自己的朋友，不仅对白鸽有了更多的了解，也萌发出关心、爱护小动物的纯真情感。大自然是最好的课堂，这里蕴藏着丰富的资源，希望这些白鸽能为孩子们多彩的童年增添一抹色彩，让生态教育点亮孩子们精彩的童年时光。

（东营市实验幼儿园／赵倩）

润雨无声　以爱育人

提起"小朋友"三个字，大家首先想到的会是什么画面呢？

是"最喜小儿亡赖，溪头卧剥莲蓬"的天真顽皮，还是"蓬头稚子学垂纶，侧坐莓苔草映身"的年幼懵懂，又或是小伙伴红扑扑、粉嘟嘟的小脸蛋，就像四月的天，哭笑就在一瞬间，说变就变。

无论如何，洋溢欢声笑语的儿童时光都是人生最美的画卷。

一、爱是教育的起点

人生百年，幼教为始。

幼儿园阶段是儿童授受基础教育、启蒙教育的阶段，是儿童走进社会的第一站。而幼儿教师则是儿童这一时期的关键陪伴者、支持者和引导者。我很荣幸能够成为一名幼儿教师，行走在童心的世界，与儿童共绘五彩画卷。

我从事幼教工作已经 10 年了，从刚开始时的手足无措，到现在的驾轻就熟，从一名新教师成长为骨干教师，一路走来，并没有职业倦怠，反而随着对幼儿了解的深入，更加热爱自己的工作，也更加热爱天真可爱的孩子们。

我认为教师之魂在于"爱"，爱是教育的起点，所以我要求自己每天都要多给孩子们一点爱，让他们切实感受到爱，在爱中成长，也成为有爱的人。

二、爱是温柔以待

爱是需要温柔以待的，你付出的温柔，终将以爱回馈给你。我清晰地记得，那天早上的阳光洒在幼儿园的操场上，显得格外夺目。

班里有一位个子高、胖嘟嘟的小朋友，他的胃口很好，吃饭的时候总比别的孩子多吃一碗，说得最多的一句话就是"老师，再来一碗"，他憨憨的、可爱的样子很让人喜欢。但是他却很少说话，经常一个人在教室的角落里玩玩具，集体活动时也很少举手，放学的时候总是爷爷奶奶来接，我从来没有见过他的爸爸妈妈。

带着这些疑惑，我便和奶奶说明孩子在学校的情况，也想了解孩子在家的表现，没想到孩子奶奶却不以为地说："俺孙子能吃能喝大高个儿，长得好着呢。"

在这种情况下，我只能尝试与孩子进行沟通了。他对我很有礼貌，但却不愿意敞开心扉，于是我进行了一次又一次尝试。终于有一天中午，在我哄他睡觉的时候，他告诉我："老师，我想妈妈了，我已经很久没有见过妈妈了。"

原来，爸爸妈妈在他刚上幼儿园的时候就分开了，奶奶便告诉孩子，是因为爸爸工作忙，妈妈不爱他，所以才不管他。

听完他的这番话后，我的心头一紧，眼泪不自觉地流了下来，心疼地将他抱入怀中，告诉他："所有的爸爸妈妈都爱自己的宝贝，只是大人有大人的事情，有时候可能因为工作忙照顾不了你。但是你到幼儿园来可以结交很多朋友，朋友会爱你，老师也爱你，你会收获到很多爱。"

他懵懵懂懂地看着我，点了点头，抱着我的手又紧了一些。

从那以后，我经常鼓励他主动和其他孩子一起玩。周末时，我会邀请他去我家做客。他生日的时候，我带着班里所有的孩子一起为他唱生日歌，用太空泥捏生日礼物送给他。慢慢地，他脸上的笑容越来越多，看着他渐渐开朗的样子，我特别开心。

临近中秋节的一天早上，他突然从口袋里掏出半个用纸巾包好的月饼塞给我说："老师，这个月饼是我的好朋友送给我的，非常好吃，我想分给你一半。"接过月饼的我感到无比的暖心，不禁流下了眼泪。

孩子的世界是天真纯净的，他们是世界上最美好的存在，我把我的爱给予了孩子，而孩子，也用他的方式将爱回馈给了我。

三、满怀爱心育人

"教师是太阳底下最光辉的职业。"人们经常用这句话来赞美老师。能成为这些孩子的启蒙者和陪伴者，我感到非常幸福和幸运。润雨无声生万物，与孩子相处，我将时刻心存爱意，将师爱化为母爱，去爱护每个孩子。教育使我成长，更使我与孩子们亲近，我将凭借这份热爱，攀登育人事业的高峰。

（东营市实验幼儿园／陈玉洁）

快乐如此简单

每个孩子都是一粒种子，享受阳光的沐浴，感受微风的轻抚，渐渐地发芽，慢慢地长大。等一朵花开需要爱和耐心，每颗种子的存在都无可取代。孩子们的生活是多姿多彩的，他们的生活中总是充满惊喜，充满乐趣，也充满意外。他们有好多"稀奇古怪"的想法，都源自于这些惊喜、乐趣和意外。细细留意，就会在孩子的一言一行中发现他们独特的关注焦点。

一、看见儿童，滋养生命

午饭后，我和孩子们在户外散步时，发现平时就一直特立独行的宸宸又跟在队伍最后跳"格子"，沉浸在自己世界里的他已经被长长的队伍落下好远了。我看到后先是喊了他一声，但他依然沉浸在自己的世界中，我只好停下队伍走过去找他。我刚想用责怪的语气问他怎么掉队了，还没等开口，就听见他一边跳一边嘴里嘟囔着草原、火山、大海，原来他把我们操场上的绿色、红色、蓝色的塑胶小路想象成了草原、火山、大海，看到这里我没有打断他，而是回去和所有的小朋友悄悄地说："宸宸小朋友发现了新大陆。走，我们一起去看看！"其他孩子也眼前一亮，纷纷朝宸宸奔去。不一会儿，孩子们围在一起在"草原"上奔跑，有的孩子还假装手里拿着小鞭子做出马儿奔跑的姿势，滑稽的样子像是在跳舞；有的孩子则在"火山"处跳跃，经验丰富的孩子还说自己在躲避岩浆喷发，灵巧的身体左躲右闪，好像火山岩浆真的在往外喷发似的；有的则在"大海"里游来游去，小手并拢，摇摇摆摆当作小鱼尾巴，灵巧的样子就像鲤鱼跳龙门，几个活泼的孩子还跑过来拉着我的手跳进了"大海"里。

这时，宸宸两只手在胸前张开，故意张开大嘴巴龇着牙，露出一副凶巴巴的样子朝我扑来，一边说着："啊……岳老师，我是大鲨鱼，我要吃掉你。"我见状立马掉头逃跑，逗得他哈哈大笑。瞬时，好几条"大鲨鱼"朝我扑来，许多孩子纷纷变成"鲨鱼"来追赶我。他们一边追一边和同伴打趣道："你看，吓得岳老师一直跳，哈哈哈哈！"见我被追赶，有几个小朋友还特别贴心地跑过来说："岳老师，别怕，我来保护你。"说完张开双臂挡在我身前，面朝几条"鲨鱼"喊道："不许'吃'岳老师！"我只能一边逃一边不断地提醒孩子们刚吃完饭慢点跑。简单的饭后散步演变成了孩子们的自主游戏，孩子们的天性得到了释放，我也成了他们的游戏伙伴。

二、看见儿童，通达教育

看！这就是孩子的惊喜和乐趣，也是他们独特的视角。孩子们的想法千奇百怪，却又处处存在惊喜。我也很庆幸自己当时并没有因为宸宸的掉队而生气责怪他，而是对他这千奇百怪的想法给予鼓励，正是因为自己愿意聆听他内心的声音，这才有了我们在操场上的热闹场景。当宸宸的想法被看见，他感受到自己被理解、被懂得，我想这样的体验本身便是对生命的滋养。如果我们能感受孩子的感受，清楚孩子的需要，发现孩子的力量，孩子也会因我们的看见而看见自己、相信自己，更有力量和动力去成长、去超越。

看见孩子，看见每个完整、鲜活、具体的孩子。我真切地希望每位老师都可以慢下来等等孩子，去守护那些容易被忽视却想法独特的孩子，用多元的视角、真诚的心去共情和接纳孩子。孩子就像嫩芽，需要给予他们阳光、雨露、和空气。只有让孩子自然、灵动地生长，生态健康教育才具有意义。让我们一起给孩子最好的支持，让每粒种子都健康快乐地生长。

（东营市实验幼儿园／岳超）

■ 和谐亲子关系

负冀追梦

时间过得比想象中要快，转眼间，女儿郭昕妍在东营市实验幼儿园已经度过了 8 个月的快乐时光，我知道这只是她漫长人生中的短暂一瞬，但我相信她心中已经播下了迎接未来挑战的种子，收获了能够镌刻进生命年轮里的成长故事，留下了散发着珍珠般亮光的美好回忆。这一切都源于我们当初幸运地选择了实验幼儿园，又幸运地遇到了四位无微不至、真心付出的老师。老师们的细心关怀和专业素养给了我们不竭的动力，塑造了女儿乐观向上的良好品格，这样说并不是出于世俗的恭维，而是发自肺腑的由衷感谢。

从女儿上实验幼儿园的第一天起，我就把自己当作和她一起同成长、共欢乐的孩童，我们彼此手牵着手，在被阳光照耀、被月光浸染的路上追赶着自己的梦。那梦是一幅用五彩锦线编织出来的美好画卷，一直让我们父女俩沉醉其中、乐此不疲。至今我都清晰地记得，试园结束后那天下午，昕妍和我说："爸爸，今天真开心呀！我明天还来幼儿园。"听到她说这句时，我虽然表面镇静，其实心底早就乐开了花，那时我就想如果昕妍每天都能这么开心快乐该有多好。昕妍每天都高高兴兴地上学，开开心心地回家，不爱吃饭的问题也有了很大改善，原来消瘦的小脸也变得圆嘟嘟的。一段时间后，还拿回来六七张"周全勤奖"和两张"月全勤奖"奖状。特别是在元旦晚会上，昕妍和她的小伙伴们一鼓作气地表演了 20 多首儿歌和舞蹈，简直"惊"到了我和她妈妈，我们为她高兴了一个晚上。

我承认，自己是个理想主义者，在现实的土地上，我从来没有忘记过梦想的模样。我相信自己，更相信女儿，昕妍的每次成长和进步都值得我在梦中抿嘴憨笑。尽管每个人都会有苦恼或者遗憾，但我们还是会微笑着面对生活，背负希望、信心满满地面对未知的未来。由于工作的原因，我能够陪伴女儿的时间很少，但值得欣慰的是，她有实验幼儿园这个大家庭的陪伴，一所好的幼儿园就是我们所有为工作而忙碌的父母最坚实的后盾。

我深知，幼儿园是孩子漫长人生之路的起点，尽管前路漫漫，存在许多未知，可我还是一如既往地期许着女儿的未来。我相信前面的路上花开满地，杨柳青青。人生漫漫，未来可期，是种子就注定要在现实的土壤中生根发芽。小苗将怎样长成大树，这取决于它战胜风雨的雄心和获取阳光的壮志。感恩当下，逐梦未来，我坚信有实验幼儿园的坚实臂膀和老师们的一路相伴，梦想定会照进现实！

未来的路上，让我们携手并肩、逐梦而行。负冀追梦，希望女儿在挫折之后仍能挺起不屈的脊梁；负冀追梦，在开满鲜花的途中，自有一双明亮的眼睛来验证她的执着和对理想的真诚。

（东营市实验幼儿园 / 郭志彬　郭昕妍爸爸）

以爱之名

师爱是严与爱的结合，是理智与情感的融汇。我是一名小学老师，我一直认为我对"师爱"的理解比较透彻，但自从儿子上了幼儿园，我从"老师"转化为"家长"后，才更真切地体会到"师爱"这两个字的含义。

一、"师爱"是体谅

今年9月，我的儿子董高旭进入东营市实验幼儿园，生活环境从小家庭变成大集体，他也正式成为小小"社会人"。那段时间，对我们家来说不啻"轻微地震"。孩子能不能好好吃饭？会不会在学校哭闹？能与其他小朋友相处愉快吗？甚至，老师会不会过于严厉？学校饭食对不对孩子胃口？这些问题萦绕在我的脑海中，反应在我的行动中，我每天最盼望的事情就是下班回家看到孩子。让我意外的是，董高旭很快适应了幼儿园的生活，每天回家脸上都挂着笑容，小胳膊小腿也比入园之前更有力气了。这一切都归功于尽职尽责的三位老师——胡老师、綦老师、崔老师。在第一周的入园适应期，三位老师每天都在班级群里发孩子们的照片，照片覆盖到班里的每个孩子。孩子们的生活起居、学习游戏，每一幕都呈现在家长眼前。三位老师设身处地地站在家长的角度，体谅为人父母的心情，这份良苦用心，我们看在眼里，也记在心里。现在想来，是老师们的贴心照料让家长们逐渐放宽了心。

二、"师爱"是宽容

宽容——这是董高旭入园两年来，我对实验幼儿园最大的感受。老师们一直以"宽容"的心态面对幼儿的一切，在几位老师看来，"幼儿一切皆善"。

我们班有个小朋友，经常尿裤子，有时午睡的时候还会尿在床上，连"小邻居"也跟着遭殃。三位老师为了照顾她付出了很多汗水，但是她们都没有批评、埋怨孩子，而是及时清洗衣物，保持被褥干爽整洁。

在爱和宽容的环境下，孩子们更加勇敢地表达内心、快乐成长。因为他们知道，不管犯了多"大"的错误，老师们总会帮他们改正。我的儿子董高旭也在这样的环境中，逐渐敞开自己的心扉，听从老师的教导，自我管理能力逐渐提高，能主动帮妈妈提重物，照看妹妹，自己的事情自己干。看到孩子这些转变，我的心里暖暖的。

简尼尔森在她的《正面管教》中说过：自律的基础是自尊，只有认同自己，才能有效管理自己。实验幼儿园的老师们正是这一理论的践行者。她们充分尊重幼儿，肯定他们的行为，鼓励他们学习自我管理，让孩子们从一点一滴中认识自我、肯定自我、发展自我。

三、"师爱"是认同

当老师的都有这个感受，每个班都有一两个"调皮蛋"，他们自我约束能力差，不光自己坐不住，还往往带动"左邻右舍"也成为"活跃群体"。这个小群体的存在增加了班级管理的难度，也加大了老师们的工作量，让老师们头疼。实验幼儿园在面对这类幼儿时体现出来的爱，令我钦佩。

园里有位"知名度"很高的小朋友，刚入园时在自己的位置上坐不住，到处走、到处爬，趁老师看不见就跑出教室，与其他孩子发生争执时也经常推搡他人。由于这位小朋友身形高大，其他小朋友都不是他的"对手"，家长们对此怨声载道。面对这个棘手的"问题幼儿"，实验幼儿园的老师们首先安抚了家长：我们会尽量照顾每位孩子，确保在园期间的人身安全和心理安全，请家长们放心。同时，他们也强调：每个幼儿都是独一无二的，我们肯定个体的特殊性，不会放弃每个孩子。

这位小朋友得到了更多的关注。中班后，大家欣喜地发现，这位小朋友能控制自己的行为了。更让人惊讶的是，当看到小朋友哭鼻子时，这位小朋友还会主动拿纸巾给小朋友。这个孩子的转变，凝聚了实验幼儿园幼师们浓浓的爱和认同。

"我认同你是一个好孩子，但老师不认同你的一些做法。"这是老师们对待"问题孩子"的原则，这个原则值得所有老师甚至家长们学习。

四、"师爱"是相信

现在的孩子普遍较"懒",这是因为他们周围有一群勤快的家长,为他们处理好了一切事情,饭来张口、衣来伸手就可以了。实验幼儿园老师们的做法恰恰相反:相信孩子们能处理好自己的事情。老师有计划地教给孩子们自我管理的方法,如铺床、穿脱衣服、清洗小杯子、整理桌椅。

老师们利用童话故事让幼儿知道勤劳使人收获、懒惰让人厌恶;老师们不厌其烦地教给孩子们各类自理技巧。儿子有时候会告诉我怎么分辨裤子的前面后面,怎么清洗杯子看不见的地方,怎么叠衣服……这些家长们容易忽略的小技能,孩子们在实验幼儿园都逐渐掌握了。归根结底,是因为老师们完全"相信"孩子们。

孩子们是一棵棵幼苗,需要"爱"的浇灌。在实验幼儿园,孩子们在"爱"的照耀下,在幸福的包围中,健康成长,愉悦进步。

（东营市实验幼儿园 / 高娜　董高旭妈妈）

你是我心底的一首歌

诺贝尔物理学奖得主卡皮查在接受媒体采访时说："我一生中最重要的东西，不是在大学，也不是在实验室，而是在幼儿园学到的。"很幸运，我的孩子，在东营市实验幼儿园度过了快乐、纯真、充实的三年美好时光。作为孩子的母亲，此刻我无法用语言来表述对学校、老师的感激。

一、是您，让孩子的心房开满爱的花朵

孩子第一天独立上幼儿园，我的内心充满了忐忑和不安。我不知道面对那么多陌生的小朋友，她会如何跟他们交流，不知道没有家人的陪伴她如何独自睡觉，不知道自己吃饭吃得好不好……可是，孩子很快就给了我大大的惊喜。每天接她时，洋溢在她脸上的笑容、小朋友间的趣事、好玩的游戏、好听的故事、好吃的加餐都告诉我，她非常快乐。每天，她总是津津有味地跟我讲述幼儿园的点点滴滴：她摔倒时，有小朋友扶起了她；老师还带他们去喂可爱的小兔子。慢慢地，小小的她情感逐渐丰沛起来。她学会了分享，学会了关心别人，学会了爱惜花草，学会了爱。有一次，她特别认真地跟我说："妈妈，我爱我的幼儿园，我爱我们班，我爱我的老师，我也很爱你！"那一刻，除了感动还有感谢。因为在我看来，一个内心被爱充盈的孩子，一定是一个善良的好孩子。

二、是您，让孩子懂得遵守规则

著名的教育家叶圣陶说过："什么是教育？简单一句话，就是养成良好的习惯。"而习惯养成的第一步，就是遵守规则。从任性刁蛮的小公主，到成为遵规守矩、自己的事情自己做的好宝宝，幼儿园毫无疑问地发挥了至关重要的作用。记得有一次家长会，许海英老师讲了一件事，让我印象非常深刻，并且深受触动。她说，下午放学接孩子，一定要领着孩子从西门出，因为这是规则。如果您嫌西门远，带着孩子走捷径从北门走，那您的孩子无形中就会忽略规则，学会投机取巧、寻找捷径。我突然意识到，对孩子的教育，更多地体现在细节和细微琐事的处理中。后来，我开始偷偷观察孩子，意外地发现：吃饭前她能主动洗手，人多的时候她知道排队等待，外出的时候她知道遵守交通规则，有垃圾的时候她知道扔进垃圾桶……在幼儿园集体生活中养成的这一系列良好习惯，都始于老师们正确的教育理念，始于老师们不厌其烦地耐心引导，始于老师们自身对规则的敬畏和遵守。

三、是您，为孩子打开了五彩斑斓的世界

我想，对于天真无邪的孩童来说，阅读无疑为孩子打开了一扇通往美丽世界的大门。幼儿园从最初的让家长用阅读记录本记录孩子阅读过程中的点滴，到每周的"图书漂流"活动，都能让孩子读到优质的绘本，再到现在的阅读"小银行"和每日"小老师"活动，阅读已经内化为孩子的习惯。每每想到老师们为了让每个孩子都爱上读书，不辞劳苦地在阅读记录本上写下那么多鼓励孩子的话，一次次核对孩子们交流书籍的次序，一句句教孩子们背诵，我不由得感叹，师者仁心。除了阅读，老师们还特别注重对孩子观察能力的培养：他们鼓励孩子们亲手种植小植物并观察它的成长；和孩子们一起期待小鸡破壳而出；在某个春意盎然的下午和孩子们一起种土豆；在生活体验馆亲手做孩子们最喜欢的蛋糕……孩子们的好奇心不断地被满足，又不断地被激发。老师说，对孩子的问题，千万不要敷衍，这就是求知欲的开始。自那以后，当再次面对孩子提出的问题时，我都会绞尽脑汁，尽量用她能听懂的语言来解释或者启发她。

四、是您，为孩子搭建了人生第一个绚丽多姿的舞台

生活需要仪式感。《小王子》中的狐狸说："（仪式）它就是使某一天与其他日子不同，使某一时刻与其他时刻不同。"确实，因为有仪式感的存在，生活才会有惊喜，有期待，有波澜，才会被珍爱。东营市实验幼儿园不断地为孩子们搭建起一个个绚丽的舞台，让他们深深感受到来自生活的仪式感。犹记得孩子参加完全市"萌宝故事大赛"拿回第一张奖状时的情景，那种快乐，那种满足，那种骄傲，在她小小的心灵上增添了多么精彩的一笔！后来，她陆续参加了绘画比赛、大众网"年历宝宝"大赛、东营市群众春节联欢晚会……只有 6 岁的她，已经懂得了

"台上十分钟、台下十年功"的含义，已经懂得了只要坚持和努力，就会站在更大、更美的舞台上展示自己，已经尝到了辛苦付出后被肯定的甜甜滋味。

（东营市实验幼儿园／勾春燕　刘奕钿妈妈）

我的孩子在"实验"

每当站在市政大楼高层办公室的窗边远眺，幼儿园五颜六色的外墙和偌大的游戏设施总是能第一时间映入眼帘，有时还会看到孩子们玩耍嬉闹，蹦蹦跳跳，那些小小的身影也总能让我从紧张的工作中放松下来，微笑不由自主地就爬上嘴角眉梢。是的，作为一名母亲，能第一时间吸引我目光的，总是与孩子有关；能带给我由衷喜悦的，也一定是孩子。只是那时还没有想到，两年后我的女儿也会成为这所幼儿园的一员，在这里一天天茁壮成长。

真正开始关注实验幼儿园，是在去年春天。女儿马上到了入园的年龄，自然要开始考虑择园问题。说实话，起初对实验幼儿园的认识还停留在"一所很老的幼儿园"上，心里有点打鼓：一所建园那么早的幼儿园，硬件设施应该会被近年新建的那些幼儿园"甩出几条街"吧？教学理念会不会也像它所处的环境一样陈旧？直到一次机缘巧合，我遇到了一位很专业也很投缘的幼儿教师，当她得知我正在考虑择园问题时，说了句"'实验'很好啊，在我心里，它简直就像'圣殿'！"基于对她的信任，我开始深入了解实验幼儿园。这才发现，实验幼儿园建园多年来的发展真可谓硕果累累：幼儿园先后荣获全国实施素质教育先进单位、山东省十佳幼儿园、山东省学前教育先进集体、山东省优秀家长学校等；多名教师被评为省特级教师、省教学能手、省优秀教师、市功勋教师、学科带头人；健康教育特色活动成果显著，多次荣获东营市首届教学成果奖、山东省优秀课程资源评选一等奖、山东省特色教育活动展评一等奖；研发的课程资源入选山东省幼儿园教师远程研修课程资源库，供全省近3万名学前教育工作者远程学习。

进园一看，硬件环境设施与之前想象的更是天差地别。园所比我在办公室里看到的要大得多，森林乐园、超大滑梯、快乐大本营、湿沙城堡、宝贝球场、空中乐园……各种户外活动设施琳琅满目；现代化的图书阅览室、科学发现室、美劳室、生活体验馆、形体训练室等活动区域一应俱全，还有面积超大、装修一流的多功能厅、大餐厅、食堂……教学楼的走廊、墙壁上到处都是孩子们的绘画、手工、创意作品，整洁雅观，童趣盎然，充满生机与活力。若非亲眼所见，真的很难相信这是一所具有多年发展历史的幼儿园！无论是硬件设施还是软件资源，我看到的实验幼儿园与之前先入为主的印象毫不相干，而且远远超过了很多近年来新建的幼儿园。

如此赫赫"战功"摆在眼前，我还犹豫什么呢！去年秋天，我果断牵起女儿的小手，把她送到了这所卓越的幼儿园，她人生小小的航船由此扬帆。

至今，女儿入园不过半年，从生活起居到习惯培养，从认知启蒙到个性养成，都给了我大大的惊喜！当她在家很自然地念着儿歌穿鞋子、叠衣服，当她在放学路上开心地给我讲老师新教的故事、新教的绘本、新学的游戏，当她与小朋友们在元旦联欢会上一鼓作气连唱十几首儿歌、表演 8 支手指谣、2 个舞蹈，当她特别欣喜地告诉我她交到了好朋友，并在偶遇时兴奋地向我介绍……每每此时，我都深刻感念实验幼儿园给孩子们创造的卓越条件、提供的优秀资源。从女儿的进步中，我看到的是幼儿园每位老师都实打实地践行"用爱心播种快乐，用理解滋润心灵，用细节成就完美"的教学理念。

女儿所在的班级，由三位年轻老师负责，她们用春风化雨般的爱心、耐心和细心，伴着高度的责任心，精心浇灌着班里的"小苗苗"。记得某天放学，我匆忙接完孩子正要走时，老师主动叫住我，询问孩子在家的吃饭和午睡习惯，因为孩子在园里吃饭和入睡比较慢，老师担心孩子吃不饱、睡不好，在得知我一直苦恼女儿从小就比较挑食后，又劝慰我这事急不来，我们一起慢慢来。这样的小事在我的记忆中还有很多。

入园半年，我收到了女儿自己制作的两份小礼物，是感恩节和"三八"妇女节礼物。看到礼物后我在想，说是孩子自己制作的，其实对小班的孩子来说，每张贺卡的造型、小配件连同上面的文字，哪个不是老师帮忙完成的？这么多贺卡，老师们需要在有限的时间里剪多少张心形卡纸，需要帮他们写下多少字。当孩子对我说"妈妈你辛苦了，我爱你"的那刻，我固然感动、惊喜，但更感激老师们的用心引导和无私付出，她们又何尝不是妈妈，她们又何尝不应该被感恩？我深知，孩子的每一点成长，都凝聚着老师们无尽的耐心和无私的爱。爱心、理解、细节，实验幼儿园倡导的这些理念，老师们一直都在用行动践行着。有这样的老师每天引导、陪伴孩子，是我的幸运。

我庆幸当时为孩子选择了实验幼儿园，事实证明我的选择是正确的。现在，每当与人说起幼儿园，我都会非常自豪地说，我的孩子在"实验"！

（东营市实验幼儿园 / 冯学琪　安筱珂妈妈）

三年一小步 人生一大步

一、初识

我刚参加工作那会儿，单位给单身职工安排的宿舍就在清风小区，上班和下班都会路过实验幼儿园，每天我都能看见孩子们在园里快乐地生活、学习、玩耍。孩子们的欢声笑语伴着节奏欢快的音乐陪我走完那一小段路程，我每天都感到愉悦。

那时的我经常想：我以后也会组建家庭，如果自己的孩子能够在实验幼儿园上学是多么方便、多么幸福的一件事。方便是接送方便，上下班顺路；幸福是园里氛围融洽、设备齐全，在这样一个快乐祥和的大家庭中度过三年，对孩子的成长有很大的帮助。

我很荣幸，这个小小的愿望在几年之后实现了。

二、入园

三年前，对我的家庭来说是极为重要的一年，儿子宫承骏进入了实验幼儿园。孩子初次入园，相信每个家长都会忐忑不安，我也不例外。每天把儿子送去幼儿园后，我和他妈妈就盼望着放学时间的到来。幸运的是，我们这种焦虑的心情很快就被终结了，因为我们遇到了三位尽职尽责的优秀老师——许海英、李小婧、朱艳红。老师们的良苦用心，我们看在眼里，也记在心里。现在想来，是老师们贴心的照料让家长们逐渐放宽了心。

幼儿园是孩子们从家庭走向社会的第一步，小班这一年更为关键，它是孩子从家长的怀抱进入班级、集体的第一年。从"众星捧月"到"百花齐放"，孩子从生活习惯到心理感受都需要逐步适应。三位老师从喂孩子吃饭到引导孩子自己吃饭、从帮助孩子穿衣到引导孩子自己穿衣、从帮助孩子上厕所到引导孩子自己上厕所、从抱着孩子睡觉到引导孩子自己睡觉等诸多方面入手，帮助孩子跨过了人生第一次小磨难，经历了人生第一次小成长。

家长进课堂的开展，既锻炼了孩子，也锻炼了家长；校园开放日，让家长熟悉了孩子在园里的一天是怎样度过的，让家长切身体会到了孩子的进步成长是怎么来的。我也深深体会到了幼儿园老师们从生活起居、体育活动、音乐舞蹈、手工作业等方面引领孩子的辛苦。

学校开展的"学校—老师—孩子—家长"多项全员参与的活动，让学校、老师、孩子、家长四者之间加深了认识，增强了感情，为孩子受到良好的幼儿教育奠定了坚实的基础。

三、成长

中班和大班是孩子的成长期。孩子消除了小班时期对学校、老师、同学以及环境的陌生感，身体素质进一步提高，入园率也稳步提升。伴随着学校和班级各种基础课程和特色课程的开展，孩子们在生理和心理方面的各项指标均得到了很大提高。

班级组织的外出参观、游玩等活动开阔了孩子们的眼界，让孩子们接触到了在幼儿园接触不到的新鲜事物。植物园游玩活动，让孩子们与大自然亲密接触，放飞自我；进军营活动，让孩子们与他们崇拜的军人叔叔亲密接触，看队列、看装备、看内务，让"军人梦"在孩子心里萌芽。

四、丰富多彩的校园活动

六一儿童节是孩子们的节日，也是学校、老师和家长们的节日。实验幼儿园每年的六一儿童节，节目花样繁多，层出不穷；同时，家长也全程参与，拉近了亲子关系，增加了亲子感情。当所有的孩子踏着音乐节拍，步调统一地进行篮球操表演的时候，场面是何等的震撼。相信每位家长都没想到自己的孩子会从家里的"小皇帝"变成操场上的"小明星"，同时也能深深体会到从不会到会、从会到熟练，从熟练到整齐划一的过程中，老师们和孩子们付出的心血和努力，家长们均报以由衷的感激。

两年多来，班里增加了几位新的老师——李冉、潘凯璐、李明，也为班级的管理增添了新的活力。学校的活动越来越丰富，孩子们的学习生活也越来越多彩。

五、升华

现在，宫承骏正处于大班下学期的学习阶段，即将升入小学。这个时期许多家长都已经开始考虑让孩子离园进行幼小衔接的学习。我和承骏妈妈也有过这样的想法，但很快这种想法被我们放弃了。老师们推出了"读书银行""我是小老师""1 ~ 10 的分合"以及书写等一系列特色教学。这些教学设计实际上承担了幼小衔接的任务。让孩子在玩中学、在学中玩，帮助他们顺利升入小学。

六、寄语

东营市实验幼儿园秉持着"为幼儿一生发展奠基"的办园宗旨，践行着"用爱心传播快乐，用理解滋润心灵"的教育理念，几代教师的芳华均奉献于此，几代教师用辛勤汗水浇筑了孩子们的爱心花园。老师们用爱心、用汗水、用奉献完成了"创建健康教育特色品牌，建设师生共同成长的幸福家园"的目标，真正实现了"快乐和谐,健康向上"的教学环境和校园氛围。东营市实验幼儿园培养的"祖国花朵"苗壮成长，为祖国的建设贡献着自己的力量。

衷心祝愿东营市实验幼儿园继续秉持办学宗旨，践行科学教育理念，培养出更多优秀的人才，孕育出更多优秀的人才。

（东营市实验幼儿园 / 宦晓东　宫承俊爸爸）

小小树苗在成长

成长，是每个孩子都必须经历的过程。而在成长的过程中，会发生许多令我们意想不到的事情，有的让我们惊奇，有的让我们沉思，有的让我们久久难忘。

入园的第一天，我和宝贝手拉手进入幼儿园，带着对幼儿园的向往和憧憬，宝贝稚嫩的脸上充满了好奇和依恋。作为妈妈的我，既欣慰又有些忐忑，生怕孩子不适应新的环境。但是，三位老师对孩子们充满了热情、关心和耐心，让我悬着的心放了下来。

第一周的亲子体验活动，我充满了期待和好奇，孩子有些懵懂、有些随意、有些好奇、有些不懂规矩，但是老师们都在耐心地引导着孩子们。

第二周，真正入园了，有的孩子仍哭闹不止，有的孩子睡觉还需要抱着，各种事情都需要老师们慢慢教，这时候的老师是最辛苦的，往往一只手抱着一个孩子，另一只手里还安抚着另一个孩子。听着老师们沙哑的声音，我们真想说一声：老师，你们辛苦了！

每天接孩子时，内心最忐忑的是小班的家长，家长都希望孩子的一天过得开心快乐，希望孩子讲讲幼儿园发生的事情。但刚开始，孩子说的都是吃的和玩的；后来，才慢慢跟我交流小朋友的事情以及发生的新鲜事；再后来，他会跟我说当天老师的要求，而且我发现，他表达得非常清楚，几乎不会遗漏。孩子真是进步很大！

成长的"小树苗"——行为、习惯的改变：回家后，孩子的行为在慢慢发生变化，他洗手时会说："水要开得小一点，节约用水！"收拾玩具时会说："自己的事情自己做。"他学会了等待，学会了做事情有秩序，学会了自己的事情自己做，我打心底里感到高兴。

蜕变中的我——教育理念的更新：学会放手，学会分享，学会等待。印象深刻的是第一次家长会，讨论式、分享式的家长会让我受益匪浅，在学到更好地教育孩子的方式的同时，我也认识到自己教育孩子时的问题和不足。我和家人平时比较溺爱孩子，孩子的自理能力较弱，我意识到自己的问题后，发动全家人一起慢慢地改变，配合老师的要求，让孩子变得更加独立，家庭关系也更加和谐。

半年多的接触，我感受到了实验幼儿园的独特之处，感受到了幼儿园老师们的用心和付出。老师们遵循着孩子的自然成长规律，注重培养孩子的自理能力，注重培养孩子良好的道德观念和行为习惯；课程设置合理，丰富了孩子的幼儿园生活；室内外都有大型的活动场地，孩子们的娱乐设施也十分齐全。

幼儿园是孩子进入社会的第一站，作为家长，我会全力配合老师，做到家庭教育与学校教育相结合，促进孩子健康成长、综合发展。

（东营市实验幼儿园／陈素琴　商程硕妈妈）

第四部分

园本教研

园本教研
为教师专业发展提供内生动力

生态健康教育是一个"知行合一"的过程。没有生动的实践作为支撑，理论往往是空洞的；而缺乏深邃的理论作为指引，实践常常是盲目的。园本教研基于理论、积极实践，在且行且思中不断发展。

多年来，我园以促进幼儿身心健康、促进幼儿快乐成长为目标，深入开展幼儿生态健康教育研究与实践，积极构建生态健康课程体系，大力弘扬运动文化，逐步形成了以"生态健康教育"为特色的办园品牌，打响了"环境优美、设施一流、师资精良、特色凸显"的"金字招牌"。在这一过程中，我园立足实际，从课题入手，注重以课题研究为载体实施园本教研。其间，我们坚持问题导向，园本教研内容主要来自课题研究及教学实践中的问题，是广大教师共同关注、面对和急需解决的问题，具有典型性和普遍性。我们逐渐建立和完善课题研究及园本研究制度，开展形式新颖、实效性强的教研活动，总结、交流、反思，在实践与摸索中找到解决问题的途径。

在课题研究中，园长作为第一责任人，亲自负责抓教研，主持国家、省、市各级研究课题，制订研究方案，指导各子课题组及教研组围绕研究主题制订研究计划，发动全体教师积极参与研究。在这一过程中，我园大力倡导行动研究，引导教师发现问题、提出问题，从而反思改进教学中的问题。通过多年的努力，我园先后立项一系列重要研究课题并保质保量地完成，以课题研究有效带动科研工作，提升了教师的专业素质，为提升保教质量奠定了坚实的基础。

2002年，我园为解决幼儿膳食结构单一、营养不均衡等问题，开展了东营市教育科学"十五"规划重点课题"改善膳食营养促进幼儿生长发育研究与实践"研究，此项研究成果填补了东营市在这一领域的空白，同类研究处于市内领先、省内先进水平。2003 年，我园立项了课题"幼儿自我服务能力的发展与策略研究"，专门解决家长包办代替多、幼儿自理能力差等问题。2006 年，为了进一步增强幼儿身心素质、提高幼儿对环境的适应能力，扎实开展了山东省教育学会教育科研"十一五"重点课题"幼儿园健康教育课程开发与实施"研究，围绕"四化健康课程"等项目，开展了研究与实践，有效促进了幼儿身心的健康和谐发展。2012 年 5 月，我园出版了课题成果"幼儿园健康教育课程的开发与研究"的成果，即《幼儿体育活动样式》《民间体育游戏的挖掘及创新》《快乐的亲子游戏》《远足与教育资源的整合与开发》四本书，园长主讲的"健康教育课程的开发与实践"等多个专题讲座入选国家教育行政学院课程资源库。之后，我园在继承转化前期课题成果的基础上，聚焦户外区域游戏，申请立项并有效开展了山东省教育科学"十二五"规划课题"幼儿园健康教育课程开发与实施的深化研究"，关注的重点从部分幼儿动作技能的发展转向全体幼儿的动作发展与达标，将健康教育向纵深发展，出版课题研究成果《户外区域游戏课程园本化实践案例》《幼儿心理健康课程园本化实践案例》。

2015 年 12 月，针对幼儿缺乏游戏自主性的突出问题，我园申请立项并开展了山东省教育科学"十二五"规划重点课题"幼儿自主游戏的开展与实施"，这一课题开展时间长达八年，真正实现了幼儿游戏的"六个自主"。我园拍摄的专题片在山东省教育厅组织的全省幼儿园特色教学活动展评中获一等奖，研发的课题资源"我的游戏我做主"入选山东省幼儿园教师远程研修课程资源；特色经验先后在《山东教育》《教育家》等刊物上重磅推介，并在"全国幼儿园游戏教学专题研讨会"等会议上交流推广。我园被省教育厅确立为山东省游戏教育实验园并顺利通过验收。

2019 年，随着课题研究的不断升级，我园高密度立项并开展东营市教育科学"十三五"规划 2019 年度课题"幼儿园户外区域自主游戏课程的开发与实施"、东营市教育科学"十三五"规划"学前教育游戏活动实验研究"专项课题"基于儿童立场的幼儿自主游戏课程研究与实践"。2020 年 8 月，基于教育环境自然生态的程度不够、教师对生态健康课程理解与实践窄化、核心团队建构课程体系的意识与水平不高等问题，我园立项开展了山东省教育科学"十三五"规划 2020

年度课题"生态视域下学前儿童健康教育研究与实践",用理论指导实践,在实践中不断解决问题,在课题研究过程中不断进阶,全面、立体、完整的幼儿园生态健康课程逐步构建形成,源源不断地为孩子们的健康快乐、自由成长注入生态力量。

在课题研究的推进中,针对研究问题,我园立足园本实际,在参与式、问题式、情景式等园本教研的基础上,创新开展了别具特色的"学研一体"进阶式新型教研,实现了以"己"之力向内涵发展的实质性突破。在实施过程中,结合我园学习提升年活动和园本教研解决实践困惑的需求,将读书活动和园本教研充分结合,全面开启了"学研一体"进阶式的新型园本教研方式,探索出多维有效的园本教研途径,打通"学—鉴—用—悟"自我生长和自主建构路径,形成了闭环式园本教研模式,促进了幼儿园教科研工作"螺旋上升"式的高水平发展。本章中,我们精选了八个别具特色的教研活动,包含"进阶参与式"教研、"问题导引式"教研、"反思剖析式"教研和"联动共生式"教研。

一是"进阶参与式"教研,开启浸润团建"新思路"。我们面向全体教师开展了"观察,走近儿童的世界"学研一体园本化教研活动,教研活动有四个环节:好书导读、专家声音、学以致用和总结提升,一场别开生面的教研活动在大家的积极参与和互动中不断生长,有效地助推了教师的专业成长和发展。又如,美术教研组的老师们合力开展了"'环'创自然,'境'遇美好"——美术学科组教研活动,"学研一体"的沉浸式教研学习体验,使大家体验感知自我成长的脉动,在"美"中充分享受了教研活动的乐趣。

二是"问题导引式"教研,助推实效整改"行动链"。问题导引式教研可以增强教研的针对性,充分发挥教师作为幼儿园发展主力军的重要作用。结合垃圾分类活动的开展,生态资源库的建立是园所活动开展的一项重要计划,为幼儿提供了更为丰富的材料和环境。我们开展了以"生态材料资源库的创建"为主题的园本教研活动,围绕生态材料资源库的选址、形式、材料分类、使用管理等方面提出了主要问题,老师们碰撞出了"拾趣园"和"生态超市"两大可行性实施方案,经过几个月的收纳柜定制、材料收集和投放,生态资源库最终顺利建成,变成了大家心目中的样子，在解决问题的过程中真正让教研行动落地。

三是"反思剖析式"教研，切实解决瓶颈"真问题"。教师的专业成长离不开学习、反思、研讨和实践，我们借助国家中小学智慧平台"安吉半日活动"视频，适时开展了"放手游戏，发现儿童——观安吉游戏 思自我成长"园本教研活动。老师们对照安吉的游戏理念，反观自己的教学行为，反思研讨平时教育教学过程中存在的问题，并对以下三点"真问题"达成了共识：一是规定时间一对一倾听孩子讲述，记录孩子的表征；二是班级1.3米以下墙面呈现孩子的表征作品；三是将原本设计成表格装订成册的记录本更换成白纸。随后，教研核心团队深入班级检查、指导、跟进，让教研落地，让理论与实践充分融合，解决了园本"真问题"，实现了真正意义上的闭环教研。

四是"联动共生式"教研，构筑生态教育"同心圆"。2022年，我园有幸成为山东省学前教育区域联动发展共同体、东营市学前课程研究联盟主体园、开发区教管中心学前教研联盟牵头园。在三级共同体教研过程中，我们以专题教研活动为载体，将活动有机融合与补充，引擎共同体成长发展动能，优质园积极发挥名园引领和示范带动作用，并诚邀各成员单位结对园、联盟园以及齐鲁名校长领航工作室成员、开发区名园长工作室、省特级教师工作坊东营群组等成员单位教师共同参与，采用"线下＋线上"相结合的方式，活动辐射到偏远地区，共建园所达30多所，真正实现了"三省"（山东＋新疆＋西藏）、"五地"（济南—东营—滨州—烟台—潍坊）跨区域联动发展，构筑了"助力＋共生"式"同心圆"教研生态。

表4-1 生态健康课程相关课题研究一览表

序号	课题名称	级别	负责人	起止时间
1	《改善膳食营养 促进幼儿生长发育》	东营市教育科学"十五"规划课题	王銮美	2002.05 ~ 2014.09
2	《幼儿自我服务能力现状及家庭教育策略研究》	山东省教育学会"十五"规划教育科研课题	王銮美	2002.05 ~ 2006.12
3	《幼儿园健康教育课程开发与实施的研究》	山东省教育学会"十一五"教育科研规划重点课题	王銮美	2006.12 ~ 2012.08

（续表）

序号	课题名称	级别	负责人	起止时间
4	《幼儿园健康教育课程开发与实施的深化研究》	山东省教育科学"十二五"规划2013年度规划课题	王銮美	2013.11 ～ 2016.06
5	《幼儿自主游戏的开发与实施》	东营市教育科学"十二五"规划课题	王銮美	2015.10 ～ 2018.06
6	《幼儿自主游戏的开发与实践》	山东省教育科学"十二五"规划重点课题	王銮美	2015.12 ～ 2018.06
7	《幼儿园家长教育资源开发与利用的实践研究》	山东省教育科学"十三五"规划课题	刘恺	2017.05 ～ 2019.06
8	《幼儿园户外区域自主游戏课程的开发与实施》	东营市教育科学"十三五"规划2019年度课题	王銮美	2019.12 ～ 2022.08
9	《疫情防控视域下家园共育的实践研究》	山东省教育科学规划课题	唐晓云	2020.04 ～ 2020.11
10	《生态视域下学前儿童健康教育研究与实践》	山东省教育科学"十三五"规划2020年度课题	王銮美	2020.08 ～ 2023.12
11	《基于儿童立场的幼儿自主游戏课程研究与实践》	东营市教育科学"十三五"规划"学前教育游戏活动实验研究"专项课题	王銮美	2020.10 ～ 2022.02
12	《基于核心经验的幼儿前阅读能力培养研究》	东营市社会科学规划课题	李艳	2023.04 ～ 2023.09
13	《构建以阅读为先导的学习性家庭实践研究》	东营市社会科学规划课题	薄娜娜	2023.04 ～ 2023.09

（东营市实验幼儿园／王銮美　薄娜娜　文）

观察　走近儿童的世界

教研主题：观察 走近儿童的世界

教研目标：懂得观察的主要方法，能够准确分析和正确解读幼儿行为

活动方式：进阶参与式教研

组织主持：薄娜娜

参加人员：全体教师

教研时间：2022 年 4 月 8 日

教研地点：东营市实验幼儿园游艺室

教研过程：

主持人：尊敬的各位领导，四月，是万物生长的好时节，也是我们读书学习和拔节提升的美好时刻。读书给人智慧，给人知识，更给人希望，而教研会带给我们更多的思考，会激发我们成长的内在动力。所以，我们把阅读和园本教研有机结合，开启了"学研一体"的园本教研方式。我们本次学研之旅的主题是"观察 走近儿童的世界"。

一、好书导读

1. 推荐书目

本期推荐书目是《观察：走近儿童的世界》，这本书由北京师范大学出版社出版。

2. 内容概述

这是一本实用性很强的指导用书，本书旨在帮助我们理解观察的重要性以及观察对满足儿童需要所产生的影响。初读时会觉得理论性很强，但静下心来细细品味，就会发现其实里面"干货满满"。这本书共分三部分，第一部分是观察的步骤，第二部分是从观察到评价，第三部分也是很有趣的一部分——附录。

第一部分，重点介绍了为什么要观察儿童，通过观察能够获得什么以及如何有效地进行观察。第二部分是结合相关研究及理论观点阐述关于观察的问题，帮助我们设计符合儿童个体需要的活动。第三部分很有趣，就像一个个名词解释，能帮助我们更好地读懂这本书。

3. 导读感受

主持人：今年是咱们幼儿园的学习提升年，年初我们就制订了读书计划。好书分享环节再一次激发了我们读书的愿望，让乐善阅读和我们的园本教研共生共长，相映生辉。下面是我们的"专家声音"环节，有请王海芸主任为我们领学。

二、专家声音

1. 专家：周念丽教授、董旭花教授

2. 本期领学人：王海芸

3. 观点重温

（1）观察的基本含义。

周念丽教授强调了两个词：观看和观察。那它们分别指什么呢？观看是对外在场景的描述。观察的关键特征是自然真实；在行为发生时，对行为进行记录。观察时要做到"三精"：精细、精准、精心。

（2）观察记录的构成。

董旭花教授指出了观察记录的一般构成：

一是观察记录的名称，应具有一定的指向性。

二是观察目的。把观察记录与幼儿评价、环境材料投放、教师指导等联系起来。

三是观察时间、地点。

四是观察对象、观察人或记录人。

五是观察内容。这是观察记录最核心的部分，教师应客观、准确地描述幼儿游戏的全过程。

六是解读幼儿行为。教师应对幼儿的行为进行专业分析，这个过程需要教师运用儿童发展心理学理论和相关的教育理论。

七是反思。教师应该对自己所创设的环境、提供的材料、介入的指导等进行反思，寻找存在的问题，并探寻后续的具体策略。

主持人：只有通过游戏观察，才能解读其背后蕴藏的深刻理念。通过游戏观察，教师提升了理解幼儿核心经验水平的能力，能够正确评价游戏的独特价值，进一步优化游戏环境的创设，提高了教师自身的专业素质，成为"幼儿专家"。

三、学以致用

主持人：读以致用，学以修为。接下来到了我们进行运用的时刻了。今天，我们要观看的是朱维莉老师录制的湿沙城堡幼儿取水游戏的原始视频。

（一）播放视频片段，教师观察记录

主持人：老师们在视频中看到了幼儿的游戏状态，有什么感受？请老师们根据刚刚看到的内容，在观察记录表格中进行记录。可以在表格相应的内容后打钩，方便大家后期的分析与解读。

（二）各教研小组选点切入，代表分享观点

1. 牙牙初度小组：魏宗林老师

（1）幼儿发现倒水按压即可出水这一原理，用已有经验成功压出水。

（2）幼儿有意识地根据接口形状进行推理，尝试拼插管道形成一条完整的引水线。水倒流现象发生时，幼儿推理出管道是从低到高引发了水倒流现象，进一步推理出调整水管角度从而成功引流。

（3）注意提升幼儿的"U"形管使用经验。

一是让幼儿在进一步的活动中继续总结经验。

二是教师针对幼儿的兴趣点丰富幼儿的知识经验。

主持人：要想激发幼儿的深度学习，教师就要有完整的知识结构，这样才能更好地支持孩子的游戏行为。

2. 孩提花蓓小组：冯媛茹老师

（1）不同阶段幼儿的游戏特点。

在第一环节取水中，体现了幼儿的独立性；第二环节引水中，体现了幼儿的坚持性。

（2）发现的问题。

当教师介入的时候，大部分幼儿没有围观，也没有进行模仿学习。

（3）后续活动建议。

一是师幼共同解决问题。让幼儿体验问题解决的全过程或采用平行介入的方式。

二是在后续的经验分享环节中，将 PVC 管道连接经验和引水的科学原理进行强调和再现，拓宽幼儿的视野，丰富他们的认知。小班幼儿是非常需要经验提升的，我们也要着重鼓励幼儿遇到问题时深入思考，坚持不懈地解决问题。

主持人：冯老师在分析的过程中提到了小班幼儿的特点，结合了小班幼儿的实际情况，为我们的观察和分析提供了一个新的方向。

3. 豆蔻志学小组：杨芳老师

（1）游戏过程中遇到的六次问题。

一是发现没水，利用工具取水；二是水管太短；三是管道材料不够，需要借助更多管道材料；四是发现拼搭的管道漏水；第五次、第六次问题是幼儿发现压水的时候压力过大。

（2）最适合的介入时机。

当游戏出现了问题，我们一般采取的是语言介入。通过这六次问题以及幼儿的解决方法，我们发现幼儿能够学以致用，更好地推动了其良好学习品质的发展。

（3）后续活动建议。

一是引导幼儿使用更多的材料，如软水管、半切割管道，这有利于幼儿更好地观察水流的方向和速度等情况。

二是小班的幼儿需要及时梳理经验。

主持人：刚才杨芳老师快速地用到一些数字进行记录、分析和解读，这是一种非常好的方法。

4. 青衿而立小组：褚霞主任

（1）取水工具的更换。

由大盆到水杯再到水壶，充分体现了幼儿观察和解决问题的能力。

（2）关注管道的连接。

幼儿的办法一定比教师的多，只有幼儿自己发现问题、解决问题，才能获得成就感。

（3）后续活动建议。

一是"放手"不够，介入过早。

二是进一步探索，将视频放给幼儿看，听一听幼儿当时的想法，根据幼儿生发的兴趣点，带领他们多方位体验沙水游戏。

主持人：青衿组充分体现了现学现用，用到了专家的理论观点，站在一定的理论高度上去解读游戏案例。

5. 碧玉桃李小组：许海英老师

在视频里我们看到小班幼儿的专注时间非常长，贯穿游戏的始终。那么，为什么小班幼儿的专注力会持续这么长时间？

（1）丰富的材料和环境。

小班的幼儿对水和沙特别感兴趣，丰富的游戏环境对推动幼儿的成长和发展起到了事半功倍的效果。

（2）所遇困难是适度的。

泵水的时候，教师可以直接告诉他们引水的相关知识和经验。对成人来说用一根管子引水并不难，但是对幼儿来说选择一根管子是有难度的。

（3）教师的介入指导很重要。

教师介入引导时可以根据自己的价值判断去选择，如果是小班的幼儿，可以用提示性的语言，让幼儿对科学认知进行重新建构。

主持人：许老师深入浅出地告诉我们如何把握"最近发展区"，选择合适的介入时机来发展幼儿的专注力。

四、总结提升

王銮美园长：首先，感谢大家积极主动地在这里学习，我建议把掌声送给所有为这次活动付出劳动的老师以及自己。通过两个半小时的教研活动，我有几点感受和大家分享。

第一点，这是一次创新融合的园本教研活动。这次园本教研巧妙地融合了好书导读、专家声音、实操练习环节。观察实操和针对分享环节，是一种递进式、闭环式的园本教研活动，各个环节是环环相扣的，这是一次教育智慧的体现。尤其是好书导读和专家声音两个环节特别棒，为咱们精彩的实操练习做了非常好的铺垫。同时，也期待着咱们这次活动能够把阅读活动带到更高的境界，开启阅读之路，让大家从书中寻找答案，带动专业成长。

第二点，这是一次扎实有效的园本教研。北京早期教育研究所的刘丽老师说，有效的园本教研就是以幼儿园存在的主要问题为课题，一线老师为研究主体，将幼儿园教育实践活动与教研活动紧密结合在一起，将研究成果应用于幼儿教育教学实践的研究活动。我觉得这次活动真正契合了"有效原则"这一理念。为什么说有效呢？因为在小组讨论环节，每个人都在观察后用心地思考，然后分享自己的智慧；小组分享时每个组的侧重点都不同，不管是观察还是解读和支持都非常专业，并且非常细致，不断引发大家的深度思考。

第三点，这是一次全方位的、具有引领性的园本教研活动。从策划到分组、起名、环境的创设和氛围的营造都特别用心，大家一进来就有一种美的享受。当然，一次高质量的园本教研活动，是需要辛勤付出的，用心和不用心、费了心思和不费心思，两者的效果是截然不同的，我觉得这是一次非常好的、全方位的引领。

第四点是期待，实际上每个环节我觉得都特别"过瘾"。但是，我还是有两点建议。第一个是在好书导读这个环节，其实可以把好的片段展示在大屏幕上，用红笔勾出来。第二个就是希望在时间把控上更加紧凑一点。今天也非常感谢老师们提供的非常好的视频案例，期待着老师们在后续的活动中拍摄出更多、更精彩的游戏视频。希望大家带着一种生态健康的视角和理念去重新创建环境和梳理提升游戏案例。让观察走近儿童的世界，助推我们的专业成长，也让我们从专业成长推动孩子们智慧、健康地成长。谢谢大家！

主持人：谢谢王园长精彩的讲话。感谢大家的参与，咱们下期再见！

（东营市实验幼儿园/薄娜娜　整理）

放手游戏　发现儿童

教研主题：放手游戏　发现儿童

教研目标：通过观摩、对比和反思，发现当前游戏中存在的根本问题，结合本园实际，提出优化和改进策略

活动方式：反思剖析式教研

组织主持：薄娜娜

参加人员：全体教师

教研时间：2022 年 8 月 30 日

教研地点：东营市实验幼儿园游艺室

教研过程：

主持人：尊敬的各位领导、老师们，大家好！提到安吉游戏，你们最先想到的词是什么？爱，冒险，投入，喜悦，反思，这是安吉的五大关键词。"放手游戏 发现儿童"是安吉画册上的大标题，也是今天研讨活动的主题。

一、观看"安吉半日活动"视频

（1）登录国家中小学智慧平台，播放两个专题游戏活动视频，共计 1 小时 40 分钟。

（2）组织教师认真观看视频，做好学习记录。

二、展开讨论，各抒己见

主持人：看完活动视频，相信有很多地方都引发了我们的思考。接下来，我们一起来交流讨论。

话题一：最打动你的地方是什么

孙晓梅老师：一是我观察到视频中有一位穿牛仔马甲的小男孩，在他转身取

建构材料时，斜坡"哗啦"一下倒了，小女孩过来出主意，小男孩接下来的做法是既听取了小女孩的安全建议，又坚持了自己的想法，小男孩的这种品质很让我感动！二是我很喜欢安吉的晨间活动，幼儿来园后自己选择一个盆栽放在桌子上，然后一边认真观察一边绘画，绘画完成后老师再一边听幼儿讲述一边记录，幼儿再自己讲述，最后将记录钉在墙上，这一点也让我很感动，感觉幼儿的自主性得到了充分的发挥，幼儿探究的内在驱动力得到了充分展现。

王雪雯老师：我发现安吉游戏中教师与幼儿"一对一"的互动非常多。除了在游戏过程中教师对每个儿童的观察，还有很多"一对一"的相处时间。在安吉游戏中，"一对一倾听记录"是每个幼儿与教师"一对一"地交流自己的故事，教师倾听、记录幼儿的表达，与幼儿"一对一"地对话，推动幼儿在个别对话中充分、积极地反思自己的经验。经过观察，我发现"一对一"倾听记录不仅是幼儿二次反思的过程，也是教师反思自我的关键环节。在以后的工作中，我会科学地运用"一对一倾听记录"，将主动权还给幼儿，带着一种理解与共情的姿态与幼儿深度交流、互学共长。

成菲菲老师：一是晨检活动的"一对一倾听记录"，我们看到在安吉的教室里，幼儿能够看到的地方，有很多幼儿表征和教师记录的墙面，这也是我们想学习借鉴的记录方式。二是安吉的幼儿非常爱表达，愿意说、喜欢说，这一点也很打动我。幼儿愿意说，一定是有一个很安全的环境，有很充足的时间，而且教师也愿意耐心地倾听，这是对于幼儿最大的信任。幼儿在这个过程中很享受，教师也走近了幼儿的世界。幼儿充分享受这种表达，这个过程也是幼儿的一种自我评价。

主持人：刚才几位老师都提到了"一对一倾听记录"，这也是最打动我的地方。每个幼儿都得到了最充分的表达和表现，教师和幼儿的地位是平等的，关系是融洽的，他们是共同学习的。

话题二：梳理游戏中的"反思和表达"

主持人：在安吉游戏中，幼儿在一个活动中经历了几次反思和表达呢？我们来共同梳理一下。

第一次：活动后幼儿绘画表征把直接经验表征出来。

第二次：幼儿根据自己的表征作品讲述给教师听，教师在作品空白处进行文字记录。

第三次：教师根据记录的文字，念给幼儿听，进一步订正和补充。

第四次：幼儿把自己的表征作品张贴在教室里的可视范围内，随时进行讲述和回忆。

第五次：活动后分享交流环节，对有价值的生长点进行话题讨论，从而实现深度的反思和表达。

主持人：通过这一系列的反思、回忆、表达、表征、研讨等活动，我们在视频中看到这样的场景：幼儿专注地观察、认真地表征记录，流畅的表达和思维的活跃互动，就是安吉幼儿的常态和最真实的表现。

话题三：基于园本现状的自我反思和感悟

主持人：咱们幼儿园开展游戏活动有十几年的时间了，走过了几个阶段。接下来，大家可以根据幼儿目前的游戏现状和班本游戏活动中存在的难题，做一下反思和交流。

刘茹老师：我发现大班幼儿通过绘画来表达、表现自己想法的能力已经非常强了。他们大多数时间没有去学习幼小衔接的课程，而是记录着时间、天气温度、湿度等内容。这种"去小学化"的室内游戏活动和户外自主游戏无不体现着幼儿的自主性，同时也带给我几点启发。

（1）教师是真正的倾听者。让幼儿在一张没有任何表格文字的白纸去绘画，教师"一对一倾听"的过程对幼儿的成长非常重要，是高质量的陪伴。

（2）环境是特别适合孩子的。一推开幼儿园的门，院子里就有树，并且有各种各样的桌椅、板凳，教室里的墙上没有过多的装饰，大部分都是幼儿自己的作品。

（3）集体探讨。集体探讨的过程，让我想起了我们的教研活动，我觉得我们老师也可以像幼儿一样充分地表达自己的想法，让教研活动碰撞出更多的火花。

主持人：刘茹老师提出可以将幼儿的绘画表征本更换成单页的 A4 纸，随取随用，便于在墙面上展示，最后也便于装订。同时，白纸是没有限制和框架的，能够更好地释放幼儿自由表现和表达的天性，所以，这个提议非常具有可操作性。

沈丹老师：我发现幼儿一直占据着游戏的主导地位，从早上入园，他们就不慌不忙地选择自己喜欢的区角，开始书写或者记录，而教师只需要为幼儿提供游戏的材料、创设游戏环境、规划游戏时间。

（1）这体现了一种非常和谐的师幼关系，幼儿在轻松愉悦的环境中不慌不忙地进行表达，这样的环境能使幼儿更加从容和自信。

（2）让幼儿做环境的主人。幼儿园的很多事情尽量让幼儿自主完成，让他们及时回顾和观看自己的发现，这非常值得我们学习。

（3）游戏后的集体讨论和思维共享是幼儿深度学习的环节，教师可以根据每个幼儿的兴趣点和能力因材施教。

主持人：沈丹老师提出了如何在环境创设方面节省时间呢？把幼儿的表征作品直接放在墙面上，一方面便于幼儿随时观看和表达，另一方面节省了教师进行环境创设的他们时间。以后我们在进行班级环创时，可不可以把幼儿可视的范围内的墙面全部留给他们呢？这也是下一步我们要做出的改变。

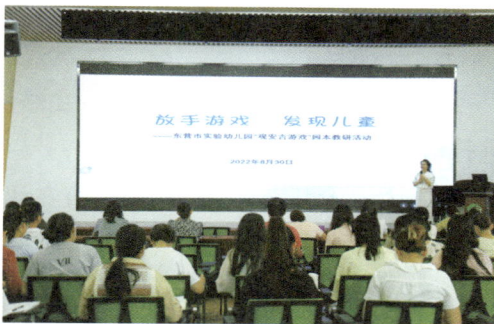

主持人抛出教研活动话题

大家认真观看安吉游戏视频

杨芳老师：

（1）"一对一倾听"。"一对一倾听"是幼儿二次反思的过程，也是教师反思自我的关键环节。那么，我们应该做什么呢？一是可以尝试调整作息时间，如把上午的集体教学活动时间挪到下午，并保留集体活动的时间。二是成功不是一蹴而就的，要坚持不懈地朝着正确的方向努力。

（2）环境创设。安吉的教室里大面积展示了幼儿的游戏记录，这一点值得我们反思。我们在环境创设方面下了很多表面功夫，其实环境创设的内容应该来源于幼儿，如幼儿的游戏表征、幼儿的发现。

（3）回应策略。教师的回应介入非常重要，教师的适当介入是可以推动游戏进行的。

（4）评价。评价的目的是促进幼儿成长，让教师思考以什么方式发挥作用，协助幼儿继续成长。

（5）室内区角。室内区域游戏风靡多年，但是在我们实践研究中，总是会发现各种问题，如人数的限定、规则的制定、区域之间的相对封闭，我们是否应该尝试打破区域的规划与功能性界限，营造一个家庭式的游戏环境，给室内游戏注入新的活力。这些都值得我们去思考。

主持人：杨芳老师针对如何支持和回应幼儿，如何支持幼儿更好地进行深度学习，发表了自己的见解，分享了一些实用经验，真正关注了幼儿的学习与发展。能够实现有效的师幼互动，并且有能力向深度学习伸展并持续跟进，这才是我们的底气。

三、总结提升

主持人：生态健康教育是我园当前的一个主攻方向，那么如何走好游戏之路，做好生态健康教育课程呢？下面请王园长进行总结讲话。

王銮美园长：今天的教研活动让我很感动，大家的发言都很棒，我一直在认真记录，为大家点赞。教研是一种变革，这是一次非常有效、接地气而又务实的教研活动。

1. 环创的改变

老师们刚才提到的"一对一倾听记录""幼儿表征作品的多样呈现方式""把教室里 1 米以下的墙面空间留给孩子"，这些都是我们在改变教师观、儿童观和课程观的具体表现，期待着老师们做出改变。

2. 活动的改变

活动后支架深度学习的生成活动以及活动的拓展和延续等，都是我们下一步的努力方向和亟待解决的具体问题，我们看到，安吉游戏活动后的分享交流环节不亚于一次集体教学活动，甚至说这是更加自然的一种学习，从前面的活动生成到后续的探究活动，能够接续幼儿的前期经验，更好地对活动进行延伸和拓展，从而更加有利于幼儿的深度学习。

3. 计划的改变

我们也会自上而下地做出一些改变，老师们完全可以灵活处理，抓住活动后的教育契机，利用集体教学活动时间开展。我们会全力支持老师们做出这样的改变的。

主持人：王銮美园长对本次教研活动进行了全方位的总结，对教研中老师们提出的想法和建议给予了充分肯定。教师的专业成长离不开学习、反思、研讨和实践。放手游戏，发现儿童，在自主游戏的探索道路上，我们将学无止境，真正做到让游戏点亮儿童的生命！

（东营市实验幼儿园/薄娜娜　整理）

"环"创自然　"境"遇美好

教研主题：" 环 " 创自然 " 境 " 遇美好

教研目标：创设更加有效的生态互动型班级环境

活动方式：进阶参与式教研

活动主持：宋玉洁

参加人员：全体教师

研讨时间：2022 年 4 月 12 日

研讨地点：东营市实验幼儿园游艺室

研讨过程：

主持人：尊敬的各位领导和老师，大家好，我是主持人宋玉洁。水本无华，相荡乃成涟漪；石本无火，相击而生灵光。教育的责任和使命，就是为每个幼儿创造适宜、适性的生态教育环境，让幼儿乐在其中，自然自由、健康快乐地成长。今天，我们在此开展一场别开生面的教研活动，把生态理念注入我们每个班级中，为幼儿打造生态互动型的班级环境。

一、好书导读

1. 推荐书目

本期推荐书目是《孩子的画告诉我们什么》，这本书由北京师范大学出版社出版。

2. 内容概述

这是一本很有意思的书，也是一本启迪教育智慧的书。这本书里有 50 多个图画案例，深入解读了儿童的心理，同时也提供了通过绘画来进行亲子沟通的途径。

这本书共分为四个部分，每个部分都有着引人入胜的小标题。例如，第一部分的小标题是这样的：如果仙鹤长了两只耳朵，天使看起来像刺猬，狼穴、尖牙和肚子里的石头……这些小标题总能吸引我们一探究竟。

3. 导读感受

不是每幅画都一定包含深刻的含义，也不是每个象征符号都要被解码。希望这本书可以成为我们开展美术活动的一个参考，让这种激励帮助我们找寻到提升美术教学能力的方式，参透美术活动对儿童成长的重要意义，从而让我们踏上自我创造力的发现之旅，同时也激励着我们去帮助幼儿与外界建立良好的联系，更好地陪伴他们成长。

二、专家声音

1. 专家：王海英教授、董旭花教授

2. 本期领学人：房艳霞

3. 专家观点重温

（1）何为"儿童的视角"？

王海英教授指出，从现实性与可行性两个方面来看，回归儿童立场的幼儿园环境创设表现为两种状态："儿童视角"与"儿童的视角"，其中的区别在于："儿童视角"即教师尝试站在儿童的立场、儿童的视角，在理解儿童的基础上进行幼儿园环境创设；"儿童的视角"即儿童在教师的支持下按自己的认知、自己的审美、自己的逻辑来创设幼儿园环境。

（2）亲自然的环境创设理论。

董教授的亲自然的环境创设理论，使幼儿与自然的链接更有意义。

一是有益于幼儿身心健康，减少幼儿时期很多的行为与心理问题。

二是减少对电子产品的依赖，建立良好的亲子关系。

三是保持良好的好奇心，形成良好的学习品质。

四是保持对外界的敏感，获得身份的认同。

五是建立更积极的人际关系与人生态度。

三、解说基本技法

1. 主题解说

名称：基本技法在幼儿园环境创设中的应用。

分享人：牛钟菲。

2. 幼儿园环境的定义

幼儿园环境的定义有广义和狭义之分。我们本应就幼儿身心发展的特殊需要对环境进行有目的、有计划的创设，使之更加符合幼儿身心成长的特点，有利于幼儿的知识建构和生活经验的获取，有助于培养幼儿的观察能力、思维能力和创造能力，这也是我们进行幼儿园环境创设的意义所在。

3. 技法讲解

（1）悉知幼儿园环境创设的常用装饰技法及基本要点。

（2）了解五种常用的构图形式。

（3）理解色彩和谐四要素，感受色彩和谐带来的美。

四、案例剖析欣赏

1. 主题内容

名称：通过案例剖析和实例欣赏，打造幼儿适宜的生态环境。

分享人：王雪雯。

2. 主题环境欣赏

对不同主题的环境创设进行深入欣赏和探讨。通过实际案例，以直观形象的方式和材料记录下已经实施的和正在实施的主题活动，使主题活动不断延伸。环境创设不是静止的，而是呈现动态变化的趋势。通过教师的参与互动，分析环创案例的可取之处和改良局部的方式，使之成为适宜的环境。

3. 具体剖析

在确定主题框架方面，对户外区域游戏、季节主题、生成活动、节日主题等进行深入浅出的解析，并对各种字体装饰进行充分解读，丰富环境创设的新内容，为接下来的实操练习环节做充足的铺垫。

五、设计环创框架

教师按照年级分组，由组长抓阄抽取主题，组内人员相互探讨设计主题框架，记录人填写记录表，最终推选分享人上台分享本组的框架设计，薄娜娜主任针对分享内容进行点评分析。

主持人：薄娜娜主任针对每组的分享内容做了细致的分析，从多角度进行深入探讨，做出点评，给出建议和有效指导，教师要引导幼儿大胆观察、探究、操作，感受美、发现美、创造美，注重幼儿的直接感知、亲身体验和实际操作，使每位教师受益匪浅。

六、环境创设实操

以班级为单位制作一幅主题环创。制作结束后，每个班级的教师针对本次美术展做出自评和互评，美术组成员进行评价总结、经验提升，提出更多的问题和想法，开阔众人的眼界。

主持人：一幅幅作品给我们带来了美的感受，教师代表们给我们介绍了自己的环创内容和设计意图，充分体现了一个班级对生态环境的理解和感悟。同时，也感谢大家积极参与互评环节，让我们对幼儿需要的环境有了更为深刻的思考。

七、凝练总结提升

活动最后，王园长对今天的研讨氛围给予了高度评价，大家回去后根据自己班的实际情况继续创设和调整班级环境，让幼儿在潜移默化中感受美、欣赏美、表现与创造美。幼儿艺术领域学习的关键在于充分创造条件和机会，在大自然和社会文化生活中使幼儿萌发对美的感受和体验，丰富其想象力和创造力，引导幼儿用心灵去感受和发现美，用自己的方式去表现和创造美。

"环"创自然 "境"遇美好主题教研

美术学科组长分享主题框架

主持人：感谢王园长精彩的讲话。生态环境创设是一个漫长的研究过程，我们将秉承一颗求知的心、探索的心，不断学习、反思，让我们期待下一次更加精彩的美术教研活动！

（东营市实验幼儿园/王雪雯　整理）

聚焦生长点　支架儿童在游戏中的深度学习

教研主题：聚焦生长点 支架儿童在游戏中的深度学习

教研目标：通过真实游戏案例，抓住游戏生长点，探讨支架儿童深度学习的方法与策略

教研方式：联动共生式教妍

组织主持：薄娜娜

参加人员：东营市学前教育课程研究联盟领导及五所主体单位教师

教研时间：2022 年 12 月 6 日

教研形式：腾讯会议线上研讨

教研过程：

主持人：各位教研员，园长，亲爱的老师们，大家上午好！我是东营市实验幼儿园的薄娜娜。自东营市学前教育课程研究教研联盟成立以来，我们有缘成了一个大的"学习成长共同体"，相信每个人都充满了期待，期待着能够共学共研与携手互助。相信在东营市教科院的正确领导下，在专家及教研员的专业引领下，我们的课程研究教研联盟一定会共生共长，沐光而行。

一、东营市学前课程研究联盟启动仪式

主持人：首先，有请东营市教科院访学教师、河口区枫林绿洲幼儿园业务园长于艳艳宣读《东营市学科教研联盟建设方案》。

于艳艳：各位园长、老师们大家好，下面我和大家一起学习咱们的教研联盟实施方案，主要从指导思想、工作目标、实施步骤、组织架构、组织管理、轮值分工及首次轮值单位的活动安排以及相关要求等方面展开。

二、参与式专题教研活动

（一）抛出研讨话题：如何聚焦生长点，支架儿童在游戏中的深度学习

主持人：华东师范大学王振宇教授曾在《中国教育报》发文指出，游戏课程化过程中的"生长点"是指围绕五大领域的教育内容生发出来的教育活动。那么，应该怎样寻找游戏的生长点，与孩子们一道构建新游戏；怎样在游戏中指导幼儿，让他们的学习有效且有一定的深度呢？我们幼儿园这次也是抛砖引玉，希望大家一同共话难题，聚力深研。

（二）观看幼儿游戏"青青草坡"视频片段

我们今天研讨的议题：

（1）您发现了哪些游戏的生长点？

（2）请结合 1～2 个具体的点，谈谈支架儿童深度学习的后续做法和生成活动等。

（三）各园选点切入，依次发表观点

1. 东营区景苑幼儿园：苏志平主任

孩子们的游戏兴趣特别高，他们能专注投入、持续地进行游戏。在游戏中，我发现孩子们具有较好的平衡能力，身体协调灵活，这也有助于孩子们形成喜欢挑战、不怕困难、善于合作的良好意志品质。后续的活动中，老师可以提供丰富的游戏材料支架幼儿深度学习，增加游戏计划和规则并进行有效指导，从而生发一系列的主题活动。

2. 东营区实验幼儿园：卜丽娜主任

我将从摩擦力、重力还有安全方面的生长点进行阐述和分享。可以通过滑草工具和梯子，联想到火车轨道和火车等，引导幼儿萌生对中国高铁以及作为一名中国人的自豪感。同时，还可以和幼儿探索哪种姿势最平稳，并寻找原因，让幼儿自己制定游戏的安全规则。

3. 河口区河安幼儿园：郭文英主任

游戏中的生长点可以从三个方面出发：第一是探究滑草板受阻的原因，借助什么材料可以省力、快速地从草坡上滑下来；第二是探究什么材料可以代替滑草板；

第三是探讨什么样的轨道能让滑草板滑得又快又稳。从受阻原因、替代材料、又稳又快三大生长点，提供三个支架，即语言支持、资源支持和过程支持，最后展现生成活动的思维导图。

4. 广饶县广饶街道中心幼儿园：张蜜主任

本视频的生长点就是幼儿的兴趣点，抓住"滑"这个生长点，对如何更多样地"滑"这一问题，及时给予支持。课程建设为我们提供了一个思路，即抓住幼儿的游戏兴趣点，形成基于幼幼互动、家园互动来抛出问题、进行实践，再抛出问题再实践的一个无限循环的过程，在观察、分享、支持的过程中，达到适用、共同成长的目的。

5. 东营区教研室学前科：孙桂丽主任

我们主要聚焦两个关键要素：一是环境，二是幼儿。下滑的速度和颠簸程度是不同的，可以作为深度学习的切入点。教师要带着目标任务进行观察和记录，建立问题意识并发现幼儿生长点的关键。教师要紧扣核心问题，不断挖掘，重视师幼间的有效互动，通过对话和共建的方式，呵护幼儿自主探究的需要，培养幼儿的深度学习能力。

6. 东营市实验幼儿园：冯媛茹老师

我们围绕斜面生发出具有一定探究意义的系列活动，从而生成一系列课程，帮助幼儿内化经验，进一步支持幼儿继续游戏、深入探究。在老师的发现与支持下，一个小小的滑草游戏可以生发出无数的点，这些点值得师幼共同讨论和学习。从游戏到课程，再从课程回归到游戏，最后延伸至生活，将游戏的价值最大化，让游戏成为幼儿成长的最佳推助器。

主持人：一个两分多钟的游戏片段，引发了大家对游戏后续生成活动的多种设想。一次活动我们可能会捕捉多个生成点，有时是循着幼儿的兴趣点，有时是为了解决一个问题，有时是设计更深层面的物理、科学知识的探究学习，这取决于教师本身的知识架构和幼儿的已有经验。而更重要的是，正确地预判可能发生的有价值的游戏行为，并且及时恰当地提供环境、材料等支持，去支架幼儿的后续学习活动的递进开展，还需要教师富有游戏精神并具备较高的专业素养。

（四）继续观看视频，关注后续发展

继续观看视频，在青青草坡后续的斜面探索活动中，我们可以看到深度学习的多种特征：幼儿的积极主动探究、真实的问题情景、已有经验的运用、新经验的获得与迁移、批判与反思、对相关概念和原理的认知和理解。其实，这就是一个深度学习的过程，从感知学习到比较学习，再到联想学习，最后到创造性学习。

（五）在深度学习中生成课程的总结提升

齐鲁名校长、东营市实验幼儿园王銮美园长梳理提升：今天我们围绕的主题是聚焦生长点，支架儿童在游戏中的深度学习，具体来说有三个关键词：第一个关键词是生长点，第二个关键词是深度学习，第三个关键词是课程研究。这三者的关系是互相补充的。我想围绕这三个关键词简单发表一些意见。

第一个是游戏生长点必须来源于幼儿的游戏，来源于游戏本身。游戏生长点就是幼儿游戏活动的一部分，其根本是幼儿在游戏活动结束后再次学习的一个过程；同时，游戏生长点既要满足当前发展的需要，又要能够促进幼儿的后续学习。幼儿在游戏过程中出现了哪些共性问题，需要我们怎么解决，都是我们应该思考的。

第二个是深度学习。我也经常思考这样一个问题：幼儿游戏结束后，教师应该组织他们再开展什么样的活动？是按照我们的周计划，按部就班地去开展集体教学活动，还是像冯媛茹老师这样发现生长点，根据特定的情境和问题，从游戏中找到推进幼儿发展的生长点进行延伸拓展，进而生成能够续接幼儿经验、整合相关认知的主题探究活动，也就是生成活动。显然，后者的价值远远大于前者，这也是我们在以后的活动中应该去尝试探索的方面。

第三个就是关于课程，幼儿深度学习的过程，就是创生园本课程的过程。教师科学把握幼儿的生长点、关键点，引导和建构新的游戏，使幼儿的课程从游戏中来，到游戏中去。把教育变成无数个游戏，让幼儿在深度学习中实现成长。在深度学习、深入共同建构的过程中，我们构建了相对完整的课程，实现了游戏和课程的双向转化和链接。课程是开放的，是发展的，我们也应该认识到，教师和幼儿是课程开发与建设的主力军、实践者，是课程建设的核心推动力量。

主持人：感谢王园长的总结，就像王园长提到的，要围绕生长点，生成一条有趣的游戏链，继而构建游戏课程。相信这样灵动的课程构建方式，一定会为我们今后的游戏活动和课程建设带来启发和新的路径。

三、总结提升与安排部署

东营市教科院学前科蒋建敏主任总结部署：我们今天首次开展联盟教研的活动，由东营市实验幼儿园轮值，时间不长，但是非常有效果。首先，这次活动筹备和准备得比较充分，教研氛围非常浓厚。其次，这次活动的主题和内容很有价值。今天我们讨论的主题是对游戏的支持和引导，这是我们老师专业能力的一个重要体现。再次，针对六个联盟成员单位的发言以及老师们的这些解读，我还有这样几个问题和大家交流。

第一，我们要把教研联盟作为后续教研的重要平台。我们要将教研联盟牢牢地抓在手上，使其成为提高我们保教质量的一个抓手。每个联盟单位都要明确工作职责，共同发挥好联盟的作用。

第二，这次活动的主题非常好。按照布鲁姆的六个层次分类法，同样一个游戏，幼儿能在什么层面上有收获，取决于我们讲究深度学习的程度。深度学习是我们追求的一个目标，是我们改革的一个方向，这就要求我们尊重幼儿的兴趣，创设包含问题的游戏情境，提供持续研究的时间和空间，让游戏发挥作用。

第三，要不断创新和探索教研联盟的方式。如何围绕主题，如何发挥成员单位的作用，如何像今天一样找准一个点，让我们的教研更加有深度、有广度，如何在后续中进一步拓展，这些都值得我们思考。我们要继续关注这些活动内容，让教研联盟真正在我市攻克学前教研难题、推广最新的教育成果、引领全市学前教育高质量发展中发挥更大的作用。

主持人：感谢蒋主任的鼓励，接下来我们的活动也将会按照计划扎实开展和进行。同时，也期待着我们能够及时交流和沟通，联动共研，共享经验和做法，解决一些实际问题，从而推动各个主体园的保教质量迈向更高水平。

（东营市实验幼儿园/薄娜娜 整理）

"倾听儿童 相伴成长"主题背景下
"幼小衔接之学习准备"专题研讨活动

教研主题："倾听儿童 相伴成长"主题背景下"幼小衔接之学习准备"专题研讨活动

教研目标：围绕"学习准备"这一中心议题，探讨"幼小衔接"有效的实践路径和策略，推动各成员单位间的内涵发展与深度合作

教研方式：联动共生式教研

组织主持：薄娜娜

教研时间：2023 年 5 月 17 日

教研形式：线下交流研讨

教研地点：东营市实验幼儿园游艺室

参加人员：

山东省学前教育中心发展部	张海红老师
山东女子学院学前教育专业教授	傅晨教授
东营市教育科学研究院	董永新院长
滨州市教育科学研究院研究室	史吉海主任
东营市教育科学研究院学前室	蒋建敏主任
东营市开发区教学研究室	赵晓英主任
山东省交通运输厅幼儿园	孙菁园长
山东省实验幼儿园合作园	沙溪园长
邹平市黄山实验幼儿园	李宁宁园长

东营开发区教育管理教研员　　　尚应玲老师
东营市实验幼儿园　　　　　　　王銮美园长

教研过程：

主持人：静待时光暖，风吹草木香，转眼间步入了绿意正浓的初夏。五月是万物生长的好时节，更是学习耕耘的美好时刻，真诚欢迎大家如约来到东营市实验幼儿园，共同开启本次研讨交流活动。根据山东省学前教育区域联动发展共同体的工作安排，结合五组的活动计划，在第十二个全国学前教育宣传月活动来临之际，我们齐聚一堂，共同开展"倾听儿童 相伴成长"主题背景下"幼小衔接之学习准备"专题研讨活动，这也是我们五组的第五次研讨交流活动。本次研讨将围绕学习准备之好奇好问、学习习惯、学习兴趣和能力三个维度的发展目标展开，探讨交流有效的途径和方法，帮助幼儿做好学习习惯等各方面的准备，实现从幼儿园到小学的自然而然过渡。

一、领导致辞，情况介绍

东营市教育科学研究院董永新院长参加活动并致辞，对与会领导、专家、教研员、园长和老师们表示热烈欢迎和衷心感谢，详细介绍了东营市学前教育的基本情况，从以课题研究为载体推进幼小衔接科学理念、建设学前教育教研基地、成立学前教育联盟、开展幼小衔接教研周专题活动、组织点线面相结合幼小衔接教研指导等方面展示了东营市幼小衔接工作的成效，为本次研讨交流活动拉开了帷幕。

二、游戏观摩，实地指导

主持人：游戏是幼儿最好的伙伴，在游戏中，幼儿是有能力的学习者。教师要学会倾听幼儿，支持他们在深度学习中实现拔节生长。我园作为省级游戏教育实验园，一直在探索一条行之有效的游戏创新之路。现在，户外游戏的时间到了，幼儿已经迫不及待地来到快乐的游戏场，下面是一个小时的户外游戏和室内环境观摩环节，请各位领导、专家和老师们移步户外。

与会领导、专家、教研员、园长和老师们对户外自主游戏进行了实地观摩指导，聚焦户外区域自主游戏，参观了搭建梦工厂、声音探秘堡等 18 个独立且关联的户外活动区域。生态自然的游戏环境，促进了幼儿在与环境互动中的主动发展；多元的游戏材料，为幼儿提供了无限创想的可能性；适宜有效的教育策略，支架幼儿深度学习；自由、轻松和愉悦的游戏场景，让幼儿真正成为游戏的主人。大家被幼儿生动、自然、真实、投入的沉浸式游戏所感染，真切地感受到幼儿在游戏中展示自我、表达自我、彰显自我的美好过程。

三、围绕议题，代表发言

主持人：接下来继续下一阶段的活动。我们都知道，"幼小衔接之学习准备"有四大发展目标：好奇好问，学习习惯，学习兴趣和学习能力。那么，在教育教学实施过程中，究竟有哪些途径和方法呢？又该怎样回应、支持和拓展幼儿的学习，帮助幼儿实现从幼儿园到小学的自然而然过渡呢？有请五组教师代表结合游戏观摩情况，围绕幼小衔接中学习准备的有效途径和方法发言。

1. 山东省交通运输厅幼儿园：李娜娜老师

李老师从家长对"幼小衔接之学习准备"的误区出发，指出既要关注幼儿发展的整体性和可持续性，同时还要帮助家长重新架构起学习准备的概念框架。同时，从注重学习品质与习惯、能力的准备，到支持和引导幼儿在游戏中学习，再到家校协同合育，建立学习评价体系，讲述如何打通"幼小衔接学习准备"的堵点。

2. 邹平市黄山实验幼儿园：张晶主任

张晶主任围绕"幼小衔接学习准备"四大发展目标的具体落实进行了分享：为了满足幼儿好奇好问的天性，支持幼儿持续深度的探究，我们开展了由幼儿生长点引发的各种项目探究式课程等一系列方法策略的有益探索，收到了良好效果。我们要结合小游戏、"一对一倾听记录"、幼儿游戏分享、师幼共读、亲子阅读、"小小讲述人"等方式，激发幼儿的学习兴趣，促进幼儿的全方位发展。

3. 东营市河口区湖滨新区幼儿园：孟凡中园长

孟园长指出，有效的环境创设、多元的材料投放、游戏的自主绽放能够助推游戏向更广、更深发展。同时，基于幼小衔接的课程，孟园长提出三大问题：如何将幼儿游戏中的无意识经历上升为有意识经验，如何将个性的经验转变为学习性经验，如何将直接兴趣支持的自发游戏动机引向任务驱动的动机，进一步引发了大家思考。

四、案例分享，共研共长

主持人：我园为了更好地促进师幼在深度学习中共同成长，促进游戏与课程的相互转化，年初，在全园范围内启动了班本特色的项目式探究课程，开启了师幼双向奔赴的课程探究之旅。接下来，是"幼小衔接之学习准备"的三个项目探究案例的分享。

1. "我家有鸽初长成"：冯媛茹老师

冯老师牢牢抓住孩子们的兴趣点，围绕幼儿最关心的问题，从认识鸽子出发，从提取奇妙的鸽子蛋、"羽"你同行、我要飞和鸟儿乐园四个主题进行了课程探究。根据幼儿的生长点，该活动内容将预设和生成相结合，推动课程进入第二分支——鸟巢那点事，教师跟随幼儿对燕子窝进行探究，结合绘本、融合各领域生长出八个活动点来支持幼儿深度学习。同时，结合案例，从学习准备的三个维度出发，对绘本阅读支持下的学习准备方面进行活动反思。冯老师追随幼儿生活，选取其中有价值的问题、事件建构课程，真正落实"生活即课程"的理念，不断改善师幼关系，积极构建学习共同体或知识共创者的良好师幼互动模式。

2. "天牛之旅"：房艳霞老师

房艳霞老师追随幼儿的脚步，开启了以天牛为主题的项目探究，将幼儿兴趣点引发的课程分为不速之客天牛、天牛洞之谜、挑食的天牛、天牛宝宝之谜、自制绘本、标本时光六大篇章。幼儿在户外活动时偶遇天牛，在一连串儿的问题中，开启了探究之旅。在房老师的引导下，幼儿运用观察比较、实践操作、研判规划等方法来验证他们的想法，展现出乐学向上、好问敢做的良好探究性学习品质。教师实时在家长群进行反馈，也让家长看到了在真实的情境中幼儿的深度学习。房老师紧紧抓住孩子的生长点，还原儿童本位，在自然而然中减缓幼小衔接的坡度。

3. "上幼儿园的芦丁鸡"：刘茹老师

刘茹老师从探究式课程的三维目标出发，分享了课程背景、缘起、目标、预设、实施和反思六个方面，对课程实施进行了详细的解读。破碎蛋壳激发了幼儿的探究欲望，由此一只只破壳而出的芦丁鸡和幼儿结下了深厚的缘分。刘老师根据幼儿的兴趣预设了涵盖五大领域的多个活动，从芦丁鸡的孵化到照顾芦丁鸡，让幼儿感知生命的力量。反思总结活动中的时间路径和活动策略，在家园共携手中"启—推—借—助—延"，在探究中科学有效地衔接，为学习做准备。芦丁鸡的课程还在进行中，相信刘老师会继续追随幼儿的兴趣、倾听幼儿的想法、引发幼儿的思考，实现一场教师与幼儿双向奔赴的课程之旅。

五、专家点评，专业引领

主持人：今天上午我园有三位老师分享了"幼小衔接之学习准备"的三个项目探究案例，下面有请我们五组共同体的省市级专家和教研员对三个案例进行专业点评。

1. 史吉海主任进行案例点评

史吉海主任对房艳霞老师的案例"天牛之旅"进行了点评。史主任把"天牛之旅"归纳为从生命之旅到生命科学的探究之旅，总结了幼儿思维的次序逻辑与非逻辑生成的过程，清晰地阐述了课程的价值点以及指向"幼小衔接之学习准备"的核心素养。通过对整篇文本的批注，从细节入手，精准指出课程中幼儿的学习准备及学习能力的发展，细致分析了幼儿各方面的深度学习，对房老师的生命科学素养给予了高度认可。

2. 蒋建敏主任进行案例点评

蒋建敏主任对刘茹老师的案例"上幼儿园的芦丁鸡"进行了点评。蒋主任以保护幼儿的好奇心与主动性、支持幼儿的持续探究行为为依据，从捕捉幼儿的兴趣点、培养幼儿良好的学习品质、合理处理支持与自主的关系、关注幼儿探究过程的问题线、延伸对生命生活的热爱五方面对案例进行了详细评价，并对大家提出三点建议：一是进一步重视生成课程的价值，二是进一步进行高质量的探究，三是进一步鼓励幼儿采取多种方式表达和表征。

3. 傅晨教授进行案例点评

傅晨教授对冯媛茹老师的案例"我家有鸽初长成"进行了点评。傅教授从回归经验和过程意识出发，指出该课程具有清晰的课程脉络和网络图，是鸽子活动的预设与生成相结合的、有温度的项目探究式课程。冯老师紧跟幼儿的兴趣点，把生成活动、主题教学活动和教师预设导向相融合，从促进幼儿全方位发展出发，引发幼儿的深度学习，真实、完整的课程感染了在场的每个人。

六、专题讲座，专家领航

傅晨教授做了题为"倾听儿童 相伴成长：走向高质量的幼儿园探究性课程建设"的专题报告，从基于儿童、尊重生命的课程逻辑起点出发，以循性而动、教无定法、同心协力为关键词，针对"倾听儿童 相伴成长"主题进行了三点思考。结合"小男孩的奥运梦""小小创客空间"等案例，从探究性误程评价的维度、指标描述、内容、方式、策略等方面进行了全面阐述，让在场的老师深度了解了项目探究式课程的深层含义，了解了开展高质量幼儿园探究性课程的路径和方法。

七、总结讲话，部署工作

东营市实验幼儿园王銮美园长做了活动总结。王园长对与会专家、领导和老师的到来再次表示热烈欢迎和感谢，随后表达了在相互赋能中共同成长、在专家引领中科学衔接、在开放共融中共研共长三点感受。王园长指出，本着互相学习、发展自我的态度，在团队的支持和共同努力下，五组的各项活动正深入高效地开展下去。

与会领导、专家与老师们合影留念

301

　　主持人：今天的交流研讨会将是一个新的起点。接下来，我们将按照五组的活动计划开展工作，及时沟通交流和联动共研，共享经验和做法，解决学前教育发展中的困难和问题，推动学前教育在原有基础上向更高水平发展。

（东营市实验幼儿园/薄娜娜 整理）

第五部分

课程评价

课程评价
为生态健康教育提供科学的衡量尺度

　　20 世纪中期以来，教育质量问题获得广泛关注，对学前教育质量的研究随之兴起。我国有关学前教育质量标准的探索，始于 1989 年颁布的《幼儿园工作规程(试行)》和《幼儿园管理条例》。在各省市幼儿园教育质量评估标准中，侧重幼儿园设施、师资资格、卫生保健等办学条件方面的评价指标已较为具体，指向教育内涵、教育过程的评价指标则有些笼统。

　　如今，随着硬件条件的改善，我国学前教育质量评估工作重心逐渐转向对儿童发展影响较大的教育内涵、教育过程方面，更多地关注幼儿园课程质量的提升。2001 年《幼儿园教育指导纲要（试行）》颁布后，幼儿园课程改革日益深入，各省市幼儿园分级分类验收标准、示范园评估标准也进行了新一轮修订，指标结构和内容得到丰富与完善。但在某种程度上，质量评价指标体系存在的理论基础薄弱、结构框架松散、部分关键性指标不足等问题亟待解决。

　　经过长期的努力，我园逐步构建了生态教育课程体系，并在此基础上，初步形成了课程评价的核心理念、基本框架和指标体系。

　　一是坚持儿童立场，把支持和促进儿童发展作为课程评价的核心和关键。我们一直践行"办好人民满意的教育"这一理念，这涉及谁来办、为谁办、怎么办的问题。其中，"为谁办"是一个值得研究的重要课题。我们认为，"办好人民满意的教育"，首先应当让学生满意，学生是否满意是衡量教育是否办好的最重要的标准和尺度。具体到学前教育，也涉及举办者、教师、家长以及儿童等多方面主体的需要，但在众多主体及其需要中，最核心的是儿童的需要。课程开发实施的质量和水平如何，主要看其在多大程度和尺度上满足了儿童不断成长的需要，在多大程度上支持和促进了儿童的全面发展。所以，幼儿园课程质量评价应始终坚持和坚守儿童立场，把儿童放到教育的正中央。

二是积极促进教育教学评价与儿童发展评价的有机融合。幼儿园课程质量评价一般包含两个维度或两个模块。一是从幼儿发展的角度，涵盖健康、社会、语言、科学、艺术五大领域发展和学习品质的指标内容，要求幼儿园课程保证每个幼儿身体、情感、态度、知识、技能、能力的协调和适宜发展；二是从课程构建的维度，包括课程目标、课程内容、课程实施、课程评价等，侧重评价课程开发实施的规划、过程和效果。这两个评价维度相互关联又相互独立，如何把二者有机结合、有机融合，让课程开发实施本身有效地促进幼儿发展是关键。在课程实施过程中，我们发现，有的教师过度关注课程实施本身的程序、流程，追求形式上的完美，特别是有"旁观者"在场时，更是刻意营造"完美"效果，反而陷入了表面化、形式化主义，在迎合"旁观者"的同时忘记了儿童才是真正需要服务的对象。这种课程实施表面完美，却在实质上违反了儿童立场的原则，不利于儿童的发展。基于这种现象，我们强调，儿童是课程实施的唯一目的和指向，儿童发展性是衡量课程效能的唯一标准和尺度，再"完美"的课程，如果没有有效促进儿童的发展，也仅仅是表面的、形式的完美，不是真正的完美。由此，我们注重把课程实施评价和儿童发展评价两个维度有机融合，强调以后者引导前者，以后者衡量前者，从而把课程评价真正转换和聚焦到儿童身上，将儿童发展评价工作融入课程与教学的各环节中。在具体实践中，我们科学把握以教师为主体实施的课程和最终被儿童接受的课程，科学处理好课程内容的目标要求、课程实施的过程要求和课程效果评价三个方面，并最终以儿童接受的课程为统领，科学衡量课程实施的质量和效果。

三是不断拓宽幼儿园课程质量评价的广度和范围。一方面，我们高度重视和关注儿童与各种教育影响因素之间的关系和相互作用，通过"关系"这个视角，把儿童发展和各种教育因素有机联系起来，强调通过统筹整合各种教育要素，为儿童营造一种良好的教育生态。其中，在关系视角里面，我们从保育的特殊性出发，特别重视师幼情感关系的建立。幼儿园是幼儿最早接触的社会性教育机构，需要与家庭做好科学的衔接，需要教师与儿童建立起类似亲子依恋的亲密关系，使儿童对幼儿园产生类似对家庭的归属感与安全感。另一方面，除了五大领域发展评价外，我们也将学习品质指标，包括观察力、想象力、坚持性、专注性等，独立纳入儿童发展评价的重要内容，关注儿童在园一日生活各环节中呈现的整体状态和综合素质。本质上，这是从关注教师"教"到关注儿童"学'的视角的转移，更加强调儿童在不同活动中的发展内容。

例如，我们聚焦生态健康核心经验，针对环境生态性、材料多元化，幼儿如何玩、玩得怎么样等能力发展情况，以及教师观察指导、适宜支持等专业能力，制定了个性化评价量表。在游戏活动评价方面，针对幼儿身体运动、问题解决、人际和谐、联想创新、收纳整理、表征游戏等能力发展情况，以及教师的前期准备、专注观察、师幼互动、合理解读等专业能力，制定了个性化量规评价标准。以青青草坡游戏评价标准为例，教师设计了 4 个一级指标和 15 个二级指标，并根据其重要性设计了权重指数。又如，指向五大领域学习与发展的综合评价。其以五大领域核心经验的 11 个子项为评价指标，如健康领域，从三个子项（身心状况、动作发展和生活习惯与生活能力）、六项具体指标（生长发育指标、情绪管理、大肌肉发展、小肌肉发展、生活与卫生习惯、生活自理能力）进行等级描述。每学期对儿童进行前期测查、后测对比等一系列追踪测评、汇总，及时向家长反馈儿童发展情况，提出合理化改善方案，实现儿童的全面和谐发展。

（东营市实验幼儿园 / 刘恺　薄娜娜　文）

■评价标准

"搭建梦工厂"评价标准

（一）"搭建梦工厂"户外区域环境创设及材料投放评价标准

评价说明：请根据户外区域环境创设和材料投放情况，结合星级进行赋分：☆颗星 1～3 分，☆☆颗星 4～6 分，☆☆☆颗星 7～10 分。

时间：　　　　　班级：　　　　　评价人：　　　　　得分：

一级指标	二级指标	评价标准等级描述			权重	评分	折后分值
		☆	☆☆	☆☆☆			
环境创设	安全性	建构空间较为宽敞平坦；积木收纳方式较为合理，方便取放	建构空间宽敞平坦；积木收纳方式合理，方便幼儿自主取放；存放的积木整齐有序，积木表面较为光滑，倒刺较少	建构空间宽敞平坦，有助于幼儿相互间的合作；积木收纳方式安全、合理，方便幼儿自主取放；积木表面光滑，无倒刺，无污渍	5%		
	适宜性	积木收纳架有简单的分类标识，方便幼儿根据标识进行基本的玩具收整；积木收纳空间规划较为合理，但场地缺少为幼儿提供经验支持的环境创设	积木收纳架有明确的积木种类标识，方便幼儿自主分类收整，充分利用积木架的收纳空间；场地周围张贴建构技巧、建筑照片等内容，为幼儿提供经验支持	积木收纳标识有同种类积木不同长度、厚度的对比标识，方便幼儿在自主分类收整的同时收获数学知识；场地周围张贴建构主题、同伴作品、幼儿建构问题、建构计划等内容，为幼儿游戏提供有力支持	5%		
材料投放	层次性	材料丰富，可操作性强，低结构材料为主，高结构材料为辅	材料丰富，可操作性强，低结构材料为主，高结构材料为辅，符合幼儿年龄特点和兴趣需要	材料丰富，可操作性强，根据幼儿年龄特点和兴趣需要及游戏发展适当调整高低结构材料的比重	5%		
	丰富性	积木种类丰富，数量充足，以单一的木质材料为主，其他创意性材料较少	积木大小、厚薄、长短、形状各不相同，同类形状不同尺寸的积木对比明显；除木质材料外，还有适合建构游戏的环保废旧材料	积木大小、厚薄、长短、形状各不相同，同类形状不同尺寸的积木有明显的倍数关系；有适合建构游戏的环保废旧材料和幼儿根据建构需要自主创设的辅助材料	5%		

（二）"搭建梦工厂"户外区域幼儿能力发展评价标准

评价说明：请根据户外区域环境创设和材料投放情况，结合星级进行赋分：☆颗星 1～3 分，☆☆颗星 4～6 分，☆☆☆颗星 7～10 分。

时间：　　　　　班级：　　　　　评价人：　　　　　得分：

一级指标	二级指标	评价标准等级描述			权重	评分	折后分值
		☆	☆☆	☆☆☆			
幼儿能力发展	游戏兴趣	对建构游戏感兴趣，喜欢用积木进行简单的拼搭活动	愿意尝试用丰富的材料进行搭建，能投入地参与游戏，享受游戏的乐趣	能专注、投入，能持续进行搭建，愿意搭建有挑战性的作品，体验搭建成功后的成就感和喜悦感	10%		
	建构水平	了解各种建构材料的名称和特征，能运用简单的平铺、垒高、围封等技能，用积木进行简单的物体搭建	熟悉各种建构材料，会运用架空、组合、对称、规律、排序等基本的建构技能来建构作品；能有目的、有计划、有主题地搭建比较完整的作品	了解各种建构材料的特点，能熟练运用各种建构技能并能恰当选择不同的建构材料，富有创意地进行搭建；会看平面图，能把平面图变成立体搭建物，搭建出较为复杂的作品	15%		
	交往合作	喜欢与同伴一起玩建构游戏，具有初步的合作意识，能够尝试与同伴进行合作游戏	能与同伴共同搭建同一主题的作品，游戏中有交流、互助和协商；能用简单的语言介绍自己的作品，理解并欣赏他人的作品，与同伴交流想法	能与同伴友好协商搭建主题和建构方案，自主进行任务分工，完成搭建作品；在合作游戏中有自己的见解，尊重同伴的意见，具备积极的合作态度	15%		
	常规习惯	在教师的提醒下，能遵守简单的规则，不乱扔、不损坏建构材料，游戏结束后知道物归原位	具有爱惜材料的意识，游戏后能主动整理材料，按类摆放整齐；游戏中知道要小心行动，不破坏别人的建构作品	能在教师的协助下与同伴共同建立材料使用、场地整理、合作搭建的相关规则，并主动遵守；能按需取用材料，随时清理现场，有一定的安全意识	10%		
	表达表征	能用简单的线条和符号记录，能用简单的语言介绍搭建作品	能用简单的线条和符号记录，用较连贯的语言介绍搭建作品与游戏过程	能用思维地图的方式记录搭建过程，用流畅连贯的语言介绍搭建作品与游戏过程	10%		

（三）"搭建梦工厂"户外区域教师观察指导评价标准

评价说明：请根据户外区域环境创设和材料投放情况，结合星级进行赋分：☆颗星1～3分，☆☆颗星4～6分，☆☆☆颗星7～10分。

时间：　　　　　班级：　　　　　评价人：　　　　　得分：

一级指标	二级指标	评价标准等级描述			权重	评分	折后分值
		☆	☆☆	☆☆☆			
教师观察指导	前期准备	提前排查场地器械是否安全，游戏前进行安全教育；准备简单的观察记录表，有基本的站位分工	提前排查场地器械，根据季节变化准备吸汗巾、遮阳帽及饮用水；游戏前组织谈话，进行安全教育；教师有比较详细实用的观察记录表，教师配合默契，分工明确	提前排查场地器械，根据季节变化准备吸汗巾、遮阳帽及饮用水；游戏前组织幼儿制订游戏计划，进行安全教育；制订完善的观察记录表，教师配合默契，分工明确	5%		
	专注观察	教师观察幼儿游戏情况，以整体巡视为主，给予幼儿恰当的搭建技巧	教师有相应的观察策略，能有目的、有针对性地进行观察，能够关注到幼儿在游戏中的生长点并帮助幼儿提升	教师有相应的观察策略，能有目的、有针对性地进行观察，能敏锐地把握游戏中的生长点，引导幼儿自主解决游戏中的问题	5%		
	合理解读	能够解读幼儿游戏行为反映的搭建水平，组织幼儿介绍自己的搭建作品	能够准确解读幼儿游戏行为所反映的搭建水平，组织幼儿在游戏中和游戏后分享自己的作品，基本能促进幼儿深度学习	能够精准解读幼儿游戏行为所反映的搭建水平，组织幼儿通过多种方式分享自己的作品及搭建过程，促进幼儿深度学习	5%		
	适宜支持	对幼儿的游戏过程进行指导，基本能够支持幼儿游戏的开展	教师能在游戏的关键生长点提供适宜的支持，能引导幼儿运用基础技能搭建出富有创意的建构作品	教师能在游戏的关键生长点提供适宜的支持，能引导幼儿运用多种技能搭建出完整、复杂、富有想象力和创造力的作品；游戏后注重分享提升，助推幼儿后续游戏	5%		

"趣味木工坊"评价标准

（一）"趣味木工坊"户外区域环境创设及材料投放评价标准

评价说明：请根据户外区域环境创设和材料投放情况，结合星级进行赋分：☆颗星 1 ~ 3 分，☆☆颗星 4 ~ 6 分，☆☆☆颗星 7 ~ 10 分。

时间：　　　　班级：　　　　评价人：　　　　得分：

一级指标	二级指标	评价标准等级描述			权重	评分	折后分值
		☆	☆☆	☆☆☆			
环境创设	安全性	活动场地安全，工作台平整无破损；各种工具无松动、损坏等情况	活动场地安全，工作台平整无破损；配备的设施、材料定期检查，无尖锐棱角，各种工具无松动、损坏等情况	活动场地安全，工作台平整无破损；各种设施、材料定期检查，各种工具无松动、损坏等情况，摆放高度合适，外有保护网	5%		
	适宜性	区域整体布局合理，材料存放架高度适宜，工作台高度、尺寸适中，适合幼儿进行切割、测量等操作	区域整体布局合理，材料存放架高度适宜，工作台高度、尺寸适中，能够较好满足幼儿的身心发展特点和发展需要	区域整体布局合理，材料存放架高度适宜，幼儿能自由选取材料；工作台高度、尺寸适中，能够充分满足不同年龄层次、不同发展水平幼儿的多种游戏需求	5%		
材料投放	层次性	根据幼儿兴趣需要，提供部分高低结构游戏材料，基本满足幼儿的操作需求	根据幼儿兴趣需要及已有经验，提供适量的高低结构游戏材料，材料形式丰富，使用率高，能够满足幼儿的操作需求	根据幼儿兴趣需要及已有经验，及时提供和更新适宜适量的高低结构游戏材料，材料形式丰富，材料数量充足，能满足幼儿的操作需求	5%		
	幼儿参与性	各类木工材料分类摆放，物品标识清晰，便于幼儿独立取放和使用，幼儿喜欢参与活动	各类木工材料能够做到分类摆放，物品标识清晰明了，便于幼儿按照标识独立取放和使用，幼儿参与度较高，能自主制订游戏计划及分享形式	各类木工材料能够做到分类摆放，有幼儿参与的图文并茂的标识，场地张贴木工技巧示意图、作品图，为幼儿游戏提供有力支持，能够自主制订游戏计划，设计作品展览形式	5%		

（二）"趣味木工坊"户外区域幼儿能力发展评价标准

评价说明：请根据户外区域环境创设和材料投放情况，结合星级进行赋分：☆颗星 1～3 分，☆☆颗星 4～6 分，☆☆☆颗星 7～10 分。

时间：　　　　　　班级：　　　　　　评价人：　　　　　　得分：

一级指标	二级指标	评价标准等级描述			权重	评分	折后分值
		☆	☆☆	☆☆☆			
幼儿能力发展	动作技能	了解各种材料和工具的名称、特征，能运用简单的组合、安装等技能	熟悉各种材料和工具，掌握基本技能，能完成较完整的作品	熟悉各种材料和工具，能熟练运用各种技能进行组合拼装，能恰当地选择不同材料，完成非常完整的作品	10%		
	表现创作	对木工游戏比较感兴趣，愿意尝试、探索、感知木艺，能够学会组装或拼搭简单木质玩具	对木工游戏感兴趣，在操作木质材料的游戏过程中专注且有想象力，能够大胆想象、主动探索游戏玩法	对木工游戏兴趣浓厚，游戏过程中专注且有想象力，能够大胆想象、主动探索游戏玩法；能自主设计图纸，并按照图纸进行操作游戏	10%		
	问题解决	遇到问题能够与同伴沟通或者寻求老师帮助，基本具有自己解决问题的愿望和能力	遇到问题主动与同伴沟通、交流、探索，能动手、动脑探索木工材料，具有自己解决问题的愿望和能力	遇到问题乐于与同伴沟通交流、探索、合作，愿意动手动脑探索木工材料，积极寻找解决问题的方法	10%		
	团结合作	喜欢和同伴一起玩木工游戏，能运用简单的语言进行交流，愿意向同伴介绍自己的作品	能与同伴共同完成同一主题的作品，游戏中有交流、互助、协商；能大胆与同伴交流想法	能与同伴友好协商作品的主题和组装方案，分工合作；能较完整地讲述活动过程和主题，在合作中有想法，又能尊重别人的意见	10%		
	收纳整理	在教师提醒下能遵守规则，知道物归原位	有一定的规则意识，爱惜材料，游戏后能主动整理材料，按类摆放整齐	爱惜游戏材料，注意保护自己和他人的作品；明确各类材料收纳方式，随时清理现场；游戏结束后能迅速有序地整理收纳	10%		
	表征游戏	幼儿有对游戏过程表征的意识；能够为同伴、成人讲述自己的游戏故事	幼儿有对游戏过程表征的意识与能力；能够讲述自己的游戏故事，表征画面丰富完整，想象力丰富	幼儿完整表征游戏过程；能够讲述自己的游戏故事；表征画面非常丰富完整，想象力丰富	10%		

（三）"趣味木工坊"户外区域教师观察指导评价标准

评价说明：请根据户外区域环境创设和材料投放情况，结合星级进行赋分：☆颗星 1 ~ 3 分，☆☆颗星 4 ~ 6 分，☆☆☆颗星 7 ~ 10 分。

时间：　　　　　班级：　　　　　评价人：　　　　　得分：

一级指标	二级指标	评价标准等级描述			权重	评分	折后分值
		☆	☆☆	☆☆☆			
教师观察指导	前期准备	提前排查场地器械是否安全，游戏前进行安全教育；准备简单的观察记录表，有基本的站位分工	提前排查场地器械，根据季节变化准备吸汗巾、遮阳帽及饮用水；游戏前组织谈话，进行安全教育；准备较详细的观察记录表，教师配合默契，分工明确	提前排查场地器械，根据季节变化准备吸汗巾、遮阳帽及饮用水；游戏前组织幼儿制订游戏计划，进行安全教育；制订完善的观察记录表，教师配合默契，分工明确	5%		
	专注观察	教师观察幼儿游戏活动，及时巡视，并进行个别指导	观察幼儿的游戏表现，有意识进行个别观察，根据幼儿的游戏情况，适时介入指导	教师分工明确，配合默契，整体巡视和个别指导相结合，能根据幼儿游戏情况，适时介入指导，推动幼儿的创造性游戏	5%		
	合理解读	教师能客观、简单地描述幼儿的游戏过程，并对幼儿游戏行为进行解读，反思自身的教育行为	通过组织幼儿展示介绍木工作品，客观、详细地描述幼儿的游戏过程，并对幼儿的游戏行为进行合理解读，同时反思自身的教育行为	通过组织幼儿多种方式展示介绍木工作品，客观、详细地描述幼儿的游戏过程，做到精准解读，提出激发幼儿深度学习的指导策略	5%		
	适宜支持	对幼儿游戏行为给予适当回应与配合，能对幼儿的游戏行为给予基本的支持	教师能够发现幼儿游戏中的"生长点"并及时进行介入；教师的木工技能指导，有利于推进幼儿的经验运用	教师指导到位，能有计划地开展对幼儿的观察、记录，做好评估、反思工作，为下次调整材料、设置区域提供依据；能对幼儿的游戏行为给予基本的回应与支持；能帮助幼儿梳理已有经验，推进游戏的深度开展	5%		

313

"快乐大本营"评价标准

（一）"快乐大本营"户外区域环境创设及材料投放评价标准

评价说明：请根据户外区域环境创设和材料投放情况，结合星级进行赋分：☆颗星1～3分，☆☆颗星4～6分，☆☆☆颗星7～10分。

时间：　　　　　班级：　　　　　评价人：　　　　　得分：

一级指标	二级指标	评价标准等级描述			权重	评分	折后分值
		☆	☆☆	☆☆☆			
环境创设	安全性	区域内梯子、木板、安吉箱等材料摆放高度合适，垫子摆放到位，小车、滚筒等器械无损坏，能保证幼儿游戏活动的安全	区域内梯子、木板、安吉箱等材料摆放高度、位置合适，安装稳固，垫子摆放充足、到位，小车、滚筒等器械无安全隐患，能很好地保证幼儿游戏活动的安全	区域内梯子、木板、安吉箱等材料摆放高度、位置符合本年龄段幼儿需要，安装稳固，无尖锐棱角和刺等安全隐患，垫子摆放充足、到位，小车、滚筒等器械结实耐用，能充分保证幼儿在游戏活动中的安全	5%		
	适宜性	幼儿与环境之间有互动，方便幼儿进行自主游戏	游戏环境能够激发幼儿开展自主游戏的愿望，在与环境互动过程中，能够促进幼儿身心健康、和谐发展	游戏环境能够充分激发幼儿创造性地开展游戏，使幼儿在与环境互动过程中产生深度学习，从而获得身心的健康、和谐发展	5%		
材料投放	层次性	材料种类相对单一，小车、滚筒等高结构材料占比较大，游戏材料层次性不明显，基本能满足幼儿开展自主游戏活动的需要	小车、滚筒、木梯、安吉箱等材料种类较为丰富，层次性强，能够适应不同发展水平的幼儿，吸引幼儿开展自主游戏活动，如滚筒的多种玩法能激发幼儿的持续探索游戏	既有木梯、木板、安吉箱等自然的低结构材料，也有玩法多样的滚筒、小车、车轮等高结构材料，能够满足不同发展水平幼儿自主开展游戏活动的需要，激发幼儿在游戏中的深度学习与探究	5%		
	挑战性	幼儿与小车、木梯和木板等游戏材料产生简单的互动，开展挑战性较小的游戏活动	幼儿与小车、木梯、滚筒等丰富的游戏材料产生互动，部分材料如木梯、木板等可以激发幼儿进行平衡行走等有挑战性的游戏活动	幼儿与不同高度的木梯、木板、滚筒等游戏材料产生多元互动，幼儿在单一材料的多种玩法和多种材料的组合玩法中生发极具挑战性的自主游戏	5%		

（二）"快乐大本营"户外区域幼儿能力发展评价标准

评价说明：请根据户外区域环境创设和材料投放情况，结合星级进行赋分：☆颗星 1 ~ 3 分，☆☆颗星 4 ~ 6 分，☆☆☆颗星 7 ~ 10 分。

时间：　　　　　班级：　　　　　评价人：　　　　　得分：

一级指标	二级指标	评价标准等级描述			权重	评分	折后分值
		☆	☆ ☆	☆ ☆ ☆			
幼儿能力发展	身体运动	幼儿在木梯上锻炼基本的走、跨、攀爬等动作技能，能够推动滚筒、车轮等器械前行	幼儿能够综合运用多种器械如木梯、滚筒等平稳地走、跨、攀爬，锻炼平衡能力及动作协调能力	幼儿能够综合运用多种器械如木梯、滚筒等平稳、快速地走、跨、攀爬，锻炼平衡能力及动作协调能力，不断挑战自我，坚持运动	10%		
	问题解决	幼儿在遇到问题时，易放弃、终止或更换游戏	幼儿在遇到问题时能主动求助同伴或老师解决问题，并能够多次尝试解决，不会轻易终止或更换游戏行为	幼儿在遇到问题时能多次尝试并自主解决问题，不断探究解决问题的多种方法，如坚持探索在滚筒上平稳行走的多种技巧，不轻言放弃	15%		
	人际和谐	幼儿之间有基本的互动，但多以独立游戏为主，能解决交往过程中简单的矛盾冲突	幼儿之间关系和谐，独立游戏和合作游戏交叉出现，幼儿具有一定的交往和合作能力	乐意与同伴交流、合作，合作中能听取同伴的意见，能自主协商游戏主题，并解决合作中的问题与纠纷	15%		
	收纳整理	能在教师提醒下遵守规则，知道物归原位	有一定的规则意识，爱惜材料，游戏后能主动整理材料，按类收放整齐	爱惜游戏材料，明确各类材料的位置及收纳方式；能按需取用材料，随时整理现场，游戏后能主动按标识分类整理和收纳	10%		
	表征游戏	幼儿能用口头表征的方式简单描述自己的游戏行为和游戏过程，并能用简单的符号进行绘画表征	幼儿能用口头表征的方式描述自己的游戏行为和游戏过程，并能用绘画的方式进行表征，表征内容基本符合游戏主题	幼儿能用口头表征和绘画表征等多种形式精准再现自己的游戏行为和游戏过程，表征内容与游戏主题相吻合，能够通过表征进行自我点评	10%		

（三）"快乐大本营"户外区域教师观察指导评价标准

评价说明：请根据户外区域环境创设和材料投放情况，结合星级进行赋分：☆颗星 1～3 分，☆☆颗星 4～6 分，☆☆☆颗星 7～10 分。

时间：　　　　　　班级：　　　　　　评价人：　　　　　　得分：

一级指标	二级指标	评价标准等级描述			权重	评分	折后分值
		☆	☆☆	☆☆☆			
教师观察指导	前期准备	教师间配合默契，活动前检查幼儿着装，进行安全教育，增强幼儿自我保护意识，提醒幼儿脱衣、擦汗及活动后的整理工作	检查场地和各类小车等运动器械的安全，准备好吸汗巾（夏季）和运动器具；检查幼儿着装，进行安全教育，增强幼儿自我保护意识，提醒幼儿脱衣、擦汗及活动后的整理工作	检查小车等各类器械、场地，消除安全隐患，检查幼儿着装和鞋子，提供吸汗巾（夏季）、饮水壶、纸巾、衣物篮等材料；组织幼儿进行游戏前谈话，包括游戏计划、安全教育等，组织游戏前热身，提醒幼儿脱衣、擦汗及活动后的整理工作	5%		
	专注观察	教师以巡视为主，偶尔介入指导，针对性较弱	教师分工站位，观察幼儿的游戏表现，关注个体之间不同的游戏行为，适时介入指导	教师站位分工明确，相互协调，配合默契；巡视与定点观察相配合，因材施教，进行个别教育，善于鼓励、启发与引导	5%		
	合理解读	教师能客观、详细地描述幼儿的游戏过程，并对幼儿交通骑行游戏行为进行解读，反思自身的教育行为	教师能客观描述幼儿交通骑行游戏过程，并对幼儿骑行中的交通遵守行为进行较为合理的解读，经常反思自身的教育行为	教师能客观、详细地描述幼儿的交通骑行游戏过程，并对其游戏行为进行合理解读，对自身的介入行为进行深刻的反思，提出激发幼儿深度学习的指导策略	5%		
	适宜支持	教师能灵活地引导幼儿积极投入游戏，对幼儿游戏行为给予适当的回应与基本的支持	教师能关注到幼儿的交往矛盾和主动求助，能发现幼儿游戏中的"生长点"并进行介入，引导幼儿深入探究	教师能发现幼儿游戏中的"生长点"并进行介入，游戏后组织幼儿进行问题探讨与经验共享，助推游戏的深入开展	5%		

"拓展体验营"评价标准

（一）"拓展体验营"户外区域环境创设及材料投放评价标准

评价说明：请根据户外区域环境创设和材料投放情况，结合星级进行赋分：☆颗星 1 ～ 3 分，☆☆颗星 4 ～ 6 分，☆☆☆颗星 7 ～ 10 分。

时间：　　　　　　班级：　　　　　　评价人：　　　　　　得分：

一级指标	二级指标	评价标准等级描述			权重	评分	折后分值
		☆	☆☆	☆☆☆			
环境创设	生态性	绿地上小草长势一般，泥土裸露，未及时干预、修补（冬天除外）；区域内植物长势一般，幼儿在草坡上开展游戏有一定困难	绿地的生长态势较好，区域内的小草、野花、冬青、柳树等植物生长繁茂（冬天除外），能够较好地激发幼儿的探索欲望	草皮的生长态势非常好，区域内植物种类多样，生长繁茂（冬天除外），有木梯、滑草板等生态游戏材料与环境相融合，充分激发了幼儿的探索欲望	5%		
	适宜性	游戏环境不利于幼儿开展自主游戏，幼儿与环境之间较难产生良性互动	游戏环境能够基本支持幼儿开展自主游戏，幼儿与环境之间容易产生良性互动	游戏环境对幼儿游戏产生正向引导作用，幼儿在与环境互动的过程中，产生深度学习，促进身心和谐发展	5%		
材料投放	多元性	游戏材料单一，不能根据幼儿的兴趣与需要及时更新游戏材料	教师根据幼儿的兴趣需要及已有经验，及时提供适宜适量的游戏材料，初步体现材料的层次性	教师能够关注幼儿的兴趣需要及已有经验，提供丰富的低结构和高结构的材料，并且教师能够根据幼儿操作情况适时更新材料，充分支持幼儿开展自主游戏	5%		
	挑战性	提供的材料挑战性较低、种类单一，游戏过程较为简单	游戏材料相对丰富，部分材料可以激发较有挑战性的游戏活动	游戏材料在多种玩法或组合玩法中都具有一定的挑战性，能够激发幼儿持续开展游戏活动	5%		

（二）"拓展体验营"户外区域幼儿能力发展评价标准

评价说明：请根据户外区域环境创设和材料投放情况，结合星级进行赋分：☆颗星 1～3 分，☆☆颗星 4～6 分，☆☆☆颗星 7～10 分。

时间：　　　　班级：　　　　评价人：　　　　得分：

一级指标	二级指标	评价标准等级描述			权重	评分	折后分值
		☆	☆☆	☆☆☆			
幼儿能力发展	交往合作	幼儿缺乏与同伴一起游戏的意识，不愿分享游戏材料，较少与他人交流游戏内容	幼儿愿意和同伴一起游戏，并分享游戏材料，初步具有与同伴协商交流游戏内容的能力	幼儿自主选择游戏伙伴、游戏材料，自主协商交流游戏内容，具有分工合作的意识，能够充分体验合作探究的过程	10%		
	身体运动	幼儿可以锻炼基本的跑、跳、跨、攀爬等动作技能	幼儿在锻炼基本的跑、跳、跨、攀爬等动作技能的基础上，同时锻炼拖、拉、拽及平衡能力	幼儿不仅能够锻炼跑、跳、跨、攀爬、拖、拉、拽及平衡能力，还能够产生不断挑战自我的欲望，体会运动带来的成就感	10%		
	意志品质	幼儿不能专注地参与游戏活动，容易受外界因素的干扰，分心后注意力不容易转移回来；遇到挫折时容易放弃游戏活动	幼儿较为专注地参与自己喜欢的游戏活动，不受外界因素的干扰，偶尔有分心，但注意力能较快转移回来；遇到挫折时能够适度忍耐	幼儿专注地参与自己喜欢的游戏活动，持久而不受外界因素的干扰；遇到挫折时能直面困难，动脑克服；朋友需要帮助时能够及时伸出援手	10%		
	问题解决	幼儿遇到问题容易轻易终止或更换游戏，缺乏解决问题的意识与能力，不喜欢动手动脑探索游戏材料	幼儿遇到问题能够与同伴沟通或求助教师，愿意动手动脑探索游戏材料，基本具有自己解决问题的愿望和能力	幼儿乐于思考，喜欢探究，遇到问题能够与同伴主动沟通、交流、探索、合作，喜欢动手动脑探索游戏材料，自己有解决实际问题的能力	10%		
	游戏表征	幼儿能用口头表征的方式简单描述自己的游戏行为和游戏过程	幼儿能够对游戏过程进行绘画表征，画面较为完整，基本能为同伴或成人讲述游戏故事	幼儿自主、完整地对游戏过程进行绘画表征，画面丰富，能够为同伴或成人生动地讲述游戏故事	10%		
	收纳整理	收整音乐响起时准备集合，缺乏主动收整游戏材料的意识	收整音乐响起时，能在老师的提醒下收整游戏材料，但材料一一对应归位的能力稍有欠缺	音乐响起时，能够迅速主动收整游戏材料；能够很好地分类、摆放回原来的位置；离开之前能检查有无遗漏	10%		

（三）"拓展体验营"户外区域教师观察指导评价标准

评价说明：请根据户外区域环境创设和材料投放情况，结合星级进行赋分：☆颗星 1 ~ 3 分，☆☆颗星 4 ~ 6 分，☆☆☆颗星 7 ~ 10 分。

时间：　　　　　　班级：　　　　　　评价人：　　　　　　得分：

一级指标	二级指标	评价标准等级描述			权重	评分	折后分值
		☆	☆☆	☆☆☆			
教师观察指导	前期准备	游戏前能够巡视游戏场地，检查安全隐患并及时排查；教师观察指导缺乏目的性，没有明确的站位分工	游戏前能够巡视游戏场地，检查安全隐患并及时排查，夏天能为幼儿准备汗背巾；教师有准备好的观察记录表，站位分工明确，在巡视全体幼儿活动的情况下适当进行定点观察	游戏前能够巡视游戏场地，检查安全隐患并及时排查，夏天能为幼儿准备汗背巾、花露水、卫生纸等生活用品；教师有科学合理的观察记录表，站位分工明确，能够追随幼儿的游戏发展过程，适时转变观察策略	5%		
	专注观察	游戏过程中，教师采用巡视的方式来观察幼儿的游戏活动	游戏过程中，教师在巡视全体幼儿游戏活动的情况下，进行定点观察	游戏过程中，教师能够对幼儿的游戏情况进行跟踪观察，关注游戏的生长点并有针对性地定点观察，适时介入指导	5%		
	合理解读	教师能够简单描述幼儿的游戏过程，但无法发掘幼儿行为背后的原因	教师能够客观、细致地描述幼儿的游戏过程，合理解读幼儿的游戏行为	教师能够客观、详实地描述幼儿游戏过程，对幼儿游戏行为进行科学解读，抓住游戏生长点，促进幼儿的深度学习	5%		
	适宜支持	教师不能及时关注到幼儿的游戏需要	教师能够及时关注幼儿的游戏，在幼儿需要时能给予指导与帮助	教师根据幼儿的游戏需要适时进行介入指导，游戏后组织幼儿进行问题探讨与经验共享，助推游戏深入开展	5%		

"宝贝球场"评价标准

（一）"宝贝球场"户外区域环境创设及材料投放评价标准

评价说明：请根据户外区域环境创设和材料投放情况，结合星级进行赋分：☆颗星 1～3 分，☆☆颗星 4～6 分，☆☆☆颗星 7～10 分。

时间：　　　　　班级：　　　　　评价人：　　　　　得分：

一级指标	二级指标	评价标准等级描述			权重	评分	折后分值
		☆	☆☆	☆☆☆			
环境创设	安全性	活动场地安全，各种设施、材料无尖锐棱角，无触碰、刮伤的安全隐患	活动场地安全，各种设施、材料无尖锐棱角，无触碰、刮伤等安全隐患，积水湿滑现象少	户外活动场地安全，各种设施、材料无尖锐棱角，无触碰、刮伤等安全隐患，无积水湿滑现象	5%		
	适宜性	活动场地开阔，适合球类运动；各种设施摆放较合理，高度符合幼儿身高要求，适合幼儿取放	活动场地开阔、平坦，适合球类运动；各类球场设有围挡，围挡高度适宜，位置摆放合适，各种设施摆放较合理	活动场地开阔、平坦，面积充足，适合球类运动；各类球场设有围挡，围挡高度适宜，位置摆放合适，符合幼儿身高要求，方便幼儿随取随用，自主开展游戏活动	5%		
材料投放	层次性	游戏材料缺乏层次性，材料单一，缺乏可变性，场地布置千篇一律	材料层次性强，能够吸引不同发展水平的幼儿自主开展游戏活动，材料种类多样，区分明显，具有一定的挑战性	材料层次性强，有低结构、半成品材料，富有挑战性，能够根据幼儿需要随时增添、删减、组合材料，满足不同发展水平的幼儿自主开展游戏活动	5%		
	多样性	球类以基础球类为主，种类单一，如足球、篮球，数量较少	球的种类多样，有 3～5 种，如足球、篮球、曲棍球、跳跳球，数量充足	球的种类丰富，有 5～7 种，如足球、篮球、曲棍球、跳跳球、弹射球、羊角球；数量充足，有队服和记分牌等辅助材料	5%		

（二）"宝贝球场"户外区域幼儿能力发展评价标准

评价说明：请根据户外区域环境创设和材料投放情况，结合星级进行赋分：☆颗星 1～3 分，☆☆颗星 4～6 分，☆☆☆颗星 7～10 分。

时间：　　　　　班级：　　　　　评价人：　　　　　得分：

一级指标	二级指标	评价标准等级描述			权重	评分	折后分值
		☆	☆☆	☆☆☆			
幼儿能力发展	身体运动	幼儿乐于参与活动，有一定的运动量，能够完成走、跑、踢等运动技能	幼儿能全身心地投入活动中，运动量和运动强度适当，走、跑、踢等技能得到锻炼，身体协调性较好	幼儿运动能力强，能全身心地投入活动中，运动量和运动强度适当，走、跑、跳、踢及身体灵活性、协调性非常强，乐于挑战	15%		
	规则意识	参与活动自由散漫，随意性强；常因为人多出现拥挤、吵闹；游戏材料损坏、丢失程度高	能够有序进入游戏场地，在提示下能够按规则进行游戏，不争抢、不吵闹，活动安全愉快，游戏结束后能够及时迅速地收整玩具	能够通过协商制订游戏规则，自觉对游戏进行人员分工，通过合作、探索等完成游戏任务；正确运用球类游戏基本动作；收整时材料摆放归位	10%		
	问题解决	幼儿遇到问题总是寻求教师帮助，缺乏解决问题的意识与能力，不喜欢动脑探索解决方法	遇到问题能够与同伴沟通、交流、探索、合作，能够动手动脑探索球类的不同玩法，基本具有自己解决问题的能力	乐于思考，喜欢探究，遇到问题能够与同伴主动沟通、交流、探索、合作，喜欢动手动脑探索游戏材料，自己有解决实际问题的能力	10%		
	团结协作	游戏前基本能自由选择游戏同伴，基本能通过协商组建团队，游戏中较少出现语言沟通	游戏前能通过协商组建团队，自由结伴；游戏中能进行语言沟通，愿意与同伴一起完成任务，能接受老师或同伴的建议	游戏前能主动协商组建团队，根据特长进行分工；游戏中和谐沟通，分享游戏材料，积极配合同伴开展游戏，遇到问题共同努力解决	10%		
	收纳整理	游戏后，幼儿能基本在教师的提醒和帮助下收整游戏材料，初步有整理归位的意识	游戏后，幼儿能在教师的提醒和帮助下收整游戏材料，态度积极主动，愿意参与收纳整理	游戏后，幼儿能够主动收整游戏材料，并能将游戏材料归位摆放，收整结束后能够自主巡视、检查，确认物品位置正确	5%		
	表征游戏	幼儿能用口头表征的方式简单描述自己的游戏行为和游戏过程	幼儿能用口头表征的方式详细描述自己的游戏行为和游戏过程，并能够用简单的符号进行绘画表征	幼儿能用口头表征和绘画表征的形式详细描述自己的游戏行为和游戏过程，并能进行自我点评	10%		

（三）"宝贝球场"户外区域教师观察指导评价标准

评价说明：请根据户外区域环境创设和材料投放情况，结合星级进行赋分：☆颗星 1 ~ 3 分，☆☆颗星 4 ~ 6 分，☆☆☆颗星 7 ~ 10 分。

时间：　　　　班级：　　　　评价人：　　　　得分：

一级指标	二级指标	评价标准等级描述			权重	评分	折后分值
		☆	☆☆	☆☆☆			
教师观察指导	前期准备	活动前准备观察表、队服等物品，检查场地安全、幼儿着装，加强安全教育	活动前准备观察表、队服等物品（夏季有汗背巾），检查场地安全、幼儿着装，加强安全教育	活动前准备观察表、物品（夏季有汗背巾），检查场地安全、幼儿着装，丰富幼儿前期经验和运动技巧，加强安全教育	5%		
	专注观察	有观察记录表，一位教师负责观察部分幼儿，其他教师以巡视为主	有观察记录表，但内容较为笼统；一位教师定点观察，其他教师以巡视为主，能发现幼儿游戏中的问题	有细致、实用的观察记录表，教师站位分工明确，有 1 ~ 2 名教师负责定点观察，其他教师散点观察，能关注到幼儿玩球过程中的游戏行为，并提供适宜的指导	5%		
	合理解读	能基本对幼儿的游戏做出详细的描述；但对幼儿游戏行为的解读不够具体	注意倾听幼儿游戏中的想法和感受，分享交流的内容有针对性，提问能够启发幼儿思考	善于倾听、理解幼儿的游戏过程和需要，分享交流的内容有针对性，能够合理地解读幼儿的游戏行为	5%		
	适宜支持	基本能用灵活的方法引导幼儿积极投入身体素质练习，运动量和运动强度适中，幼儿活动充分	充分了解幼儿与环境材料的互动情况并进行有效引导，以适当的策略和方法予以回应、支持和帮助，推进幼儿的经验内化和游戏的深入开展	有计划地对幼儿进行观察、记录，做好评估、反思工作，为调整游戏材料与区域设置提供依据，对幼儿给予适宜的回应与支持；游戏后组织幼儿进行问题探讨与经验共享，推进游戏持续开展	5%		

"创意美工坊"评价标准

（一）"创意美工坊"户外区域环境创设及材料投放评价标准

评价说明：请根据户外区域环境创设和材料投放情况，结合星级进行赋分：☆颗星 1～3 分，☆☆颗星 4～6 分，☆☆☆颗星 7～10 分。

时间：　　　　　　班级：　　　　　　评价人：　　　　　　得分：

一级指标	二级指标	评价标准等级描述			权重	评分	折后分值
		☆	☆☆	☆☆☆			
环境创设	生态性	整体布局合理，环境优美，幼儿人均绿化面积大小合适，树根、油桶等作画材料具有生态性	整体布局美观、实用，场地人均绿化面积较大；树根、油桶、蚊帐等作画材料具有生态性	整体布局美观、实用，动静结合，场地人均面积大；树根、油桶、蚊帐、轮胎等作画材料具有生态性	5%		
	适宜性	材料与环境具有一定融合度；利用墙面、水源等就地取材的资源，体现了适宜性	材料与环境融合度较高；利用墙面、水源等就地取材的资源，深受幼儿喜爱	材料与环境融合度非常高；充分利用墙面、水源等就地取材的资源，板凳、轮胎、蚊帐等充分体现了适宜性	5%		
材料投放	层次性	根据幼儿兴趣需要及已有生活经验，提供低、中、高结构游戏材料，基本满足幼儿操作需求	根据幼儿兴趣需要及已有生活经验，提供低、中、高结构游戏材料，材料形式丰富，使用率高，能够满足幼儿操作需求	根据幼儿兴趣需要及已有生活经验，及时提供和变换适宜适量的低、中、高结构游戏材料，材料形式丰富，材料数量充足，满足不同水平幼儿的创作需求	5%		
	多元性	将墙面等当作画画背景；创作材料多样，如树根、轮胎、铁皮桶，绘画材料可选择性强	充分利用地面、墙面等，将其当作画画背景；创作材料丰富，如树根、轮胎、铁皮桶、蚊帐布、废旧衣服，体现多元性	就地取材，充分利用地面、墙面等，将其当作画画背景；创作材料丰富，如树根、轮胎、铁皮桶、蚊帐布、废旧衣服；作品展览形式多样化，如悬挂、平铺、摆放	5%		

（二）"创意美工坊"户外区域幼儿能力发展评价标准

评价说明：请根据户外区域环境创设和材料投放情况，结合星级进行赋分：☆颗星 1 ~ 3 分，☆☆颗星 4 ~ 6 分，☆☆☆颗星 7 ~ 10 分。

时间：　　　　　班级：　　　　　评价人：　　　　　得分：

一级指标	二级指标	评价标准等级描述			权重	评分	折后分值
		☆	☆☆	☆☆☆			
幼儿能力发展	表现创造	幼儿有想象力和创造力，能利用不同材料开展创作，形式多样	幼儿富有想象与创作力地开展自主创作，乐于选择并利用不同材料开展游戏	幼儿富有想象与创意地开展游戏，主动选择树根、轮胎等不同材料开展创作，作品内容生动，实现深度学习与多元发展	15%		
	美工技能	能够使用和操作游戏材料涂鸦、画画	能够较为熟练地使用粉笔、水粉笔等在黑板、石头、油漆桶等物品上进行创作	能够自主熟练地使用粉笔、水粉笔等在黑板、木片、石头、油漆桶、蚊帐布、旧衣物等物品上面进行创作	10%		
	问题解决	遇到问题能够与同伴沟通，寻求老师帮助，基本具有自己解决问题的愿望和能力	遇到问题主动与同伴沟通、交流、探索，能够动手、动脑探索美工材料，具有自己解决问题的愿望和能力	遇到问题乐于与同伴沟通交流、探索、合作，愿意动手动脑探索美工材料，积极寻找解决问题的方法，乐在其中	10%		
	游戏表征	幼儿有对创作过程表征的意识；能够为同伴、成人讲述自己的游戏故事	幼儿有对创作过程表征的意识与能力；能够讲述自己的创作过程；表征画面丰富完整，结构合理	幼儿完整表征创作过程；能够主动讲述自己的创作过程；表征画面非常丰富完整，结构合理，想象力丰富	10%		
	收纳整理	幼儿能够在创作结束后，将材料进行整理并放回原位	幼儿能够在音乐响起时，主动停止创作，将材料按照标识要求放回原处	幼儿能够在音乐响起时，和同伴一起主动停止创作，将美工用具清洗干净，按照标识要求放回原处，摆放整齐	15%		

（三）"创意美工坊"户外区域教师观察指导评价标准

评价说明：请根据户外区域环境创设和材料投放情况，结合星级进行赋分：☆颗星 1～3 分，☆☆颗星 4～6 分，☆☆☆颗星 7～10 分。

时间：　　　　　　班级：　　　　　　评价人：　　　　　　得分：

一级指标	二级指标	评价标准等级描述			权重	评分	折后分值
		☆	☆☆	☆☆☆			
教师观察指导	前期准备	有颜料、画笔等材料准备和简单的情境准备；提前给幼儿准备好小围裙等物品	材料准备齐全，有颜料、画笔、刷笔筒、树根等，还有美术情境准备，环境布置优美；提前给幼儿准备好并戴好小围裙	材料准备齐全，有颜料、画笔、刷笔筒、材料展示架等材料准备，环境布置优美；提前给幼儿穿戴好美工围裙，带好防蚊用品等	5%		
	专注观察	在幼儿创作过程中，教师观察幼儿创作活动，及时巡视，并进行个别指导	教师准备观察记录表，及时巡视，并进行个别观察，根据幼儿的发展水平，给予适当引导，促进幼儿游戏发展	教师认真专注地观察幼儿创作活动，填写观察记录表，能做到个别观察与全面观察相互交替，并适时给予幼儿引导	5%		
	合理解读	能够解读幼儿游戏行为所反映的经验与水平，通过美术作品展览等形式，组织幼儿分享作品内容	能够准确解读幼儿游戏行为所反映的经验与水平；通过美工作品展览、游戏故事分享、口述日记等形式，组织幼儿分享作品内容	精准解读幼儿美术创作反映的经验与水平；通过作品展、游戏故事分享、口述日记等形式，组织幼儿分享作品内容，完善教师观察记录表	5%		
	适宜支持	对幼儿创作活动给予适当回应与配合，能对幼儿的创作行为给予基本的支持	对幼儿的创作活动给予回应与指导；对幼儿的创作给予肯定，注意倾听、理解、判断幼儿的活动需要，并引导幼儿进一步深度学习	对幼儿的创作行为给予及时回应与指导；对幼儿的创作行为给予肯定和支持，观察倾听、理解判断幼儿的创作需要，引导其深度学习，生成其他课程	5%		

"追风骑行区"评价标准

（一）"追风骑行区"户外区域环境创设及材料投放评价标准

评价说明：请根据户外区域环境创设和材料投放情况，结合星级进行赋分：☆颗星 1～3 分，☆☆颗星 4～6 分，☆☆☆颗星 7～10 分。

时间：　　　　　班级：　　　　　评价人：　　　　　得分：

一级指标	二级指标	评价标准等级描述			权重	评分	折后分值
		☆	☆☆	☆☆☆			
环境创设	适宜性	场地开阔，设有坡路，车道宽度适中；各类车辆停放有序，车牌号标识简单明了	场地开阔，设有坡路；各类车辆分类停放整齐，车牌号标识简单明了；固定车道宽度适中，有自设车道的材料	设有坡路和障碍；各类车辆分类摆放，车牌号简单明了；固定车道宽度适中，可自设车道，能随意调整；打破区域限制，实现区域整合	5%		
	安全性	场地开阔安全，路面无损坏；车辆无安全隐患，定期检修	场地开阔安全，路面无损坏，方便幼儿开展游戏活动；车辆无安全隐患，定期检修，坡路的坡度合适，障碍物等材料无破损	场地开阔安全，路面无损坏，在游园活动过程中，注意选择合适的位置；车辆无破损，定期检修，坡路坡度合适，障碍物等材料无破损	5%		
材料投放	多样性	投放各类骑行车辆，满足幼儿对不同种类车辆的游戏需求；游戏坡道坡度适中	投放各类骑行车辆，满足幼儿对不同种类车辆的游戏需求；坡道、障碍物、自制车道材料若干	投放各类车辆，满足幼儿对不同种类车辆的游戏需求；坡道、障碍物、自制车道材料若干；多种材料支持幼儿进行骑行游戏、角色扮演游戏等	5%		
	挑战性	在教师引导下，开展各类骑行游戏；不同坡度的坡道满足不同骑行水平的幼儿游戏	能自主开展各类骑行游戏、骑行比赛；能有意识地设置障碍物、通过自设车道，增加游戏难度	能结合现有的各类车辆进行创新游戏；自主设计比赛规则，通过设置障碍物、自设车道、改变车道宽度和转弯角度，增加游戏难度	5%		

（二）"追风骑行区"户外区域幼儿能力发展评价标准

评价说明：请根据户外区域环境创设和材料投放情况，结合星级进行赋分：☆颗星 1 ~ 3 分，☆☆颗星 4 ~ 6 分，☆☆☆颗星 7 ~ 10 分。

时间：　　　　　班级：　　　　　评价人：　　　　　得分：

一级指标	二级指标	评价标准等级描述			权重	评分	折后分值
		☆	☆☆	☆☆☆			
幼儿能力发展	身体运动	初步掌握各类车辆的骑行方法，通过游戏锻炼平衡能力、耐力，促进骨骼肌肉的发展	能较好地控制身体平衡，以直线、曲线方式进行骑行；骑行过程中锻炼平衡能力、耐力，促进骨骼肌肉发展	熟练掌握各类车辆骑行方法，能够灵活过坡道、绕过障碍物等；骑行时能够注意安全，知道主动规避游戏中可能发生的危险；锻炼耐力，能骑行较远距离	15%		
	问题解决	游戏专注力低，游戏过程中遇到问题不会寻求帮助或者直接停止游戏	专注力提升，持续进行骑行游戏；遇到问题时可以主动解决或请求老师和同伴的帮助，继续进行游戏	主动探究，根据自己的意图制订计划并付诸实施；组合使用各种材料，丰富游戏玩法与形式；遇到问题结合已有经验进行推论、预测，尝试用多种方法解决问题	15%		
	交往合作	能与同伴共同游戏，愿意与他人共乘车辆；能用简单的语言和同伴交流	在教师引导下，能与他人分享游戏材料，遇到问题会求助同伴，可以与同伴协商	能与同伴共同设计游戏主题、比赛规则，共同设置赛道；有主见但愿意倾听他人的想法；能够主动沟通解决游戏中出现的问题和困难	10%		
	游戏表征	能用口头、绘画表征的方式简单表现自己的游戏行为和游戏过程	能用口头、绘画表征的方式，较为完整地表现自己的游戏行为和游戏过程，主题鲜明	能用口头、绘画、统计、思维导图等表征形式完整表现自己的游戏行为和游戏过程，主题鲜明，逻辑性强，并且能够进行自我点评	10%		
	规则习惯	在教师提醒下，知道遵守游戏规则；爱护车辆，游戏结束后有意识地分类收纳和整理	有规则意识，知道爱护车辆；游戏结束后，知道根据车牌号整理车辆，收纳障碍物等材料	规则意识强，爱惜游戏材料，知道不能随意停放车辆；熟悉各类车辆及材料的收纳方式，并能分工协作，迅速进行整理	10%		

（三）"追风骑行区"户外区域教师观察指导评价标准

评价说明：请根据户外区域环境创设和材料投放情况，结合星级进行赋分：☆颗星 1 ～ 3 分，☆☆颗星 4 ～ 6 分，☆☆☆颗星 7 ～ 10 分。

时间：　　　　　　班级：　　　　　　评价人：　　　　　　得分：

一级指标	二级指标	评价标准等级描述			权重	评分	折后分值
		☆	☆☆	☆☆☆			
教师观察指导	前期准备	游戏前，检查场地器械、幼儿着装，进行安全教育；提醒幼儿及时脱外套、擦汗等	游戏前，检查场地器械；准备好汗巾，对幼儿进行安全教育；提醒幼儿及时脱外套，使用吸汗巾	游戏前检查场地器械；检查幼儿着装是否合适；提供吸汗巾、饮水壶、放衣服的小筐等；组织幼儿进行游戏前谈话，内容包括游戏计划、安全教育等	5%		
	专注观察	教师观察幼儿游戏活动，及时巡视，并进行个别指导，针对性较弱	整体巡视和个别指导相结合，能够较为细致地观察幼儿游戏，并给予适当引导，促进幼儿游戏发展	教师站位分工明确，相互协调，配合默契；个别观察与全面观察相互结合，适时给予幼儿引导，并与幼儿共同解决骑行过程中的问题	5%		
	合理解读	能够解读幼儿游戏行为所反映的经验与水平，通过游戏故事，组织幼儿分享游戏过程	教师根据幼儿游戏行为，结合其自身发展水平进行解读，通过游戏故事、口头分享等形式，组织幼儿分享游戏	教师能客观解读幼儿游戏过程，通过多种形式，组织幼儿分享游戏，及时反思并调整自己的教育行为，与幼儿共同讨论后续游戏的开展	5%		
	适宜支持	灵活引导幼儿积极投入骑行活动，运动量和运动强度适当，活动充分	能关注幼儿的交往矛盾和主动求助，能发现游戏中的"生长点"，适时介入	能有计划地观察、记录游戏，并做好评估、反思，为材料调整、区域设置提供依据；能帮助幼儿梳理游戏经验，推进游戏的顺利开展	5%		

"声音探秘堡"评价标准

（一）"声音探秘堡"户外区域环境创设及材料投放评价标准

评价说明：请根据户外区域环境创设和材料投放情况，结合星级进行赋分：☆颗星 1～3 分，☆☆颗星 4～6 分，☆☆☆颗星 7～10 分。

时间：　　　　　班级：　　　　　评价人：　　　　　得分：

一级指标	二级指标	评价标准等级描述			权重	评分	折后分值
		☆	☆☆	☆☆☆			
环境创设	生态性	整体布置合理，根据区域情况进行绿化、美化，种植花草树木，空气流通，无空气污染、无噪声	整体布局美观，绿化带布局合理，整个区域光光线充足，空气流通，无空气污染，能满足幼儿活动的需要	三季常青，立体种植、错落有致，周围环境无噪声，能满足幼儿的活动需要，发挥隐性环境的育人价值	5%		
	安全性	区域的各种设施、材料无破损、无尖锐棱角等安全隐患；能充分利用废旧材料，体现一物多用，能够满足幼儿的需要	区域材料无尖锐棱角，各种工具无松动、损坏等情况；各种设施设备及游戏材料环保、安全，安装时遵循安全规范的要求	区域设备考虑高度、稳定性等基本指标；做好场地布置、器材提供、意外处理等方面的工作	5%		
材料投放	多样性	种类丰富，数量充足，高结构材料占比较大，游戏材料层次合理，能满足幼儿游戏的基本需要	游戏材料丰富多样，自制材料和购置材料相结合，能根据幼儿兴趣及发展需要投放材料，能激发幼儿参与活动的欲望	材料多样性强，高低结构材料投放比例合理，空间利用充足，有多种组合打击乐器，能满足不同能力的幼儿进行游戏	5%		
	趣味性	游戏材料具有多种玩法，能够激发幼儿持续不断地开展游戏活动	游戏材料富于变化，适合于幼儿动手动脑；材料富有游戏性，便于幼儿选择使用	材料丰富多元，富有开放性，具有可操作性及较强的变通性，满足不同幼儿活动的个性需求	5%		

（二）"声音探秘堡"户外区域幼儿能力发展评价标准

评价说明：请根据户外区域环境创设和材料投放情况，结合星级进行赋分：☆颗星 1～3 分，☆☆颗星 4～6 分，☆☆☆颗星 7～10 分。

时间：　　　　　班级：　　　　　评价人：　　　　　得分：

一级指标	二级指标	评价标准等级描述			权重	评分	折后分值
		☆	☆☆	☆☆☆			
幼儿能力发展	身体运动	幼儿乐于参与活动，运动强度适当，有一定的运动量	幼儿能全身心地投入游戏活动中，幼儿可以在声音探秘堡内锻炼基本的跑、跳、攀爬等动作技能	幼儿在游戏中能够锻炼跑、跳、攀爬等动作技能和创新合作能力，体会运动与合作带来的成就感	10%		
	同伴交往	幼儿能自主选择游戏伙伴、材料，遇到问题寻求教师帮助，缺乏解决问题的意识与能力	幼儿基本能自主选择游戏伙伴、游戏材料，能够与同伴沟通，能够动手动脑探索，基本具有自己解决问题的愿望和能力	幼儿能自主选择游戏伙伴，乐于思考，喜欢探究，遇到问题能够主动与同伴主动沟通，自己有解决问题的能力	10%		
	探索发现	幼儿游戏富有想象力和创造力，能选择并利用材料开展游戏，激发探索和表演的兴趣	幼儿富有想象与创意地开展自主游戏，乐于选择并利用材料开展游戏，热衷于在游戏中以物代物，能根据自己的意愿或想法生发游戏	幼儿富有想象与创意地开展游戏，主动选择并利用材料开展游戏，善于以物代物，创生各种创作技巧，实现深度学习与多元发展	10%		
	表征游戏	幼儿能用口头表征的方式简单描述自己的游戏行为和游戏过程	幼儿能够对游戏过程进行表征，画面较为丰富完整，基本能为同伴、成人讲述自己的游戏故事	幼儿自主完整地对游戏过程进行表征，画面丰富生动，能够流畅完整地为同伴、成人讲述自己的游戏故事	10%		
	和谐关系	在日常交往活动中，能自然地融入集体，参与活动；游戏中会帮助其他幼儿，在游戏中情绪愉快	能友好地与他人交往、合作，能够与大家分享故事，鼓励其他幼儿加入自己的游戏	在活动中具备管控情绪的能力，在社会交往中情绪处于积极状态，有解决冲突的能力；能够帮忙解决其他同伴间发生的冲突	10%		

（三）"声音探秘堡"户外区域教师观察指导评价标准

评价说明：请根据户外区域环境创设和材料投放情况，结合星级进行赋分：☆颗星 1 ~ 3 分，☆☆颗星 4 ~ 6 分，☆☆☆颗星 7 ~ 10 分。

时间： 班级： 评价人： 得分：

一级指标	二级指标	评价标准等级描述			权重	评分	折后分值
		☆	☆☆	☆☆☆			
教师观察指导	前期准备	教师提前检查活动场地和运动器械的安全，准备好吸汗巾，检查幼儿着装	教师活动前，进行安全教育，增强幼儿自我保护意识，提醒幼儿脱衣、擦汗及活动后的整理工作	有较为细致、实用的观察记录表，方便教师进行观察记录；组织幼儿游戏前进行谈话，掌握体弱幼儿的运动量	5%		
	专注观察	教师能够观察幼儿的游戏活动，解读幼儿的游戏行为	活动中注重观察，及时调整活动量，教师根据幼儿体质差异，提出不同的锻炼要求	教师能够解读幼儿的游戏行为所反映的经验与水平；能因人施教，进行个别教育，及时捕捉游戏中的教育契机，善于鼓励、启发与引导	5%		
	合理解读	能够解读幼儿游戏行为所反映的经验与水平，及时组织幼儿分享游戏过程	教师能根据幼儿游戏行为，结合其自身发展水平进行解读，通过游戏表征、口头分享等形式，组织幼儿分享游戏	教师能准确客观地解读幼儿的游戏活动，通过多种形式，组织幼儿分享游戏，及时进行游戏后的拓展，记录并反思自己的教育行为	5%		
	适宜支持	能用灵活的方法引导幼儿积极投入游戏活动，能对幼儿与材料的互动情况进行引导，能对幼儿的表现进行积极、多样的评价	教师能注意倾听、理解、判断幼儿的表现与生成需要，分享交流的内容，有针对性地关注幼儿探索的过程；有利于促进幼儿的经验运用，为幼儿思维、表达、发现、操作提供可能	教师指导到位，能对幼儿的游戏行为给予适宜的回应与支持；能帮助幼儿梳理已有经验，推进游戏深入开展；能有效梳理归纳、扩展和提升幼儿的相关经验；引发全体幼儿积极主动的思考和进一步探索的兴趣	5%		

"综合运动区"评价标准

（一）"综合运动区"户外区域环境创设及材料投放评价标准

评价说明：请根据户外区域环境创设和材料投放情况，结合星级进行赋分：☆颗星1～3分，☆☆颗星4～6分，☆☆☆颗星7～10分。

时间：　　　　　班级：　　　　　评价人：　　　　　得分：

一级指标	二级指标	评价标准等级描述			权重	评分	折后分值
		☆	☆☆	☆☆☆			
环境创设	安全性	户外活动场地基本安全，定期检查玩具是否牢固，各类玩具有无破损，幼儿运动时是否有垫子保护，并及时完善	户外活动场地安全，有软质的塑胶地，各种设施、材料定期清洗、消毒，经检查各种设施、材料无尖锐棱角，木质材料无裂开等，幼儿运动时有垫子保护，无钉子等危险物品	户外活动场地安全，有软质的塑胶地，高处有护栏或者围挡，地面（梯子）有软垫保护；滑梯、竹梯、运动长廊等材料定期清洗、消毒，无尖锐棱角等安全隐患	5%		
	适宜性	场地设施符合幼儿的年龄特点及身心发展的需要，能促进每位幼儿健康和谐地发展	基本符合幼儿锻炼和游戏的需要，能够满足幼儿走、跑、跳、钻、爬等动作技能的发展需要，具有挑战性	区域内的设施构造合理，既能满足幼儿走、跑、跳、钻、爬等动作技能发展，还能满足不同年龄段幼儿灵活、平衡、速度、耐力、力量等体能发展需要	5%		
材料投放	挑战性	游戏设施具有一定的挑战性，基本满足幼儿的发展需要	活动器材功能多样且有不同的挑战难度，能够激发幼儿的挑战欲望，能够满足不同年龄阶段幼儿的发展需要	活动器材功能多样，幼儿能够进行走、跑、跳、钻、攀爬、平衡、耐力、韧性等方面的锻炼，能够激发幼儿的挑战欲望，能够满足不同年龄阶段的幼儿	5%		
	多样性	以综合性材料为主，如大型多功能玩具、淘气堡、户外组合架等，促进幼儿大肌肉群的发展	活动材料充足，除了大型玩具外，增加各类攀爬、平衡等运动器械，能够满足幼儿的游戏需求，使幼儿乐在其中	材料丰富，具体包括综合性材料：大滑梯、运动长廊；攀爬材料：攀爬网、竹梯；协调性材料：竹梯；力量材料：吊环；平衡材料：平衡板；爬行材料：地垫、竹梯等	5%		

（二）"综合运动区"户外区域幼儿能力发展评价标准

评价说明：请根据户外区域环境创设和材料投放情况，结合星级进行赋分：☆颗星 1 ~ 3 分，☆☆颗星 4 ~ 6 分，☆☆☆颗星 7 ~ 10 分。

时间：　　　　　班级：　　　　　评价人：　　　　　得分：

一级指标	二级指标	评价标准等级描述			权重	评分	折后分值
		☆	☆☆	☆☆☆			
幼儿能力发展	身体运动	幼儿乐于参与活动，对滑梯、竹梯、转盘、斜坡、吊环等大型器械感兴趣，愿意尝试挑战	幼儿能积极地投入游戏活动，愿意挑战攀爬竹梯、斜坡，能在保证安全的情况下进行不同高度的挑战，发展自身耐力和平衡能力	幼儿能全身心地投入游戏，能够充分利用各类器椅，完成走、跑、跳、钻、爬等动作技能发展，同时促进自身的平衡、速度、耐力、力量等方面的发展	15%		
	问题解决	幼儿具有解决问题的意识与能力，能够动手动脑探索物体和材料，遇到困难寻求教师帮助	幼儿在进行运动时，遇到问题能够与同伴沟通、交流，能够动手动脑进行探索，基本具有自主解决问题的愿望和能力	幼儿乐于思考，喜欢探究，遇到问题能够及时与同伴主动沟通、交流、合作，喜欢动手动脑进行探索，有主动解决问题的能力	15%		
	同伴交往	幼儿能自主选择游戏伙伴、材料，生发简单的游戏内容；与同伴发生矛盾冲突时，能够寻求教师的帮助	幼儿能自主选择游戏伙伴，能够友好地表达需求，喜欢和同伴合作，生发游戏内容；与同伴发生矛盾冲突时，尝试自主解决问题，共同商量	幼儿完全能够自主选择游戏伙伴，与同伴合作、互相学习，自主生发有价值、深入的游戏故事；与同伴发生矛盾冲突时，能够自主协商解决问题	10%		
	表征游戏	幼儿初步产生对游戏过程表征的意识；能够为同伴、成人讲述自己的游戏故事	幼儿具备对游戏过程表征的意识与能力，表征画面丰富完整，想象力丰富；能够根据画面讲述自己的游戏故事	幼儿能够完整表征游戏过程，表征画面丰富完整，想象力丰富；能够在集体面前大胆、自主地讲述自己的游戏故事	10%		
	材料收整	幼儿能够在听到结束音乐后，停止游戏，排队集合	幼儿能够在听到结束音乐后，立刻停止游戏，主动拿好水壶，收整好垫子，排队集合	幼儿能够在听到结束音乐后，立刻停止游戏，观察周围同伴是否集合，主动拿好水壶，收整好垫子，安静有序地排队集合	10%		

（三）"综合运动区"户外区域教师观察指导评价标准

评价说明：请根据户外区域环境创设和材料投放情况，结合星级进行赋分：☆颗星 1～3 分，☆☆颗星 4～6 分，☆☆☆颗星 7～10 分。

时间：　　　　　　　班级：　　　　　　　评价人：　　　　　　　得分：

一级指标	二级指标	评价标准等级描述			权重	评分	折后分值
		☆	☆☆	☆☆☆			
教师观察指导	前期准备	活动前，教师检查场地是否安全，教师间相互协调，配合默契；教师活动前检查幼儿着装，加强安全教育，增强自我保护意识	活动前，教师检查场地是否平坦、运动器械是否安全，准备好毛巾和防蚊喷雾；教师活动前检查幼儿着装，让幼儿自主讲述安全注意事项，增强自我保护意识	活动前，教师检查场地是否安全，配班老师检查场地是否平坦、运动器械是否安全，夏季准备好吸汗巾和防蚊喷雾等；教师活动前检查幼儿着装，加强安全教育，了解体弱幼儿的身体情况，提前和幼儿梳理活动安排，制订游戏计划	5%		
	专注观察	教师能够观察幼儿的游戏活动，解读幼儿的游戏行为	教师注重观察幼儿的游戏行为，及时调整活动量，能够根据幼儿体质差异，提出不同的锻炼要求	教师能够通过全面观察和重点观察相结合的方式观察幼儿的游戏活动；对偏胖幼儿、体弱幼儿有不同的锻炼要求，因材施教	5%		
	合理解读	教师能够解读幼儿游戏行为反映的经验与水平，对幼儿的表现提供适当的整体评价	教师注意倾听、理解、判断幼儿的表达表现与生成需要，分享交流的内容有针对性，关注幼儿探索的过程	教师对幼儿的表现提供积极、多样的评价方式，教师具有捕捉有价值的生长点、生成园本课程的意识与能力	5%		
	适宜支持	教师对幼儿游戏行为给予适当回应与鼓励，能对幼儿的游戏行为给予基本的材料、经验支持	教师能对幼儿游戏行为给予回应与指导，对幼儿的游戏行为给予肯定，注意倾听、理解、判断幼儿的活动需要，并引导幼儿进一步深度学习	教师能对幼儿的游戏行为给予及时回应与指导，同时对幼儿的游戏行为给予肯定和支持，能够观察、倾听、理解、判断幼儿的活动需要，引导幼儿深度学习，生成其他课程	5%		

"万能工匠园"评价标准

（一）"万能工匠园"户外区域环境创设及材料投放评价标准

评价说明：请根据户外区域环境创设和材料投放情况，结合星级进行赋分：☆颗星 1～3 分，☆☆颗星 4～6 分，☆☆☆颗星 7～10 分。

时间：　　　　　班级：　　　　　评价人：　　　　　得分：

一级指标	二级指标	评价标准等级描述			权重	评分	折后分值
		☆	☆☆	☆☆☆			
环境创设	生态性	区域材料摆放高度合适，万能工匠材料及螺母积木无破损，能保证幼儿游戏活动的安全	区域材料摆放高度合适，万能工匠材料及螺母积木无损坏，有安全标识，能保证幼儿游戏活动的安全	地面平坦、宽敞，万能工匠材料及螺母积木光滑，无尖锐棱角等安全隐患，有安全标识，能充分保证幼儿游戏活动的安全	5%		
	适宜性	游戏场地开阔，有适宜空间，幼儿与环境之间有互动，基本达到了环境育人的标准	游戏场地开阔，有适宜空间，并且在与环境互动的过程中，幼儿的身体和心理健康都可以得到发展	游戏场地开阔，环境能够帮助幼儿创造性地开展游戏，并且在与环境互动的过程中进行深度学习，使幼儿身心获得和谐发展	5%		
材料投放	多样性	螺母积木及万能工匠材料种类丰富，数量充足；游戏材料有层次性，能激发幼儿的游戏兴趣	螺母积木及万能工匠材料种类丰富，数量充足；能够适应不同发展水平的幼儿开展自主游戏活动，激发幼儿持续不断地进行探索	丰富的游戏材料能够满足不同发展水平的幼儿自主开展游戏活动，提供成品作品及实物图片，既能满足幼儿的仿照组装需求，又能激发幼儿的创新组装行为，引发幼儿自主探索	5%		
	趣味性	游戏材料能够激发幼儿开展较为简单的组装、拼搭活动，能满足幼儿基本的游戏需求	游戏材料较为丰富，独特的积木及工匠玩具能激发幼儿游戏的意愿，使幼儿愿意将不同形状的材料进行组装、拼搭	螺母积木及工匠玩具在组装、拼搭中都具有一定的趣味性和挑战性，能够激发幼儿持续不断地开展游戏活动，幼儿能够将两个区域的材料进行联动	5%		

（二）"万能工匠园"户外区域幼儿能力发展评价标准

评价说明：请根据户外区域环境创设和材料投放情况，结合星级进行赋分：☆颗星 1～3 分，☆☆颗星 4～6 分，☆☆☆颗星 7～10 分。

时间：　　　　　　班级：　　　　　　评价人：　　　　　　得分：

一级指标	二级指标	评价标准等级描述			权重	评分	折后分值
		☆	☆☆	☆☆☆			
幼儿能力发展	动作技能	了解各种材料名称、特征，能运用简单的组合、安装等技能完成作品	熟悉各种材料和工具，掌握会组合、对称、按规律排序等技能，学会使用辅助材料，能完成较完整的作品	熟悉各种材料和工具，能熟练运用各种技能、恰当选择不同材料进行组合拼装，有创新意识，会看平面图，能根据经验进行想象组装	10%		
	问题解决	幼儿在遇到问题时，不能想办法解决，易放弃、终止或更换游戏	幼儿在遇到问题时，能够求助同伴或老师来解决问题，并且能够多次尝试，不会轻易终止或更换游戏行为	幼儿在遇到问题时，能够通过自身的努力去解决问题，解决不了时能够求助同伴或老师，不会轻易终止或更换游戏行为	10%		
	交往合作	能与同伴一起玩螺母游戏及工匠游戏，能运用简单的语言进行交流；愿意和同伴介绍自己的作品	能与同伴共同组装一件作品，游戏中有交流、分工、合作，互助协商；能用较为简单的语言介绍自己的作品，懂得欣赏他人的作品	能与同伴友好协商游戏内容，分工合作完成组装作品；能较完整地讲述组装过程和主题；在合作中有想法，又能尊重别人的意见；主动协商解决游戏中的问题和纠纷	10%		
	联想创新	幼儿能将材料进行简单组装、随意拼搭，能根据提供的作品图片仿照组装简单的作品	熟悉各种材料的组装方式，能根据实物图片展开想象，进行创新性的游戏，能自主搭建较为简单的作品	对各项游戏材料的组装方式非常熟悉，能自主联想、创新，根据主题组装出有创意的作品，在游戏过程中有思考、有想法，极富想象力	10%		
	表征游戏	幼儿能用口头、绘画表征的方式简单表现自己的游戏行为和游戏过程，但主题不鲜明	幼儿能用口头、绘画表征的方式，较为完整地表现自己的游戏行为和游戏过程，主题鲜明	幼儿能用口头、绘画、统计等表征形式完整表现自己的游戏行为和游戏过程，主题鲜明，逻辑性强，并且能够进行自我点评	10%		
	收纳整理	在教师提醒下能遵守规则，知道将物品分类并物归原位	有一定的规则意识，爱惜材料，游戏后能主动将作品拆分、分类，并摆放整齐	爱惜游戏材料，明确各类料的位置及收纳方式；能按需取用材料，随时清理现场；游戏结束后快速将作品拆装、分类，并按照标识进行整理收纳，摆放整齐	10%		

（三）"万能工匠园"户外区域幼儿能力发展评价标准

评价说明：请根据户外区域环境创设和材料投放情况，结合星级进行赋分：☆颗星1～3分，☆☆颗星4～6分，☆☆☆颗星7～10分。

时间：　　　　　班级：　　　　　评价人：　　　　　得分：

一级指标	二级指标	评价标准等级描述			权重	评分	折后分值
		☆	☆☆	☆☆☆			
教师观察指导	前期准备	教师间相互协调，配合默契，教师活动前检查幼儿着装，加强安全教育，增强自我保护意识，提醒幼儿脱衣、擦汗及活动后的整理工作	检查场地及各类材料是否安全，准备好毛巾和运动器具。教师活动前检查幼儿着装，加强安全教育，增强自我保护意识，提醒幼儿脱衣、擦汗及活动后的整理工作	检查各类器械、场地，确保没有安全隐患，检查幼儿着装和鞋子是否适合运动，提供毛巾、吸汗巾、饮水壶、盛放衣物的篮子等材料；组织幼儿进行游戏前谈话，如梳理前期经验、制订游戏计划，同时加强安全教育	5%		
	专注观察	教师以整体巡视为主，关注班级幼儿整体游戏情况，偶尔介入指导，针对性较弱	教师运用整体巡视和个别指导的方式，能够较为细致地观察幼儿的游戏表现，理解幼儿的游戏行为，适时对积木组装及工匠游戏给予技术支持	教师分工明确，相互协调，配合默契；能够观察、解读幼儿的游戏行为及所反映的问题；因材施教，善于鼓励、启发、引导，并与幼儿共同解决组装中出现的技术问题	5%		
	师幼互动	师幼关系良好，幼儿之间能够尝试合作，遇到矛盾和冲突时，在教师的帮助下，能够解决问题	师幼关系良好，幼儿之间相互合作、彼此信任，能在教师的引导下，尝试自己解决因材料分配不均及游戏计划不统一所产生的矛盾	师幼关系良好，幼儿之间相互合作、彼此信任，幼儿愿意积极与教师沟通交流，并自己解决因材料分配不均及游戏计划不统一所产生的矛盾	5%		
	适宜支持	教师基本能关注到幼儿的交往矛盾和主动求助；没有关注到幼儿游戏中的关键"生长点"	教师能够发现幼儿游戏中的"生长点"并进行介入，引导幼儿在组装过程中有所创新，推进幼儿的经验运用	教师指导到位，能对幼儿的游戏行为给予基本的回应与支持；做好评估、反思工作，为下次调整材料及区域设置提供依据，帮助幼儿梳理已有经验，推进游戏深入开展	5%		

"泥巴园"评价标准

（一）"泥巴园"户外区域环境创设及材料投放评价标准

评价说明：请根据户外区域环境创设和材料投放情况，结合星级进行赋分：☆颗星 1 ~ 3 分，☆☆颗星 4 ~ 6 分，☆☆☆颗星 7 ~ 10 分。

时间：　　　　　　班级：　　　　　　评价人：　　　　　　得分：

一级指标	二级指标	评价标准等级描述			权重	评分	折后分值
		☆	☆☆	☆☆☆			
环境创设	生态性	整体布局合理，环境优美，充满大自然的气息，水源充足；辅助工具种类较单一，数量充足	整体布局合理，环境优美，充满大自然气息，水源充足；辅助工具种类较多，数量充足	整体布局合理，环境优美，充满大自然的气息，水源充足；充分利用周边资源，游戏材料能满足所有幼儿自主选择的需要	5%		
	安全性	泥地松软无异物，投放各种玩泥工具、沙水套装，无破碎及无尖锐棱角等安全隐患	泥地松软无异物，各种游戏材料、设施设备能够定期检查、清洗，无尖锐棱角等安全隐患	泥地松软无异物，各种游戏材料、设施设备定期检查、消毒，无破碎及尖锐棱角等安全隐患；水管无安全隐患，水流大小适宜	5%		
材料投放	层次性	根据幼儿兴趣需要及已有经验，提供些许高低结构的玩水、玩泥的游戏材料，基本满足幼儿的操作需求	根据幼儿兴趣需要及已有经验，提供足量高低结构的玩水、玩泥的游戏材料，能够满足幼儿不同游戏的操作需求	根据幼儿兴趣需要及已有经验，投放足量高低结构的玩水、玩泥游戏材料，满足不同发展水平幼儿的需要；充分挖掘周边自然资源，让幼儿感受水的流动性、泥的可塑性	5%		
	多样性	投放可塑性强的泥巴、松软的泥土，游戏材料丰富多样，充满趣味，激发幼儿的游戏愿望	利用周边自然资源，投放可塑性强的泥巴、松软的泥土，各种泥工工具丰富多样，充满趣味，激发幼儿的游戏愿望	投放不同种类的泥巴，各种泥工工具丰富多样，充满童趣；充分利用自然资源，如可用来装饰泥巴作品的树叶、树枝等自然材料或废旧材料	5%		

（二）“泥巴园”户外区域幼儿能力发展评价标准

评价说明：请根据户外区域环境创设和材料投放情况，结合星级进行赋分：☆颗星 1 ~ 3 分，☆☆颗星 4 ~ 6 分，☆☆☆颗星 7 ~ 10 分。

时间：　　　　　班级：　　　　　评价人：　　　　　得分：

一级指标	二级指标	评价标准等级描述			权重	评分	折后分值
		☆	☆☆	☆☆☆			
幼儿能力发展	身体运动	通过游戏锻炼幼儿大小肌肉动作，如揉、捏、团等动作技能	通过游戏发展幼儿大小肌肉动作，如揉、捏等动作练习，促进身体平衡、手眼协调	通过游戏发展幼儿大小肌肉动作，如揉、捏等动作练习，促进力量、耐力、平衡、协调性的发展，不断增加难度，挑战自我	15%		
	游戏能力	初步了解水、泥巴的特性，使用简单的材料开展运动、角色、建构等类型游戏	熟悉水、泥巴的特征，能够较为熟练地使用游戏材料，开展多类型游戏；不断探索玩泥巴的方式，并根据想象进行创新性的游戏	能利用水、泥巴的特性创造性地开展各类游戏；对各类辅助材料的使用有自己的想法，打破常规的游戏形式，积极创新，不断探索新的玩法	15%		
	交往合作	喜欢与同伴一起玩泥巴类游戏，能运用简单的语言进行沟通交流，愿意介绍自己的游戏过程	大胆与同伴沟通协商游戏主题，有意识地进行分工合作；能用简单的语言表达自己的想法，尊重他人	能与同伴共同协商游戏主题，有分工有合作；在游戏过程中，既能表达自己的想法，又能尊重他人的意见；能够主动沟通解决问题和纠纷	10%		
	收纳整理	在教师提醒下，知道不能将泥土随意扬起；正确使用水管；游戏结束后，知道清洗、整理游戏材料	有一定的规则意识，爱惜材料，及时关闭水源；游戏结束后，主动清洗游戏材料，分类摆放整齐，知道保护作品	能在教师引导下，与同伴共同指定规则并遵守；游戏结束后，能分工协作，迅速清洗材料并摆放整齐；知道保护自己和他人的作品	10%		
	表征游戏	能用简单的语言、绘画等方式表达自己的游戏行为和游戏过程	能用比较丰富的语言、绘画等方式较为详细地表达自己的游戏行为和游戏过程	能用语言、绘画、思维导图等方式详细地表达自己的游戏行为和游戏过程，主题鲜明，逻辑性强，并且能够进行自我评价	10%		

（三）"泥巴园"户外区域幼儿能力发展评价标准

评价说明：请根据户外区域环境创设和材料投放情况，结合星级进行赋分：☆颗星 1 ~ 3 分，☆☆颗星 4 ~ 6 分，☆☆☆颗星 7 ~ 10 分。

时间：　　　　　　班级：　　　　　　评价人：　　　　　　得分：

一级指标	二级指标	评价标准等级描述			权重	评分	折后分值
		☆	☆☆	☆☆☆			
教师观察指导	前期准备	游戏前检查场地器械是否安全，注意检查幼儿着装是否适合运动，并加强安全教育	游戏前检查场地器械是否安全，准备好毛巾、吸汗巾；检查幼儿着装，加强安全教育，根据季节提醒幼儿增减衣物、擦汗等	游戏前检查场地器械是否安全及幼儿着装是否合适，提供毛巾、吸汗巾、饮水壶等材料；进行游戏前谈话，包括梳理前期经验、制订游戏计划、安全教育等	5%		
	专注观察	教师以整体巡视为主，偶尔介入指导，针对性较弱；注意培养幼儿的规则和习惯	教师以整体巡视和个别指导相结合，能够较为细致地观察幼儿的游戏表现；及时对泥工进行技术指导，针对出现的问题适时介入	教师分工明确，配合默契，整体巡视和个别指导相结合，能够观察、解读幼儿的游戏行为及所反映的经验与水平，及时调整指导方法	5%		
	合理解读	能够解读幼儿游戏行为所反映的经验与水平，通过泥工作品展览等形式，组织幼儿分享作品内容	教师根据幼儿的游戏行为，结合其自身发展水平进行分析与解读，尊重幼儿的想法，鼓励幼儿大胆游戏与表达，并能主动反思自己的教育行为	教师能客观解读幼儿的游戏过程，通过泥工作品展、游戏表征等形式，组织幼儿分享作品内容，及时反思并调整自己的教育行为，与幼儿共同讨论后继续游戏的开展	5%		
	适宜支持	教师关注幼儿交往中的矛盾和技能问题，适时给予回应和指导	对幼儿游戏行为给予回应和指导；能够发现幼儿游戏中的"生长点"并适当介入，助推游戏的开展	教师善于发现幼儿游戏中的"生长点"并适时介入，做好评估、反思工作，为下次调整材料、设置区域提供依据；游戏后能帮助幼儿梳理已有经验，推进游戏开展	5%		

"快乐淘气堡"评价标准

（一）"快乐淘气堡"户外区域环境创设及材料投放评价标准

评价说明：请根据户外区域环境创设和材料投放情况，结合星级进行赋分：☆颗星1～3分，☆☆颗星4～6分，☆☆☆颗星7～10分。

时间：　　　　　班级：　　　　　评价人：　　　　　得分：

一级指标	二级指标	评价标准等级描述			权重	评分	折后分值
		☆	☆☆	☆☆☆			
环境创设	安全性	活动空间较为宽敞，光线充分，空气流通，地面草皮有翘角，滑梯、积塑玩具有损坏，蹦床软包不牢固，荡绳长度不适宜，软梯倾斜	活动空间宽敞，光线充分，空气流通，滑梯、积塑玩具基本无损坏，蹦床软包牢固，荡绳长度基本合适，软梯基本无损坏	活动空间宽敞，光线充分，空气流通，地面草皮无翘角，积塑玩具无尖锐棱角、无损坏，滑梯完整良好，蹦床软包牢固，荡绳长度适宜，软梯无损坏	5%		
	适宜性	区域空间开阔，布局合理，铺设草皮地面，便于幼儿跑动，方便幼儿开展自主游戏，能够满足幼儿身心健康发展的需要	区域环境开阔、安全，可移动积塑玩具收纳位置固定，有明确标识，方便幼儿自主收整，地面草皮基本无翘角，便于幼儿跑动，基本满足幼儿游戏活动的需要	区域环境开阔、安全，可移动积塑玩具收纳位置固定，有明确标识，分类细致，方便幼儿自主收整，地面草皮无翘角，便于幼儿跑动，充分满足幼儿游戏活动的需要	5%		
材料投放	层次性	高结构材料与低结构材料配比相对适宜，软梯、荡绳固定，扭扭车、积塑玩具可移动	高结构材料与低结构材料配比适宜，软梯、荡绳固定，可移动积塑玩具能够进行组合、平铺	高结构材料与低结构材料配比适宜，可操作性强，可移动积塑玩具能够进行主题情境性设置	5%		
	多样性	材料丰富，软梯、荡绳、蹦床数量适中，可移动材料以单一的积塑玩具为主，其他组合性材料较少，缺乏多样性	材料丰富，软梯、荡绳、蹦床数量适中，可移动材料以小型积塑玩具为主，其他组合性材料为辅，具有多样性，可以满足幼儿的游戏兴趣	材料丰富，软梯、荡绳、蹦床数量适中，可移动材料以中小型积塑玩具为主，同时根据情境性需要投入其他丰富多彩的创意材料，充分满足幼儿的游戏兴趣	5%		

（二）"快乐淘气堡"户外区域幼儿能力发展评价标准

评价说明：请根据户外区域环境创设和材料投放情况，结合星级进行赋分：☆颗星 1～3 分，☆☆颗星 4～6 分，☆☆☆颗星 7～10 分。

时间：　　　　　班级：　　　　　评价人：　　　　　得分：

一级指标	二级指标	评价标准等级描述			权重	评分	折后分值
		☆	☆☆	☆☆☆			
幼儿能力发展	身体运动	对软梯和荡绳、蹦床等感兴趣，喜欢滑梯、木马等，用积塑玩具进行随意拼搭，完成钻、爬、跑、跳等动作练习	愿意尝试挑战软梯和荡绳，能在保持身体平衡的情况下玩蹦床，对积塑玩具进行有目的拼搭，进行攀爬动作技能练习	勇敢尝试挑战软梯和荡绳，能够进行攀爬和摆动，利用滑梯、蹦床、积塑玩具进行主题情境游戏，并与同伴合作游戏，进行上肢、腿部的动作技能练习	10%		
	游戏水平	了解软梯、荡绳、蹦床、积塑玩具的名称和功能，能进行简单的摆动、走、跑、跳等动作技能练习，利用积塑玩具进行简单的情境游戏	熟悉软梯、荡绳、蹦床、积塑玩具的名称和功能，能够主动探索新的玩法，完成难度较大的动作技能练习，利用积塑玩具进行有目的地平铺、垒高	能够熟练使用软梯、荡绳、蹦床、积塑玩具并喜欢动手动脑主动探索新的玩法，勇敢挑战身体倒挂、爬高等高难度动作；对积塑玩具感兴趣，能与同伴进行创意游戏	15%		
	交往合作	以自我为中心，能够遵守活动常规，但较少与其他幼儿进行交流，以独立游戏为主	能够与同伴友好相处，以平行游戏为主，愿意主动交流分享自己在玩荡绳、软梯、蹦床、积塑玩具活动中的体验，并邀请同伴一起合作游戏	玩荡绳、软梯、蹦床、滑梯、积塑玩具过程中能够与同伴积极互动、讨论、探索游戏的多种玩法，愿意在游戏中与同伴合作，以合作游戏为主	15%		
	常规习惯	能遵守简单的规则，在教师的提醒下，不破坏软梯、荡绳、滑梯、蹦床，不乱放积塑玩具，游戏结束后知道物归原位	遵守游戏规则，爱惜软梯、荡绳、滑梯、蹦床、积塑玩具，在收整音乐提醒下能主动整理，积塑材料的摆放与标识基本对应，摆放整齐	主动遵守游戏规则，在收整音乐提醒下，自主整理游戏材料，并检查软梯、荡绳、滑梯、蹦床等有无损坏，积塑材料的摆放与标识应一一对应，摆放整齐有序	10%		
	表达表征	能用简单的线条和符号记录，能用简单的语言讲述自己的游戏过程	能用多种线条和符号记录游戏过程，能用较连贯的语言完整讲述游戏内容与体验	能用思维导图的方式记录游戏过程，用丰富生动的语言完整流畅地讲述探索游戏的过程与体验，并进行自我点评	10%		

（三）"快乐淘气堡"户外区域幼儿能力发展评价标准

评价说明：请根据户外区域环境创设和材料投放情况，结合星级进行赋分：☆颗星 1 ~ 3 分，☆☆颗星 4 ~ 6 分，☆☆☆颗星 7 ~ 10 分。

时间：　　　　　班级：　　　　　评价人：　　　　　得分：

一级指标	二级指标	评价标准等级描述			权重	评分	折后分值
		☆	☆☆	☆☆☆			
教师观察指导	前期准备	教师没有提前排查游戏场地的环境安全情况，没有进行软梯、荡绳的基本玩法介绍，导致幼儿缺乏游戏经验；教师缺少比较详细实用的观察记录表，站位分工不合理，不能适时引导幼儿主动参与游戏	教师提前排查游戏场地的环境安全情况，根据季节变化及时提醒幼儿穿脱衣物；在游戏前向幼儿介绍软梯、荡绳的玩法，建立游戏经验；教师有比较详细实用的观察记录表，有基本的站位分工，基本能适时引导幼儿主动参与游戏	教师提前排查游戏场地的环境安全情况，根据季节变化及时提醒幼儿穿脱衣物及适当饮水，夏季备好汗背巾、纸巾、花露水等用品；在游戏前帮助幼儿回忆已有游戏经验并做好游戏计划；教师有比较详细实用的观察记录表，有合适的站位分工，能适时引导幼儿主动参与游戏	5%		
	专注观察	教师缺乏相应的观察策略，不能有目的、有针对性地进行观察，没有关注到幼儿在体验游戏中的生长点	教师具备相应的观察策略，基本能做到有目的、有针对性地进行观察，能够关注到幼儿在游戏中的生长点并帮助幼儿尝试软梯、荡绳的新玩法	教师具备相应的观察策略，能做到有目的、有针对性地进行观察，能敏锐地把握游戏中的生长点，引导幼儿自主探索软梯、荡绳的花样玩法	5%		
	合理解读	在玩软梯、荡绳、滑梯、蹦床、积塑玩具拼搭过程中，教师缺乏合理、客观地解读幼儿游戏行为的能力，不能促进幼儿深度学习	在玩软梯、荡绳、滑梯、蹦床、积塑玩具拼搭过程中，教师对游戏中发生的幼儿游戏行为解读合理、客观，但不够深入，基本能促进幼儿深度学习	在玩软梯、荡绳、滑梯、蹦床、积塑玩具拼搭过程中，教师对游戏中的幼儿游戏行为解读合理、客观、深入，能够把握游戏的生长点，进一步促进幼儿深度学习	5%		
	适宜支持	教师不能在游戏的关键生长点提供适宜的支持，不能引导幼儿运用软梯、荡绳的多种玩法进行动作技能练习；在游戏中出现冲突时，不能及时发现	教师基本能在游戏的关键生长点提供适宜的支持，基本能引导幼儿运用软梯、荡绳的多种玩法进行钻、攀爬等练习；在游戏中出现冲突时，能及时发现加以引导	教师能在游戏的关键生长点提供适宜地支持，能引导幼儿运用软梯、荡绳的多种玩法进行倒挂、多人游戏等高难度动作练习；在游戏中出现冲突时，能够及时发现并引导幼儿自主解决问题	5%		

"青青草坡"评价标准

（一）"青青草坡"户外区域环境创设及材料投放评价标准

评价说明：请根据户外区域环境创设和材料投放情况，结合星级进行赋分：☆颗星 1～3 分，☆☆颗星 4～6 分，☆☆☆颗星 7～10 分。

时间：　　　　　　班级：　　　　　　评价人：　　　　　　得分：

一级指标	二级指标	评价标准等级描述			权重	评分	折后分值
		☆	☆☆	☆☆☆			
环境创设	生态性	整体布局合理，环境优美，自然气息浓厚，生态环保，充满野趣	整体布局合理，环境优美，自然气息浓厚，生态环保，充满野趣；材料与环境相融合，能够较好地激发幼儿的探索欲望	整体布局合理，环境优美，自然气息浓厚，生态环保，充满野趣；材料与环境相融合，能够充分激发幼儿的探究欲望	5%		
	适宜性	区域布置基本合理，能够基本满足幼儿的游戏需求并与幼儿身心发展基本相宜	区域布置较合理，方便幼儿开展游戏，并且在与环境互动的过程中，幼儿的身体和心理都可以得到发展	区域布置非常合理，激发幼儿创造性地开展游戏，并且在与环境互动的过程中，产生深度学习，使幼儿身心获得和谐发展	5%		
材料投放	层次性	根据游戏需要，投放高低结构材料，基本能满足幼儿游戏需要	材料种类较为丰富，投放高地结构游戏材料，如滑草板、滑溜布，能够吸引幼儿开展自主游戏活动	根据幼儿游戏需要，投放高低结构游戏材料，能够满足不同发展水平的幼儿自主开展游戏活动，激发幼儿的深度学习	5%		
	挑战性	投放的游戏材料基本能激发幼儿游戏的欲望，满足多数幼儿的游戏需要	游戏材料较为丰富，部分材料可以激发较有挑战性的游戏活动	游戏材料在多种玩法甚至是组合玩法中都具有一定的挑战性，能够激发幼儿持续不断地开展游戏活动	5%		

（二）"青青草坡"户外区域幼儿能力发展评价标准

评价说明：请根据户外区域环境创设和材料投放情况，结合星级进行赋分：☆颗星 1 ~ 3 分，☆☆颗星 4 ~ 6 分，☆☆☆颗星 7 ~ 10 分。

时间：　　　　　　班级：　　　　　　评价人：　　　　　　得分：

一级指标	二级指标	评价标准等级描述			权重	评分	折后分值
		☆	☆☆	☆☆☆			
幼儿能力发展	身体运动	在游戏过程中，幼儿可以锻炼基本的跑、跳、跨、攀爬等动作技能	在游戏过程中，幼儿在锻炼基本的跑、跳、跨、攀爬等动作技能的基础上，同时锻炼拖、拉、拽及平衡能力	在游戏过程中，能够锻炼幼儿的跑、跳、跨、攀爬、拖、拉、拽及平衡能力，产生不断挑战自我的欲望，体会运动带来的成就感	10%		
	问题解决	遇到问题能够寻求老师和同伴的帮助，基本能表达自己的问题和困难	遇到问题能在教师的引导下尝试解决，乐于反复探索、解决困难，具备自己发现问题并解决问题的能力	遇到问题能够与同伴共同合作协商解决，乐于不断尝试、探索，用多种方法、创造性地解决问题	15%		
	人际和谐	喜欢与同伴共同游戏，在游戏过程中，能用简单的语言表达自己的想法	幼儿能够和同伴之间进行交流和简单的合作，共同进行游戏，遇到问题能够进行协商，出现同伴冲突时能在教师的帮助下解决	幼儿能够和同伴之间进行交流、合作，并且有明确的分工；遇到问题能够进行协商并合作解决，初步具备自主解决同伴冲突的能力	15%		
	联想创新	幼儿富有创造力和想象力，能根据联想进行简单的游戏	幼儿对现有游戏材料能够产生以物代物的联想，并根据联想进行创新性的游戏	幼儿对现有游戏材料能够产生以物代物的联想并进行创造性地组合，打破常规的游戏形式，不断探索新的玩法	10%		
	收纳整理	游戏后，幼儿在教师的提醒和帮助下能够收整游戏材料	游戏后，幼儿能在教师的提醒和帮助下收整游戏材料，大部分幼儿态度积极主动，愿意参与收纳整理	游戏后，幼儿能够主动收整游戏材料，并能将游戏材料正确归位，收整结束后能够自主巡视、检查，确认物品位置正确	10%		
	表征游戏	幼儿能用口头表征的方式简单描述自己的游戏行为和游戏过程	幼儿能用口头表征的方式详细描述自己的游戏行为和游戏过程，并且能够用简单的符号进行绘画表征	幼儿能用口头表征和绘画表征的形式详细描述自己的游戏行为和游戏过程，并且能够进行自我点评	10%		

（三）"青青草坡"户外区域幼儿能力发展评价标准

评价说明：请根据户外区域环境创设和材料投放情况，结合星级进行赋分：☆颗星 1 ~ 3 分，☆☆颗星 4 ~ 6 分，☆☆☆颗星 7 ~ 10 分。

时间：　　　　　班级：　　　　　评价人：　　　　　得分：

一级指标	二级指标	评价标准等级描述			权重	评分	折后分值
		☆	☆☆	☆☆☆			
教师观察指导	前期准备	游戏前检查场地器械是否安全，注意检查幼儿着装是否适合运动；有简单的观察记录表	游戏前检查场地器械和幼儿着装，准备较详细的观察记录表；教师有明确的站位分工，能根据相关经验做一定的准备	充分检查场地器械等，检查幼儿着装，进行安全教育；准备完善的观察记录表；教师站位分工明确，有充足的前期准备，如游戏计划	5%		
	专注观察	教师观察幼儿游戏的活动，及时巡视，并进行个别指导	教师观察幼儿游戏活动，及时巡视，并进行个别观察，及时针对出现的问题适时介入	教师分工明确，配合默契，整体巡视和个别指导相结合，并及时针对游戏中出现的问题适时介入，推动游戏深度发展	5%		
	合理解读	教师能够客观、详细地描述幼儿的游戏过程	教师能够客观、详细地描述幼儿的游戏过程，并对幼儿的游戏行为进行较为合理的解读，同时反思自身的教育行为	教师能够客观、详细地描述幼儿的游戏过程，并对幼儿的游戏行为进行合理的解读，对自身的介入行为进行深刻的反思，并提出激发幼儿深度学习的指导策略	5%		
	适宜支持	教师关注到幼儿交往中的矛盾和技能问题，适时给予指导	对幼儿游戏行为给予回应和指导；能够发现幼儿游戏中的"生长点"并适当介入，助推游戏的开展	教师善于发现幼儿游戏中的"生长点"并适时介入，做好评估、反思工作，为下次调整材料、设置区域提供依据；游戏后能帮助幼儿梳理已有经验，推进游戏的开展	5%		

"空中乐园"评价标准

（一）"空中乐园"户外区域环境创设及材料投放评价标准

评价说明：请根据户外区域环境创设和材料投放情况，结合星级进行赋分：☆颗星 1～3 分，☆☆颗星 4～6 分，☆☆☆颗星 7～10 分。

时间：　　　　　班级：　　　　　评价人：　　　　　得分：

一级指标	二级指标	评价标准等级描述			权重	评分	折后分值
		☆	☆☆	☆☆☆			
环境创设	安全性	活动空间较为宽敞，光线充分，空气流通，地面草皮有翘角，积塑玩具棱角有损坏，凉亭四周柱子软包不牢固，荡绳长度过长，软梯倾斜	活动空间宽敞，光线充分，空气流通，积塑玩具棱角基本无损坏，凉亭四周柱子软包牢固，荡绳长度基本合适，软梯基本无损坏	活动空间宽敞，光线充分，空气流通，地面草皮无翘角，积塑玩具无尖锐棱角，无损坏，凉亭四周柱子软包牢固，荡绳长度合适，软梯无损坏	5%		
	适宜性	区域空间开阔，屋面四周有围栏，铺设草皮地面，便于幼儿跑动，方便幼儿开展自主游戏，能够满足幼儿身心健康发展的需要	区域环境开阔、安全，可移动积塑玩具收纳位置固定，有明确标识，方便幼儿自主收整；地面草皮基本无翘角，便于幼儿跑动，基本满足幼儿游戏活动的需要	区域环境开阔、安全，可移动积塑玩具收纳位置固定，有明确标识，分类细致，方便幼儿自主收整；地面草皮无翘角，便于幼儿跑动，充分满足幼儿游戏活动的需要	5%		
材料投放	层次性	高结构材料与低结构材料配比相对适宜，软梯、荡绳固定，积塑玩具可移动	高结构材料与低结构材料配比适宜，软梯、荡绳固定，可移动积塑玩具能够进行组合、平铺和垒高	高结构材料与低结构材料配比适宜，可操作性强，可移动积塑玩具能够进行主题情境性设置	5%		
	多样性	材料丰富，软梯、荡绳数量适中，可移动材料以单一的积塑玩具为主，其他组合性材料较少，缺乏多样性	材料丰富，软梯、荡绳数量适中，可移动材料以大型积塑玩具为主，其他组合性材料为辅，具有多样性，可以满足幼儿的游戏兴趣	材料丰富，软梯、荡绳数量适中，可移动材料以大型积塑玩具为主，能够根据情境性需要投入其他丰富多彩的创意材料，充分满足幼儿的游戏兴趣	5%		

（二）"空中乐园"户外区域幼儿能力发展评价标准

评价说明：请根据户外区域环境创设和材料投放情况，结合星级进行赋分：☆颗星 1 ~ 3 分，☆☆颗星 4 ~ 6 分，☆☆☆颗星 7 ~ 10 分。

时间：　　　　　　班级：　　　　　　评价人：　　　　　　得分：

一级指标	二级指标	评价标准等级描述			权重	评分	折后分值
		☆	☆☆	☆☆☆			
教师观察指导	前期准备	教师没有提前排查游戏场地的环境安全情况，没有进行软梯、荡绳的基本玩法介绍，导致幼儿缺乏游戏经验；教师缺少比较详细实用的观察记录表，站位分工不合理，不能适时引导幼儿主动参与游戏	教师提前排查游戏场地的环境安全情况，根据季节变化及时提醒幼儿穿脱衣物；在游戏前向幼儿介绍软梯、荡绳的玩法，建立游戏经验；教师有比较详细实用的观察记录表，有基本的站位分工，基本能适时引导幼儿主动参与游戏	教师提前排查游戏场地的环境安全情况，根据季节变化及时提醒幼儿穿脱衣物及适当饮水，夏季备好汗背巾、花露水等用品；在游戏前帮助幼儿回忆已有游戏经验并做好游戏计划；教师有比较详细实用的观察记录表，有合适的站位分工，能适时引导幼儿主动参与游戏	5%		
	专注观察	教师缺乏相应的观察策略，不能有目的、有针对性地进行观察，没有关注到幼儿在体验游戏中的生长点	教师具备相应的观察策略，基本能做到有目的、有针对性地进行观察，能够关注到幼儿在游戏中的"生长点"并帮助幼儿尝试软梯荡绳的新玩法	教师具备相应的观察策略，能做到有目的、有针对性地进行观察，能敏锐地把握游戏中的"生长点"，引导幼儿自主探索软梯、荡绳的花样玩法	5%		
	合理解读	在玩软梯、荡绳、积塑玩具拼搭过程中，教师缺乏合理、客观地解读幼儿游戏行为的能力，不能促进幼儿的深度学习	在玩软梯、荡绳、积塑玩具拼搭过程中，教师对游戏中发生的幼儿的游戏行为解读合理、客观，但不够深入，基本能促进幼儿的深度学习	在玩软梯、荡绳、积塑玩具拼搭过程中，教师对游戏中发生的幼儿的游戏行为解读合理、客观、深入，能够把握游戏的生长点，进一步促进幼儿的深度学习	5%		
	适宜支持	教师不能在游戏的关键生长点提供适宜的支持，不能引导幼儿运用软梯、荡绳的多种玩法进行动作技能练习；在游戏中出现冲突时，不能及时发现	教师基本能在游戏的关键生长点提供适宜的支持，基本能引导幼儿运用软梯、荡绳的多种玩法进行钻、攀爬等练习；在游戏中出现冲突时，能及时发现并加以引导	教师能在游戏的关键"生长点"提供适宜的支持，能引导幼儿运用软梯、荡绳的多种玩法进行倒立、多人游戏等高难度动作练习；在游戏中出现冲突时，能够及时发现并引导幼儿自主解决问题	5%		

（三）"空中乐园"户外区域幼儿能力发展评价标准

评价说明：请根据户外区域环境创设和材料投放情况，结合星级进行赋分：☆颗星 1～3 分，☆☆颗星 4～6 分，☆☆☆颗星 7～10 分。

时间：　　　　　　班级：　　　　　　评价人：　　　　　　得分：

一级指标	二级指标	评价标准等级描述			权重	评分	折后分值
		☆	☆☆	☆☆☆			
幼儿能力发展	身体运动	对软梯和荡绳感兴趣，喜欢用积塑玩具进行随意的拼搭，完成钻、跑、跳等动作练习	愿意尝试挑战软梯和荡绳，能在保持身体平衡的情况下进行摆动，能对积塑玩具进行有目的的拼搭，进行攀爬动作技能练习	勇敢尝试挑战软梯和荡绳，进行攀爬和摆动，对积塑玩具进行主题情境性拼搭，并与同伴合作游戏，进行上肢、腿部的动作技能练习	10%		
	游戏水平	了解软梯、荡绳、积塑玩具的名称和功能，能进行简单的摆动、走、跑、跳等动作技能练习，能用积塑玩具进行简单的组合拼搭	熟悉软梯、荡绳、积塑玩具的名称和功能，能够主动探索新的玩法，完成难度较大的动作技能练习，能用积塑玩具进行有目的平铺、垒高	能够熟练使用软梯、荡绳、积塑玩具并喜欢动手动脑主动探索新的玩法，勇敢挑战身体倒挂等高难度动作；对积塑玩具感兴趣，能与同伴进行创意拼搭，如汽车滑道，并完成骑行运动	15%		
	交往合作	以自我为中心，能够遵守活动常规，但较少与其他幼儿进行交流，以独立游戏为主	能够与同伴友好相处，以平行游戏为主，愿意主动交流分享自己在玩荡绳、软梯、积塑玩具活动中的体验，并邀请同伴一起合作游戏	在玩荡绳、软梯、积塑玩具过程中能够与同伴积极地互动、讨论、探索游戏的多种玩法，愿意在游戏中与同伴合作，以合作游戏为主	15%		
	常规习惯	能遵守简单的规则，在教师的提醒下，不破坏软梯、荡绳，不乱放积塑玩具，游戏结束后知道物归原位	遵守游戏规则，爱惜软梯、荡绳、积塑玩具；在收整音乐提醒下能主动整理，积塑材料的摆放与标识基本对应，摆放整齐	主动遵守游戏规则，在收整音乐提醒下，自主整理游戏材料，并检查软梯、荡绳等有无损坏；积塑材料的摆放与标识一一对应，摆放整齐有序	10%		
	表达表征	能用简单的线条和符号记录，能用简单的语言讲述自己的游戏过程	能用多种线条和符号记录游戏过程，能用较连贯的语言完整讲述游戏内容与体验	能用思维导图的方式记录游戏过程，用丰富生动的语言完整流畅地讲述探索游戏的过程与体验，并进行自我点评	10%		

"湿沙城堡"评价标准

（一）"湿沙城堡"户外区域环境创设及材料投放评价标准

评价说明：请根据户外区域环境创设和材料投放情况，结合星级进行赋分：☆颗星 1～3 分，☆☆颗星 4～6 分，☆☆☆颗星 7～10 分。

时间：　　　　　班级：　　　　　评价人：　　　　　得分：

一级指标	二级指标	评价标准等级描述			权重	评分	折后分值
		☆	☆☆	☆☆☆			
环境创设	生态性	整体布局合理，环境优美，充满大自然气息，水源充足；沙质细腻无异物，沙池边缘略高于地面	整体布局合理，环境优美，充满大自然气息，水源充足，水道设计合理；沙质细腻无异物，沙池边缘略高于地面，与周围区域协调自然	整体布局合理，充满大自然气息；水道设计合理，沙质细腻，沙池边缘略高于地面；充分利用周边资源，激发幼儿创造性游戏的愿望	5%		
	适宜性	区域布置基本合理，幼儿与环境之间有互动，基本达到了环境育人的标准	区域布置比较合理，方便幼儿开展游戏，在与环境互动过程中，幼儿的身体和心理健康都可以得到发展	区域布置非常合理，激发幼儿创造性地开展游戏，在与环境互动的过程中，进行深度学习，使幼儿身心获得和谐发展	5%		
材料投放	层次性	能够根据幼儿兴趣需要及已有经验，提供些许高低结构的玩水、玩沙游戏材料，基本满足幼儿的操作需求	根据幼儿兴趣需要及已有经验，提供足量高低结构的玩水、玩沙游戏材料，能够满足幼儿不同的游戏操作需求	投放足量高低结构的玩水、玩沙游戏材料，满足不同发展水平的幼儿开展创造性游戏活动，激发幼儿的深度学习；充分挖掘周边自然资源，感受水的流动性、沙的可塑性	5%		
	幼儿参与性	各类玩水、玩沙材料分类摆放在固定地方，有物品标识，便于幼儿独立取放和使用，幼儿喜欢参与活动	各类玩水、玩沙材料能够做到分类摆放在固定地方，有清晰的物品标识，便于幼儿按照标识独立取放和使用，幼儿参与度较高，能够自主制订游戏计划及分享形式	各类玩水、玩沙材料分类摆放在固定地方，有幼儿参与设计的图文并茂的物品标识，方便幼儿按照标识独立取放和使用，幼儿参与度高，能找到适合自己的材料，能够完全自主制订游戏计划及分享形式	5%		

（二）"湿沙城堡"户外区域幼儿能力发展评价标准

评价说明：请根据户外区域环境创设和材料投放情况，结合星级进行赋分：☆颗星1～3分，☆☆颗星4～6分，☆☆☆颗星7～10分。

时间：　　　　　班级：　　　　　评价人：　　　　　得分：

一级指标	二级指标	评价标准等级描述			权重	评分	折后分值
		☆	☆☆	☆☆☆			
幼儿能力发展	游戏能力	初步了解水和沙的特性，会简单地使用游戏材料；开展运动、角色、建构等类型的游戏活动	熟悉水和沙的特征，能较为熟练地使用游戏材料，开展运动、角色、建构等多种类型的游戏活动	能够利用水和沙的特性，创造性地使用游戏材料，有计划地开展运动、角色、建构等多种类型的游戏活动	10%		
	问题解决	遇到问题能通过求助同伴和老师来解决，能用简单的语言表达自己遇到的问题	遇到问题，基本能与同伴讨论解决，愿意通过不断的尝试，探索游戏玩法，基本具有主动解决问题的意愿和能力	遇到问题，能主动与同伴讨论解决，愿意通过不断的尝试，探索游戏地多种玩法，具有自主解决问题的意愿和能力	10%		
	交往合作	幼儿能够和同伴之间进行简单的交流，具有初步的交往能力	幼儿能够与同伴进行有意识的分工合作；能用较完整的语言表达自己的想法，有较强的交往合作能力	幼儿能够主动与同伴进行小组协商、合作和交流；能够在同伴面前大胆表达自己的想法，尊重他人的意见，有很强的交往合作能力	10%		
	联想创新	游戏过程中具有初步的想象力和创造力，基本能够自主选择游戏材料，会以物代物，能生发趣味性游戏活动	游戏过程中有想象力和创造力，能够自主选择游戏材料，会以物代物，生发趣味性游戏活动	游戏过程有丰富的想象力和创造力，能够自主选择游戏材料，创造性地以物代物，不断探索新的玩法，生发趣味性游戏活动	10%		
	收纳整理	爱惜游戏材料，游戏结束后能在老师的提醒下清洗、整理游戏材料	爱惜游戏材料，游戏结束后，能做到清洗、整理游戏材料，知道按照标识对应摆放，物品摆放较为整齐	知道爱惜游戏材料，游戏结束后，能够主动清洗、整理游戏材料，按照标识对应摆放，物品摆放整齐有序	10%		
	表征游戏	幼儿有对游戏过程表征的意识；能够为同伴、成人讲述自己的游戏故事，表征画面较为简单	幼儿有对游戏过程表征的意识与能力；能够为同伴、成人讲述自己的游戏故事；表征画面较为丰富	幼儿能用多种形式表征游戏过程；能够为同伴、成人完整讲述自己的游戏故事；表征画面具有丰富的想象力和创造力	10%		

（三）"湿沙城堡"户外区域幼儿能力发展评价标准

评价说明：请根据户外区域环境创设和材料投放情况，结合星级进行赋分：☆颗星 1～3 分，☆☆颗星 4～6 分，☆☆☆颗星 7～10 分。

时间：　　　　　班级：　　　　　评价人：　　　　　得分：

一级指标	二级指标	评价标准等级描述			权重	评分	折后分值
		☆	☆☆	☆☆☆			
教师观察指导	前期准备	游戏前检查场地器械是否安全，幼儿着装是否适宜，加强安全教育；准备好水杯、毛巾和吸汗巾	游戏前检查场地器械是否安全，幼儿着装是否适宜，加强安全教育；准备好水杯、毛巾和吸汗巾；进行游戏前的简单谈话	游戏前检查场地器械是否安全，幼儿着装是否适宜，加强安全教育；准备好水杯、毛巾和吸汗巾；进行游戏前的谈话和计划制订	5%		
	专注观察	教师观察幼儿的游戏表现，根据幼儿的游戏情况偶尔进行指导	教师整体观察幼儿的游戏表现，根据幼儿的游戏情况，有意识地进行个别指导	教师整体观察幼儿的游戏表现，能根据幼儿游戏情况，适时介入指导，助推游戏的深入开展	5%		
	合理解读	教师能客观、简单地描述幼儿的游戏过程，并对幼儿游戏行为进行初步解读，反思自身的教育行为	教师能够客观、详细地描述幼儿的游戏过程，并对幼儿的游戏行为进行较为合理的解读，并能够及时反思自身的教育行为	教师能够利用多种方式客观、详细地描述幼儿的游戏过程，并对幼儿的游戏行为做到精准解读，提出引发幼儿深度学习的指导性策略	5%		
	适宜支持	教师对幼儿游戏行为给予适当回应与指导，能对幼儿的游戏行为给予基本的支持	教师对幼儿游戏行为及时给予回应与指导，能对幼儿的游戏行为给予有效的支持，引发游戏活动的进一步开展	教师对幼儿游戏行为给予适宜的回应与支持，能够准确把握游戏中的"生长点"，及时介入与指导，助推游戏活动的深入开展	5%		

■ 作品表征

"拓展体验营"幼儿作品表征

"嬉水乐园"幼儿作品表征

"宝贝球场"幼儿作品表征

"趣味木工坊"幼儿作品表征

"快乐大本营"幼儿作品表征

"搭建梦工厂" 幼儿作品表征

"创意美工坊"幼儿作品表征

"空中乐园"幼儿作品表征

"声音探秘堡"幼儿作品表征

"湿沙城堡" 幼儿作品表征

"泥巴园" 幼儿作品表征

"万能工匠园"幼儿作品表征

"追风骑行区"幼儿作品表征

"筑梦搭搭乐"幼儿作品表征

"拼搭小天地"幼儿作品表征

"青青草坡"幼儿作品表征

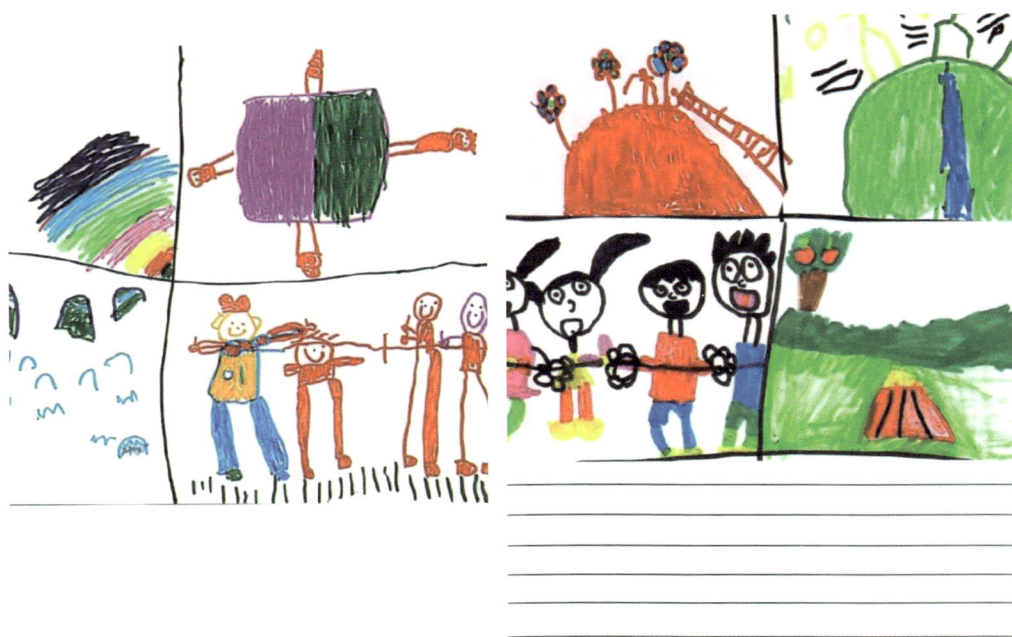

写在后面的话

"如果童年有形状，那一定是梦想的样子。"在我们东营市实验幼儿园，这个"梦想的样子"就是"生态健康教育"。

春赏花开，夏听雨声，秋舞落叶，冬戏飞雪——在这里，"生态"之美，"健康"之美，不仅仅是园中四季处处可见的风景，更是一种让生命在拔节中生长的无形力量。

在这里，每个孩子都是一粒种子，每粒种子都可以按照自己的节奏生长，每种生长都有自己独特的样子。

在这里，"童年"已不仅仅是一个词语，而是一种生命成长的样态，是发现，是美好，是创造，是享受，是每天在游戏中抵达自我丰盈和奔赴成长的点点滴滴。

这是我们幼儿园的教育理想与追求，每位教师带着"种子的信仰"一路前行，成为最美的"播种者"，也逐渐成就了一所幼儿园最美的"种子气质"和生命气象。

22年的时间，不长也不短。难能可贵的是，幼儿园始终以健康教育课程园本化实践为途径，持续进行儿童生态健康课程的探索与实践，形成了"123+N"一体化生态健康课程保障机制，构建了科学系统的生态健康课程体系，为孩子的童年里撒下生态健康的种子，极大地促进了儿童生命的完整成长，幼儿园也因此赢得了家长和社会的广泛赞誉。

我园先后出版相关著作八部；"幼儿健康教育园本课程的开发与实践"等两个专题入选国家教育行政学院课程资源库，研发的课程资源"我的游戏我做主——基于户外区域自主游戏开发与实施的园本教研"入选山东省幼儿园教师远程研修课程资源；"回归童年本真 绽放童年精彩"等两部专题片分获山东省特色教育活动展评一等奖；《山东教育》以"生态健康教育：为每一粒种子积蓄"破土"的力量"

为题，头篇长文报道了幼儿园生态健康教育课程改革经验；三名齐鲁名校长、齐鲁名师荣登《山东教育》封面人物，讲述他们先进事迹的头篇长文被重磅推介；《开发实施本真游戏，培育发展核心的素养》等 30 多篇论文在《中小学校长》《山东教育》等刊物上发表；《把游戏的权利还给孩子》《儿童立场：幼儿自主游戏课程的开发与实施》等 17 项成果分获东营市社科联成果一等奖、山东省幼儿园课程资源评选一等奖等奖项；特色经验"幼儿自主游戏的开发与实施"多次在"全国幼儿园游戏教学专题研讨会""国培计划"交流推广；多次承办全国、省、市健康教育及自主游戏研讨活动并提供观摩现场，承接北京、杭州、上海、重庆等地全国幼教同仁万余人观摩学习。我园先后荣获全国实施素质教育先进单位、山东省学前教育先进集体、山东省百所家园合作示范园等百余项市级以上奖励。

历数一项项重要成果，心中感慨万分，百感交集。

在这里，特别感谢并肩作战的同事们。他们以仁爱之心、智慧之举、创新之路、高尚情怀诠释了新时代幼儿教师的形象，平凡工作的坚守和关键时刻的义无反顾，成就了一个个友善、睿智、阳光、自信的儿童。

在这里，衷心感谢悉心指导的领导专家。一次次鼓励与期许、指导与引领，让我们的团队直面困难与挑战，不断追求卓越。尤其在我园成为山东省学前教育区域联动发展共同体的一员及山东省学前教育教研基地以后，北京师范大学洪秀敏教授、中国科学研究院于发友院长、福建师范大学丁海东教授、山东师范大学何孔潮院长、中华女子学院傅晨教授等高校教授不吝赐教、精准指导，山东省学前教育中心各级领导科学引领、寄予厚望；东营市教育局、开发区胜利教育管理服务中心领导及同仁的提携助力，赋能前行，使幼儿园在生态健康课程构建与实施的道路上走得更加坚定与自信。借此机会，表示深深的感谢。

在这里，还要感谢理解、包容、支持我们的家人。每次舍弃"小家"成就"大家"时的理解，无数次忙碌身影背后的支持，都让我们在感动与温暖中奋力前行。时光不弃，未来可期。

（东营市实验幼儿园党总支书记、园长 / 王鎏美 文）